I0536040

BESTACTIVITYBOOKS.COM

PRIMA EDIZIONE 2022

Illustrazione Grafica Extra: www.freepik.com
Grazie a Alekksall, Starline, Pch.vector, Rawpixel.com, Vectorpocket, Dgim-studio, Upklyak, Macrovector, Stockgiu, Pikisuperstar & Freepik.com Designers

Scoprire i Giochi Gratuiti Online

Disponibile Qui:

BestActivityBooks.com/FREEGAMES

5 CONSIGLI PER INIZIARE

1) COME RISOLVERE LE PAROLE INTRECCIATTE

I puzzle hanno un formato classico:

- Le parole sono nascoste senza spazi o trattini,...
- Orientamento: Le parole possono essere scritte in avanti, indietro, verso l'alto, verso il basso o in diagonale (possono essere invertite).
- Le parole possono sovrapporsi o intersecarsi.

2) APPRENDIMENTO ATTIVO

Accanto ad ogni parola c'è uno spazio per scrivere la traduzione. Per incoraggiare l'apprendimento attivo, un **DIZIONARIO** alla fine di questa edizione vi permetterà di controllare e ampliare le vostre conoscenze. Cerca e scrivi le traduzioni, trovale nel puzzle e aggiungile al tuo vocabolario!

3) SEGNARE LE PAROLE

Puoi inventare il tuo sistema di segni. Forse ne usi già uno? Per esempio, puoi segnare le parole difficili da trovare con una croce, le parole preferite con una stella, le parole nuove con un triangolo, le parole rare con un diamante, e così via.

4) STRUTTURARE L'APPRENDIMENTO

Questa edizione offre un **TACCUINO** alla fine del libro. In vacanza, in viaggio o a casa, puoi organizzare facilmente le tue nuove conoscenze senza bisogno di un secondo quaderno!

5) AVETE FINITO TUTTE LE GRIGLIE?

Nelle ultime pagine di questo libro, nella sezione della **SFIDA FINALE**, troverete un gioco gratuito!

Facile e veloce! Dai un'occhiata alla nostra collezione di libri di attività per il tuo prossimo momento di divertimento e **apprendimento,** a portata di clic!

Trova la tua prossima sfida su:

BestActivityBooks.com/MioProssimoLibro

Ai vostri posti, pronti...Via!

Sapevi che ci sono circa 7.000 lingue diverse nel mondo? Le parole sono preziose.

Amiamo le lingue e abbiamo lavorato duramente per creare libri di altissima qualità. I nostri ingredienti?

Una selezione di argomenti adatti all'apprendimento, tre buone porzioni di intrattenimento, una cucchiaiata di parole difficili e una spolverata di parole rare. Li serviamo con amore e entusiasmo in modo che tu possa risolvere i migliori giochi di parole e divertirti imparando!

La vostra opinione è essenziale. Puoi partecipare attivamente al successo di questo libro lasciandoci un commento. Ci piacerebbe sapere cosa ti è piaciuto di più di questa edizione.

Ecco un link veloce alla pagina dell'ordine:

BestBooksActivity.com/Recensione50

Grazie per il vostro aiuto e buon divertimento!

Tutta la squadra

1 - Salute e Benessere #2

Θ	Α	Ί	Γ	Ρ	Ε	Λ	Λ	Α	Σ	Ε	Δ	Λ	Τ	Α	Ί
Δ	Ε	Ν	Β	Ν	Ξ	Δ	Η	Φ	Ω	Ώ	Ί	Β	Ι	Ν	Π
Π	Ί	Ρ	Μ	Σ	Η	Σ	Ν	Υ	Λ	Ό	Μ	Ρ	Α	Α	Δ
Μ	Ν	Π	Μ	Ω	Γ	Γ	Ί	Δ	Η	Α	Δ	Α	Ρ	Τ	Τ
Ω	Σ	Τ	Ί	Ί	Π	Ρ	Μ	Ά	Β	Ι	Γ	Ψ	Ρ	Ο	Ν
Έ	Η	Ξ	Ω	Χ	Δ	Χ	Α	Τ	Ν	Ε	Λ	Μ	Ώ	Μ	Χ
Π	Ψ	Μ	Π	Ε	Ί	Α	Τ	Ω	Γ	Γ	Υ	Ν	Σ	Ί	Ψ
Ζ	Μ	Α	Σ	Ά	Ζ	Μ	Ι	Σ	Ε	Ρ	Ξ	Ο	Τ	Α	Ι
Ν	Υ	Υ	Γ	Ι	Ή	Ί	Β	Η	Ψ	Έ	Π	Σ	Ι	Ψ	Ρ
Υ	Ή	Γ	Γ	Λ	Ξ	Α	Ι	Σ	Έ	Ν	Η	Ο	Α	Ο	Ί
Τ	Ν	Υ	Ί	Π	Γ	Ί	Ι	Η	Δ	Ε	Ο	Κ	Λ	Μ	Υ
Τ	Ι	Έ	Έ	Ζ	Τ	Ί	Ο	Τ	Ψ	Ψ	Τ	Ο	Ε	Ε	Έ
Τ	Ε	Λ	Έ	Τ	Ω	Β	Ξ	Κ	Ρ	Έ	Σ	Μ	Σ	Ο	Σ
Δ	Ι	Α	Τ	Ρ	Ο	Φ	Ή	Ά	Ί	Η	Ξ	Ε	Ρ	Ό	Ι
Δ	Γ	Ρ	Ή	Κ	Ι	Τ	Ε	Ν	Ε	Γ	Ν	Ί	Γ	Ι	Ν
Α	Υ	Ξ	Έ	Ω	Χ	Χ	Η	Α	Ί	Ρ	Ε	Ο	Π	Τ	Ί

ΑΛΛΕΡΓΊΑ
ΑΝΑΤΟΜΊΑ
ΌΡΕΞΗ
ΘΕΡΜΊΔΑ
ΣΏΜΑ
ΔΙΑΤΡΟΦΉ
ΠΈΨΗ
ΑΦΥΔΆΤΩΣΗ
ΕΝΈΡΓΕΙΑ
ΓΕΝΕΤΙΚΉ
ΥΓΙΕΙΝΉ
ΜΌΛΥΝΣΗ
ΑΡΡΏΣΤΙΑ
ΜΑΣΆΖ
ΝΟΣΟΚΟΜΕΊΟ
ΖΥΓΊΖΩ
ΑΝΆΚΤΗΣΗ
ΑΊΜΑ
ΥΓΙΉ
ΒΙΤΑΜΊΝΗ

2 - Aggettivi #2

Ψ	Λ	Έ	Ή	Γ	Μ	Δ	Τ	Γ	Β	Ν	Γ	Ρ	Δ	Φ	Ε
Λ	Τ	Λ	Ι	Ξ	Η	Ρ	Ό	Ξ	Λ	Υ	Ν	Π	Ι	Υ	Ν
Σ	Η	Β	Γ	Σ	Δ	Ψ	Δ	Ψ	Η	Υ	Ή	Ψ	Ά	Σ	Δ
Ν	Χ	Μ	Υ	Α	Χ	Ω	Ό	Ψ	Μ	Ο	Κ	Χ	Σ	Ι	Ι
Ρ	Ο	Ψ	Ν	Ή	Ρ	Υ	Μ	Λ	Α	Δ	Ι	Ό	Η	Κ	Α
Ω	Ρ	Η	Δ	Τ	Ι	Υ	Ρ	Ρ	Π	Η	Ν	Κ	Μ	Ή	Φ
Π	Ε	Ν	Ο	Υ	Χ	Δ	Ι	Ή	Ε	Μ	Ο	Ι	Η	Κ	Έ
Υ	Π	Ε	Ύ	Θ	Υ	Ν	Ο	Σ	Ι	Ι	Ν	Φ	Δ	Ι	Ρ
Α	Υ	Θ	Ε	Ν	Τ	Ι	Κ	Ό	Ν	Ο	Α	Α	Ρ	Γ	Ο
Γ	Ξ	Π	Ί	Α	Γ	Ν	Ό	Λ	Α	Υ	Κ	Ρ	Α	Ω	Ν
Ρ	Α	Ω	Έ	Α	Τ	Β	Β	Λ	Σ	Ρ	Ν	Γ	Μ	Γ	Γ
Έ	Ν	Ω	Σ	Υ	Λ	Χ	Υ	Τ	Μ	Γ	Ρ	Ι	Α	Α	Π
Ε	Έ	Ο	Μ	Ν	Ω	Β	Ψ	Α	Έ	Ι	Λ	Ρ	Τ	Ρ	Τ
Β	Α	Ξ	Τ	Χ	Μ	Ω	Ν	Ξ	Ν	Κ	Δ	Ε	Ι	Α	Ψ
Τ	Τ	Ξ	Ξ	Ψ	Υ	Ε	Τ	Ν	Ο	Ή	Υ	Π	Κ	Π	Σ
Τ	Χ	Γ	Ε	Γ	Ο	Π	Α	Ο	Σ	Έ	Ν	Ω	Ή	Η	Λ

ΠΕΙΝΑΣΜΈΝΟΣ
ΞΗΡΌ
ΑΥΘΕΝΤΙΚΌ
ΔΗΜΙΟΥΡΓΙΚΉ
ΠΕΡΙΓΡΑΦΙΚΌ
ΓΛΥΚΌ
ΔΡΑΜΑΤΙΚΉ
ΚΟΜΨΌ
ΔΙΆΣΗΜΗ
ΙΣΧΥΡΉ
ΕΝΔΙΑΦΈΡΟΝ
ΦΥΣΙΚΉ
ΚΑΝΟΝΙΚΉ
ΝΈΑ
ΥΠΕΡΟΧΗ
ΠΑΡΑΓΩΓΙΚΉ
ΑΓΝΌ
ΥΠΕΎΘΥΝΟΣ
ΑΛΜΥΡΉ
ΥΓΙΉ

3 - Pesca

Ψ	Γ	Ρ	Σ	Η	Γ	Α	Γ	Κ	Ω	Κ	Ε	Α	Ν	Ό	Σ
Ι	Ψ	Ο	Ψ	Ω	Δ	Λ	Γ	Δ	Α	Ι	Χ	Γ	Ά	Ρ	Β
Β	Ά	Ρ	Κ	Α	Λ	Γ	Ε	Υ	Μ	Λ	Ω	Μ	Ί	Έ	Β
Υ	Π	Τ	Ε	Δ	Ο	Τ	Υ	Χ	Τ	Ε	Ά	Β	Χ	Η	Χ
Μ	Ί	Σ	Η	Ν	Ε	Ω	Δ	Σ	Ρ	Ξ	Δ	Θ	Ί	Ν	Ψ
Ε	Ο	Ι	Ν	Ό	Γ	Α	Σ	Λ	Ψ	Α	Μ	Μ	Ι	Ί	Χ
Ξ	Ψ	Κ	Μ	Ε	Ω	Ζ	Σ	Π	Τ	Ε	Ρ	Ύ	Γ	Ι	Α
Ο	Ι	Γ	Ί	Π	Α	Υ	Ύ	Ε	Τ	Μ	Ί	Ξ	Γ	Η	Η
Π	Υ	Ά	Λ	Ο	Έ	Γ	Ρ	Γ	Χ	Β	Υ	Ί	Έ	Π	Ψ
Λ	Π	Π	Ν	Χ	Γ	Ί	Μ	Ι	Σ	Ν	Τ	Ψ	Ν	Π	Τ
Ι	Ο	Μ	Ε	Ή	Ε	Ζ	Α	Δ	Ο	Ψ	Σ	Π	Γ	Έ	Έ
Σ	Τ	Μ	Δ	Ρ	Β	Ω	Γ	Τ	Π	Α	Ρ	Α	Λ	Ί	Α
Μ	Α	Ξ	Σ	Η	Β	Δ	Ό	Λ	Ω	Μ	Α	Τ	Μ	Ο	Ε
Ό	Μ	Ι	Λ	Ι	Γ	Ο	Ω	Ρ	Ξ	Α	Ω	Β	Η	Ε	Η
Σ	Ό	Ξ	Ί	Έ	Έ	Λ	Λ	Ν	Ε	Ν	Η	Ω	Β	Π	Ν
Ξ	Σ	Έ	Ω	Ε	Ρ	Ε	Η	Ή	Ή	Ν	Ο	Μ	Ο	Π	Υ

ΝΕΡΌ
ΕΞΟΠΛΙΣΜΌΣ
ΒΆΡΚΑ
ΒΡΆΓΧΙΑ
ΚΑΛΆΘΙ
ΥΠΕΡΒΟΛΉ
ΔΌΛΩΜΑ
ΣΎΡΜΑ
ΠΟΤΑΜΌΣ
ΆΓΚΙΣΤΡΟ
ΛΊΜΝΗ
ΣΑΓΌΝΙ
ΩΚΕΑΝΌΣ
ΥΠΟΜΟΝΉ
ΖΥΓΊΖΩ
ΠΤΕΡΎΓΙΑ
ΠΑΡΑΛΊΑ
ΕΠΟΧΉ

4 - Ingegneria

Π	Λ	Δ	Ν	Χ	Η	Ί	Δ	Γ	Π	Ω	Ι	Κ	Σ	Δ	Μ
Υ	Ε	Δ	Ύ	Ν	Α	Μ	Η	Ή	Ψ	Π	Χ	Α	Τ	Ι	Έ
Γ	Ζ	Ρ	Ν	Α	Ι	Ζ	Ά	Ν	Α	Ρ	Γ	Τ	Α	Ά	Τ
Ρ	Ί	Τ	Ι	Ά	Ξ	Ο	Ν	Α	Σ	Β	Σ	Α	Θ	Γ	Ρ
Ό	Τ	Γ	Ε	Σ	Υ	Π	Ο	Χ	Ω	Ά	Τ	Σ	Ε	Ρ	Η
Π	Ν	Ο	Ψ	Ρ	Τ	Π	Α	Η	Τ	Θ	Ρ	Κ	Ρ	Α	Σ
Ώ	Θ	Η	Σ	Η	Ω	Ρ	Ο	Μ	Τ	Ο	Ψ	Ε	Ό	Μ	Η
Κ	Ί	Ν	Η	Σ	Η	Α	Ο	Λ	Γ	Σ	Η	Υ	Τ	Μ	Έ
Ε	Ν	Έ	Ρ	Γ	Ε	Ι	Α	Φ	Ο	Β	Λ	Ή	Η	Α	Ο
Δ	Ι	Ά	Μ	Ε	Τ	Ρ	Ο	Σ	Ή	Γ	Η	Υ	Τ	Ί	Π
Δ	Ο	Μ	Ή	Σ	Σ	Ν	Γ	Β	Μ	Γ	Ι	Τ	Α	Ρ	Ί
Η	Γ	Ί	Γ	Έ	Δ	Ρ	Γ	Χ	Ο	Ξ	Ω	Σ	Η	Ι	Δ
Α	Ω	Ι	Τ	Σ	Π	Β	Β	Λ	Ν	Α	Υ	Ν	Μ	Ι	Έ
Η	Ν	Μ	Β	Β	Δ	Δ	Ι	Ξ	Α	Ι	Ν	Ω	Ί	Ό	Ν
Υ	Ε	Π	Ξ	Ι	Ε	Π	Π	Ρ	Ι	Σ	Σ	Ι	Π	Α	Σ
Έ	Ε	Α	Μ	Μ	Λ	Τ	Ω	Υ	Δ	Χ	Σ	Ρ	Π	Η	Ι

ΓΩΝΊΑ
ΆΞΟΝΑΣ
ΥΠΟΛΟΓΙΣΜΌΣ
ΚΑΤΑΣΚΕΥΉ
ΔΙΆΓΡΑΜΜΑ
ΔΙΆΜΕΤΡΟΣ
ΝΤΊΖΕΛ
ΔΙΑΝΟΜΉ
ΕΝΈΡΓΕΙΑ
ΔΎΝΑΜΗ
ΓΡΑΝΆΖΙΑ
ΥΓΡΌ
ΜΗΧΑΝΉ
ΜΈΤΡΗΣΗ
ΚΊΝΗΣΗ
ΒΆΘΟΣ
ΏΘΗΣΗ
ΠΕΡΙΣΤΡΟΦΉ
ΣΤΑΘΕΡΌΤΗΤΑ
ΔΟΜΉ

5 - Archeologia

Α	Λ	Α	Π	Ε	Ρ	Ε	Υ	Ν	Η	Τ	Ή	Σ	Ρ	Ι	Έ
Ν	Β	Ρ	Ο	Α	Μ	Ή	Ν	Μ	Ν	Α	Ό	Ξ	Χ	Η	Τ
Ά	Σ	Χ	Λ	Μ	Π	Κ	Έ	Έ	Ί	Ψ	Ί	Ρ	Ί	Υ	Ο
Λ	Α	Α	Ι	Υ	Α	Ό	Α	Μ	Η	Ξ	Η	Ω	Λ	Β	Χ
Υ	Γ	Ι	Τ	Σ	Ο	Ν	Γ	Θ	Γ	Λ	Ψ	Ξ	Ο	Ε	Ο
Σ	Χ	Ό	Ι	Τ	Γ	Π	Τ	Ο	Η	Ξ	Ν	Ξ	Ω	Π	Ν
Η	Ρ	Τ	Σ	Ή	Π	Τ	Σ	Ι	Ν	Γ	Ο	Μ	Ά	Δ	Α
Η	Ό	Η	Μ	Ρ	Ξ	Ρ	Ρ	Ξ	Κ	Ο	Η	Α	Η	Σ	Ψ
Δ	Ν	Τ	Ό	Ι	Χ	Ή	Χ	Ο	Π	Ε	Σ	Τ	Χ	Ά	Ί
Σ	Ι	Α	Σ	Ο	Τ	Σ	Ω	Ν	Γ	Ά	Ί	Α	Ή	Τ	Ε
Ρ	Α	Α	Π	Ο	Λ	Ί	Θ	Ω	Μ	Α	Λ	Μ	Χ	Σ	Λ
Ξ	Ε	Χ	Α	Σ	Μ	Έ	Ν	Ο	Μ	Δ	Υ	Σ	Ε	Ο	Ο
Α	Ξ	Ι	Ο	Λ	Ό	Γ	Η	Σ	Η	Ί	Ω	Ύ	Ρ	Ν	Υ
Σ	Τ	Ο	Μ	Έ	Σ	Σ	Μ	Έ	Ε	Ρ	Υ	Α	Χ	Χ	Α
Ο	Ν	Ί	Τ	Ί	Ψ	Η	Ξ	Π	Ν	Γ	Η	Ρ	Ρ	Ξ	Σ
Υ	Χ	Η	Α	Γ	Ψ	Λ	Ν	Ο	Π	Δ	Έ	Θ	Μ	Υ	Ο

ΑΝΆΛΥΣΗ
ΧΡΌΝΙΑ
ΑΡΧΑΙΌΤΗΤΑ
ΠΟΛΙΤΙΣΜΌΣ
ΞΕΧΑΣΜΈΝΟ
ΑΠΌΓΟΝΟΣ
ΕΠΟΧΉ
ΑΠΟΛΊΘΩΜΑ
ΘΡΑΎΣΜΑΤΑ
ΜΥΣΤΉΡΙΟ

ΑΝΤΙΚΕΊΜΕΝΑ
ΟΣΤΆ
ΚΑΘΗΓΗΤΉΣ
ΛΕΊΨΑΝΟ
ΕΡΕΥΝΗΤΉΣ
ΆΓΝΩΣΤΟΣ
ΟΜΆΔΑ
ΝΑΌ
ΜΝΉΜΑ
ΑΞΙΟΛΌΓΗΣΗ

6 - Salute e Benessere #1

Ι	Ό	Σ	Ι	Ρ	Υ	Μ	Η	Ο	Σ	Τ	Ά	Χ	Τ	Ξ	Χ
Κ	Λ	Ι	Ν	Ι	Κ	Ή	Μ	Σ	Ο	Ψ	Υ	Σ	Ρ	Ψ	Α
Ι	Γ	Α	Γ	Ω	Ω	Ε	Χ	Ί	Ά	Σ	Π	Χ	Α	Μ	Λ
Σ	Υ	Μ	Π	Λ	Η	Ρ	Ώ	Μ	Α	Τ	Α	Π	Υ	Β	Ά
Ι	Γ	Γ	Χ	Α	Ν	Γ	Α	Β	Ι	Ψ	Σ	Ε	Μ	Ω	Ρ
Ρ	Α	Α	Έ	Α	Ό	Η	Α	Ω	Ρ	Γ	Ψ	Ί	Α	Ξ	Ω
Η	Ι	Τ	Γ	Π	Μ	Α	Δ	Β	Ή	Χ	Λ	Ν	Τ	Θ	Σ
Ί	Μ	Ά	Ρ	Ο	Ρ	Π	Α	Μ	Τ	Τ	Ί	Α	Ι	Ε	Η
Ο	Α	Κ	Η	Ι	Ο	Τ	Υ	Υ	Κ	Ν	Υ	Η	Σ	Ρ	Χ
Μ	Ί	Ο	Ί	Ε	Κ	Α	Μ	Ρ	Α	Φ	Έ	Β	Μ	Α	Σ
Δ	Ξ	Τ	Α	Π	Λ	Ή	Τ	Μ	Β	Ο	Ε	Υ	Ό	Π	Τ
Λ	Έ	Π	Π	Χ	Ί	Υ	Ρ	Π	Π	Α	Μ	Γ	Ψ	Ε	Ν
Γ	Δ	Ρ	Δ	Ι	Δ	Ά	Κ	Τ	Ω	Ρ	Β	Λ	Π	Ί	Η
Ω	Δ	Σ	Μ	Σ	Χ	Τ	Ω	Ξ	Μ	Ύ	Ε	Η	Ε	Α	Ψ
Ν	Ο	Λ	Δ	Α	Ν	Ο	Ξ	Ε	Ο	Ε	Ν	Ε	Ρ	Γ	Ή
Γ	Σ	Υ	Ν	Ν	Α	Ι	Ε	Θ	Ή	Ν	Υ	Σ	Ί	Λ	Έ

ΣΥΝΉΘΕΙΑ
ΥΨΟΣ
ΕΝΕΡΓΉ
ΒΑΚΤΉΡΙΑ
ΚΛΙΝΙΚΉ
ΠΕΊΝΑ
ΦΑΡΜΑΚΕΊΟ
ΚΆΤΑΓΜΑ
ΤΡΑΥΜΑΤΙΣΜΌ
ΙΑΤΡΙΚΉ
ΔΙΔΆΚΤΩΡ
ΝΕΎΡΑ
ΟΡΜΌΝΗ
ΟΣΤΆ
ΔΈΡΜΑ
ΣΤΆΣΗ
ΧΑΛΆΡΩΣΗ
ΣΥΜΠΛΗΡΏΜΑΤΑ
ΘΕΡΑΠΕΊΑ
ΙΌΣ

7 - Aggettivi #1

Ο	Η	Ο	Ι	Τ	Σ	Ά	Ρ	Ε	Τ	Ξ	Δ	Ξ	Α	Ί	Σ
Τ	Α	Γ	Α	Έ	Ί	Ε	Ξ	Ω	Τ	Ι	Κ	Ό	Ρ	Υ	Π
Ί	Υ	Μ	Σ	Λ	Έ	Σ	Ο	Ώ	Θ	Α	Ι	Ί	Ω	Ε	Μ
Ν	Τ	Ν	Λ	Ε	Π	Δ	Η	Μ	Α	Κ	Ρ	Ύ	Μ	Ξ	Έ
Υ	Α	Γ	Χ	Ι	Σ	Η	Η	Μ	Ί	Λ	Χ	Ί	Α	Ε	Γ
Η	Υ	Δ	Ρ	Ο	Μ	Ή	Γ	Ρ	Α	Ο	Γ	Σ	Τ	Ω	Λ
Ρ	Φ	Ι	Λ	Ό	Δ	Ο	Ξ	Ο	Ι	Ν	Γ	Α	Ι	Ξ	Α
Ω	Λ	Γ	Υ	Ε	Έ	Ψ	Τ	Σ	Ο	Ρ	Τ	Μ	Κ	Μ	Β
Δ	Β	Μ	Ί	Ε	Β	Ρ	Ν	Ξ	Ο	Έ	Ω	Ι	Ό	Ω	Α
Ό	Λ	Ο	Τ	Μ	Ε	Ξ	Έ	Ω	Ω	Τ	Γ	Τ	Κ	Χ	Θ
Ι	Ε	Β	Ι	Ε	Ν	Ε	Ρ	Γ	Ή	Ν	Ψ	Ύ	Ν	Ό	Ι
Α	Π	Ό	Λ	Υ	Τ	Η	Τ	Ρ	Ξ	Ο	Ε	Λ	Π	Έ	Ά
Ν	Γ	Λ	Ε	Π	Τ	Ή	Ν	Ψ	Χ	Μ	Ξ	Ο	Β	Λ	Ι
Ν	Ε	Υ	Τ	Υ	Χ	Ι	Σ	Μ	Έ	Ν	Ο	Π	Γ	Μ	Ρ
Ε	Έ	Ξ	Α	Δ	Λ	Ο	Τ	Μ	Έ	Μ	Τ	Ί	Δ	Ι	Α
Γ	Χ	Έ	Κ	Α	Λ	Λ	Ι	Τ	Ε	Χ	Ν	Ι	Κ	Ή	Β

ΦΙΛΌΔΟΞΟ
ΑΡΩΜΑΤΙΚΌ
ΚΑΛΛΙΤΕΧΝΙΚΉ
ΑΠΌΛΥΤΗ
ΕΝΕΡΓΉ
ΤΕΡΆΣΤΙΟ
ΕΞΩΤΙΚΌ
ΕΥΤΥΧΙΣΜΈΝΟ
ΓΕΝΝΑΙΌΔΩΡΗ
ΊΔΙΑ
ΣΗΜΑΝΤΙΚΌ
ΑΘΏΟΣ
ΑΡΓΉ
ΜΑΚΡΎ
ΜΟΝΤΈΡΝΟ
ΤΈΛΕΙΟ
ΒΑΡΙΆ
ΠΟΛΎΤΙΜΑ
ΒΑΘΙΆ
ΛΕΠΤΉ

8 - Geologia

Έ	Τ	Έ	Ε	Π	Π	Κ	Ξ	Σ	Σ	Χ	Ν	Ε	Π	Δ	Α
Ψ	Μ	Τ	Π	Δ	Π	Ρ	Δ	Τ	Ω	Α	Ι	Μ	Έ	Ο	Ε
Β	Σ	Η	Α	Ι	Δ	Ύ	Α	Α	Μ	Λ	Λ	Ρ	Δ	Δ	Κ
Η	Γ	Ο	Μ	Ν	Α	Σ	Χ	Λ	Λ	Α	Ξ	Ά	Τ	Ι	Ο
Σ	Φ	Ι	Ω	Σ	Σ	Τ	Ν	Α	Χ	Ζ	Η	Υ	Β	Ξ	Ρ
Ω	Ί	Α	Θ	Ό	Ο	Α	Ι	Γ	Ε	Ί	Ε	Ε	Λ	Α	Ά
Ρ	Δ	Λ	Ί	Μ	Λ	Λ	Λ	Μ	Υ	Α	Ψ	Λ	Σ	Α	Λ
Β	Γ	Ή	Λ	Σ	Ι	Λ	Χ	Ι	Τ	Ά	Λ	Α	Τ	Ρ	Λ
Ά	Ψ	Π	Ο	Ι	Τ	Α	Ά	Τ	Κ	Υ	Ρ	Ο	Ρ	Ι	Ι
Ι	Ψ	Σ	Π	Ε	Ξ	Ε	Ξ	Ε	Ί	Α	Δ	Ι	Ώ	Α	Δ
Δ	Χ	Τ	Α	Σ	Λ	Ι	Ι	Σ	Π	Μ	Ο	Τ	Μ	Ν	Έ
Ο	Ρ	Ο	Π	Έ	Δ	Ι	Ο	Ο	Έ	Ε	Γ	Σ	Α	Σ	Γ
Σ	Τ	Α	Λ	Α	Κ	Τ	Ί	Τ	Η	Σ	Ε	Έ	Τ	Έ	Α
Π	Έ	Τ	Ρ	Α	Ή	Π	Ε	Ι	Ρ	Ο	Σ	Β	Ρ	Ρ	Έ
Ζ	Ώ	Ν	Η	Λ	Ψ	Β	Ε	Ε	Σ	Υ	Χ	Σ	Β	Π	Γ
Π	Λ	Μ	Ί	Δ	Ο	Ξ	Ύ	Ε	Π	Ε	Ε	Α	Δ	Γ	Έ

ΟΞΎ
ΟΡΟΠΈΔΙΟ
ΑΣΒΈΣΤΙΟ
ΣΠΉΛΑΙΟ
ΉΠΕΙΡΟΣ
ΚΟΡΆΛΛΙ
ΚΡΎΣΤΑΛΛΑ
ΔΙΆΒΡΩΣΗ
ΑΠΟΛΊΘΩΜΑ
ΛΆΒΑ

ΟΡΥΚΤΆ
ΠΈΤΡΑ
ΧΑΛΑΖΊΑ
ΑΛΆΤΙ
ΣΤΑΛΑΓΜΙΤΕΣ
ΣΤΑΛΑΚΤΊΤΗΣ
ΣΤΡΏΜΑ
ΣΕΙΣΜΌΣ
ΗΦΑΊΣΤΕΙΟ
ΖΏΝΗ

9 - Campeggio

Κ	Υ	Ν	Ή	Γ	Ι	Φ	Κ	Ψ	Λ	Η	Κ	Τ	Χ	Π	Χ
Ω	Ξ	Δ	Ν	Υ	Ί	Σ	Ύ	Α	Έ	Ν	Α	Τ	Έ	Ε	Ά
Ι	Έ	Χ	Η	Ρ	Ψ	Λ	Π	Σ	Π	Υ	Ν	Λ	Ν	Ρ	Ρ
Λ	Υ	Ρ	Κ	Μ	Ε	Σ	Ω	Ο	Η	Έ	Ό	Μ	Τ	Ι	Τ
Ί	Ν	Τ	Σ	Ρ	Η	Α	Ψ	Σ	Τ	Ξ	Λ	Μ	Ο	Π	Η
Μ	Λ	Χ	Π	Ε	Σ	Ο	Α	Α	Τ	Γ	Ρ	Ο	Μ	Έ	Σ
Ν	Ω	Δ	Ω	Η	Σ	Ω	Ξ	Δ	Δ	Γ	Α	Ι	Ο	Τ	Α
Η	Φ	Ε	Γ	Γ	Ά	Ρ	Ι	Α	Ν	Α	Α	Ψ	Ρ	Ε	Δ
Γ	Ι	Ξ	Ψ	Σ	Ρ	Β	Ο	Δ	Έ	Ν	Τ	Ρ	Α	Ι	Έ
Ψ	Ί	Έ	Τ	Ω	Η	Ί	Σ	Ί	Ξ	Ί	Σ	Δ	Ώ	Α	Κ
Ρ	Δ	Μ	Ν	Ω	Ξ	Φ	Ι	Ξ	Τ	Π	Ί	Ί	Ζ	Ι	Σ
Έ	Δ	Ν	Ξ	Ό	Μ	Ω	Ρ	Υ	Λ	Μ	Ί	Μ	Ρ	Π	Α
Σ	Χ	Ο	Ι	Ν	Ί	Τ	Γ	Π	Μ	Α	Ι	Η	Π	Ξ	Ι
Ω	Ί	Μ	Μ	Υ	Τ	Ι	Σ	Π	Χ	Κ	Δ	Α	Λ	Ω	Δ
Έ	Λ	Λ	Λ	Ο	Ξ	Ά	Ξ	Ί	Ν	Ι	Χ	Σ	Έ	Γ	Β
Ρ	Ο	Β	Ί	Β	Δ	Σ	Β	Δ	Μ	Γ	Μ	Π	Ο	Έ	Δ

ΔΈΝΤΡΑ
ΑΙΏΡΑ
ΖΏΑ
ΠΕΡΙΠΈΤΕΙΑ
ΠΥΞΊΔΑ
ΚΑΜΠΊΝΑ
ΚΥΝΉΓΙ
ΚΑΝΌ
ΚΑΠΈΛΟ
ΣΧΟΙΝΊ
ΔΙΑΣΚΈΔΑΣΗ
ΔΑΣΟΣ
ΦΩΤΙΆ
ΈΝΤΟΜΟ
ΛΊΜΝΗ
ΦΕΓΓΆΡΙ
ΧΆΡΤΗ
ΒΟΥΝΌ
ΦΎΣΗ
ΣΚΗΝΉ

10 - Arti Visive

Φ	Ω	Τ	Ο	Γ	Ρ	Α	Φ	Ί	Α	Ί	Ν	Ι	Α	Τ	Κ
Π	Τ	Έ	Ψ	Η	Έ	Κ	Ί	Μ	Π	Η	Μ	Β	Ρ	Β	Ε
Ί	Τ	Μ	Ε	Ω	Ω	Ε	Ί	Λ	Χ	Ι	Α	Ύ	Ι	Ε	Ρ
Δ	Χ	Ε	Α	Χ	Γ	Ρ	Α	Π	Ω	Ω	Ξ	Λ	Σ	Ρ	Α
Μ	Υ	Ω	Ρ	Ψ	Δ	Ί	Δ	Τ	Χ	Μ	Δ	Ο	Τ	Ν	Μ
Ξ	Β	Ξ	Χ	Ε	Ν	Ξ	Ψ	Ί	Έ	Ξ	Ι	Μ	Ο	Ί	Ι
Γ	Σ	Α	Ι	Ρ	Α	Ψ	Χ	Ψ	Χ	Τ	Η	Κ	Ύ	Κ	Κ
Α	Γ	Μ	Τ	Π	Ρ	Ο	Ο	Π	Τ	Ι	Κ	Ή	Ρ	Ι	Ή
Σ	Η	Σ	Ε	Θ	Ν	Ύ	Σ	Ν	Λ	Β	Ψ	Γ	Γ	Ι	Γ
Τ	Υ	Ή	Κ	Ι	Τ	Π	Υ	Λ	Γ	Ι	Χ	Ψ	Η	Ί	Σ
Υ	Ε	Ο	Τ	Έ	Λ	Α	Β	Α	Κ	Η	Ο	Λ	Μ	Υ	Ι
Λ	Ν	Ε	Ο	Φ	Ά	Ρ	Γ	Υ	Λ	Ο	Π	Υ	Α	Η	Ψ
Ό	Έ	Ω	Ν	Π	Κ	Α	Λ	Λ	Ι	Τ	Έ	Χ	Ν	Η	Σ
Ι	Β	Ν	Ι	Υ	Έ	Α	Ο	Κ	Ά	Ρ	Β	Ο	Υ	Ν	Ο
Ρ	Ε	Π	Κ	Π	Ο	Ρ	Τ	Ρ	Έ	Τ	Ο	Δ	Η	Ε	Γ
Ί	Έ	Ν	Ή	Κ	Ι	Φ	Α	Ρ	Γ	Ω	Ζ	Μ	Ν	Β	Σ

ΑΡΧΙΤΕΚΤΟΝΙΚΉ
ΚΑΛΛΙΤΈΧΝΗΣ
ΑΡΙΣΤΟΎΡΓΗΜΑ
ΚΆΡΒΟΥΝΟ
ΚΑΒΑΛΈΤΟ
ΚΕΡΊ
ΚΕΡΑΜΙΚΉ
ΣΎΝΘΕΣΗ
ΤΑΙΝΊΑ
ΦΩΤΟΓΡΑΦΊΑ
ΚΙΜΩΛΊΑ
ΜΟΛΎΒΙ
ΣΤΥΛΌ
ΖΩΓΡΑΦΙΚΉ
ΠΡΟΟΠΤΙΚΉ
ΠΟΡΤΡΈΤΟ
ΓΛΥΠΤΙΚΉ
ΠΟΛΥΓΡΆΦΟ
ΒΕΡΝΊΚΙ

11 - Tempo

Μ	Ή	Ν	Α	Σ	Ξ	Ι	Χ	Λ	Έ	Δ	Ε	Π	Ψ	Α	Ε
Έ	Μ	Ο	Χ	Α	Ρ	Έ	Μ	Ε	Σ	Τ	Μ	Ρ	Ί	Α	Σ
Ε	Ί	Λ	Τ	Ι	Ι	Ψ	Δ	Π	Χ	Μ	Ί	Ω	Η	Γ	Ύ
Δ	Ο	Λ	Β	Π	Δ	Ώ	Ά	Τ	Ε	Μ	Γ	Ί	Δ	Α	Ν
Ν	Σ	Έ	Έ	Ρ	Ε	Ε	Ν	Ό	Σ	Ή	Μ	Ε	Ρ	Α	Τ
Ρ	Ύ	Μ	Η	Ι	Κ	Β	Ι	Α	Ώ	Ρ	Α	Σ	Μ	Β	Ο
Μ	Τ	Χ	Τ	Ν	Α	Δ	Ρ	Γ	Σ	Ο	Τ	Ε	Τ	Δ	Μ
Ί	Ε	Υ	Τ	Σ	Ε	Ο	Τ	Π	Ε	Ι	Ό	Λ	Ο	Ρ	Α
Υ	Π	Σ	Σ	Α	Τ	Μ	Ι	Δ	Θ	Γ	Γ	Μ	Ι	Η	Α
Ξ	Ι	Λ	Η	Ο	Ί	Ά	Δ	Ρ	Χ	Ό	Ε	Χ	Έ	Η	Β
Έ	Ί	Β	Έ	Μ	Α	Δ	Β	Λ	Γ	Λ	Τ	Υ	Η	Ν	Μ
Ρ	Η	Ί	Ω	Β	Έ	Α	Δ	Υ	Ξ	Ο	Λ	Α	Γ	Η	Ξ
Ε	Τ	Ή	Σ	Ι	Α	Ρ	Τ	Έ	Τ	Ρ	Ξ	Σ	Σ	Μ	Ω
Έ	Ξ	Ί	Ο	Ν	Ν	Ο	Ι	Έ	Ρ	Ε	Γ	Λ	Ε	Ξ	Υ
Π	Ι	Ρ	Ω	Ο	Ρ	Ι	Χ	Ψ	Τ	Μ	Ι	Ξ	Μ	Δ	Η
Η	Ο	Ρ	Ρ	Μ	Η	Ι	Δ	Π	Α	Η	Β	Σ	Α	Υ	Χ

ΕΤΟΣ
ΕΤΉΣΙΑ
ΗΜΕΡΟΛΌΓΙΟ
ΔΕΚΑΕΤΊΑ
ΜΕΤΆ
ΜΈΛΛΟΝ
ΜΈΡΑ
ΧΘΕΣ
ΠΡΩΊ
ΜΉΝΑΣ
ΜΕΣΗΜΈΡΙ
ΛΕΠΤΌ
ΝΎΧΤΑ
ΣΉΜΕΡΑ
ΏΡΑ
ΡΟΛΌΙ
ΣΎΝΤΟΜΑ
ΠΡΙΝ
ΑΙΏΝΑΣ
ΕΒΔΟΜΆΔΑ

12 - Astronomia

Ν	Ε	Φ	Έ	Λ	Ω	Μ	Α	Ο	Λ	Β	Ί	Ω	Σ	Ί	Ε
Μ	Μ	Ε	Η	Ο	Μ	Γ	Δ	Υ	Ο	Β	Έ	Ρ	Χ	Η	Β
Ε	Δ	Ο	Ι	Ρ	Ή	Τ	Η	Ρ	Η	Τ	Α	Ρ	Α	Π	Έ
Τ	Χ	Ν	Δ	Γ	Σ	Η	Γ	Α	Υ	Δ	Ε	Ο	Ξ	Έ	Υ
Έ	Υ	Α	Ί	Λ	Ο	Β	Ο	Ν	Ι	Τ	Κ	Α	Ί	Ε	Σ
Ω	Δ	Ί	Ί	Ψ	Ν	Α	Β	Ό	Ν	Ρ	Ε	Π	Υ	Ο	Σ
Ρ	Ό	Μ	Σ	Ι	Ρ	Ε	Τ	Σ	Α	Α	Φ	Π	Δ	Ι	Ή
Ο	Ι	Π	Ό	Κ	Σ	Ε	Λ	Η	Τ	Σ	Ε	Λ	Ο	Μ	Δ
Ι	Β	Γ	Α	Λ	Α	Ξ	Ί	Α	Σ	Τ	Γ	Α	Υ	Γ	Ι
Ρ	Σ	Α	Σ	Ύ	Μ	Π	Α	Ν	Ι	Ρ	Γ	Ν	Μ	Ψ	Ε
Υ	Ο	Η	Ρ	Έ	Ί	Δ	Ε	Σ	Τ	Ο	Ά	Ή	Π	Ρ	Ο
Ψ	Τ	Υ	Μ	Ύ	Α	Ψ	Ε	Σ	Έ	Ν	Ρ	Τ	Ψ	Α	Ρ
Β	Γ	Τ	Κ	Ε	Τ	Έ	Μ	Ρ	Η	Ό	Ι	Η	Ν	Ί	Ε
Έ	Έ	Γ	Ι	Έ	Ρ	Η	Ψ	Τ	Έ	Μ	Σ	Σ	Δ	Ρ	Τ
Υ	Σ	Π	Ω	Ο	Τ	Ί	Τ	Ο	Ξ	Ο	Β	Μ	Ι	Ψ	Σ
Ζ	Ώ	Δ	Ι	Ο	Γ	Α	Α	Α	Γ	Σ	Δ	Μ	Ί	Έ	Α

ΑΣΤΕΡΟΕΙΔΉΣ
ΑΣΤΡΟΝΌΜΟΣ
ΟΥΡΑΝΌΣ
ΑΣΤΕΡΙΣΜΌ
ΙΣΗΜΕΡΊΑ
ΓΑΛΑΞΊΑΣ
ΒΑΡΎΤΗΤΑ
ΦΕΓΓΆΡΙ
ΜΕΤΈΩΡΟ
ΝΕΦΈΛΩΜΑ
ΠΑΡΑΤΗΡΗΤΉΡΙΟ
ΠΛΑΝΉΤΗΣ
ΑΚΤΙΝΟΒΟΛΊΑ
ΡΟΥΚΈΤΑ
ΣΟΥΠΕΡΝΌΒΑ
ΤΗΛΕΣΚΌΠΙΟ
ΓΗ
ΣΎΜΠΑΝ
ΖΏΔΙΟ

13 - Algebra

Ω	Α	Μ	Ι	Γ	Ί	Γ	Δ	Ι	Ά	Γ	Ρ	Α	Μ	Μ	Α
Δ	Η	Ή	Μ	Ε	Τ	Α	Β	Λ	Η	Τ	Ή	Ρ	Γ	Γ	Ψ
Α	Σ	Τ	Γ	Ά	Π	Α	Ρ	Ά	Γ	Ο	Ν	Τ	Α	Σ	Τ
Γ	Ξ	Ρ	Α	Ρ	Θ	Ξ	Α	Ρ	Ι	Θ	Μ	Ό	Σ	Ο	Γ
Ω	Γ	Α	Σ	Μ	Α	Ρ	Υ	Π	Ω	Η	Υ	Ξ	Β	Μ	Ο
Ε	Δ	Ε	Ι	Ν	Ξ	Μ	Ο	Κ	Δ	Η	Ί	Ν	Ρ	Β	Ι
Ξ	Δ	Κ	Ν	Έ	Δ	Η	Μ	Ι	Λ	Τ	Ι	Υ	Ρ	Σ	Ί
Ί	Ι	Θ	Π	Ψ	Χ	Έ	Δ	Ι	Σ	Ά	Χ	Σ	Σ	Ξ	Ρ
Σ	Α	Έ	Δ	Ω	Ι	Ε	Λ	Π	Κ	Μ	Σ	Ο	Π	Ύ	Τ
Ω	Ί	Τ	Λ	Ε	Σ	Λ	Ρ	Δ	Ρ	Ή	Α	Μ	Χ	Λ	Δ
Σ	Ρ	Η	Ύ	Α	Π	Λ	Ο	Π	Ο	Ι	Ώ	Λ	Α	Λ	Έ
Η	Ε	Α	Σ	Ε	Ο	Ξ	Ρ	Α	Φ	Α	Ί	Ρ	Ε	Σ	Η
Α	Σ	Ρ	Η	Β	Υ	Χ	Ι	Π	Ρ	Ό	Β	Λ	Η	Μ	Α
Υ	Η	Ω	Χ	Ι	Η	Σ	Ε	Θ	Ν	Έ	Ρ	Α	Π	Υ	Α
Τ	Ί	Γ	Ψ	Ρ	Π	Έ	Π	Υ	Ο	Σ	Α	Ί	Ι	Ρ	Υ
Γ	Ρ	Ά	Φ	Η	Μ	Α	Ά	Έ	Α	Ψ	Ι	Δ	Ν	Ν	Α

ΔΙΆΓΡΑΜΜΑ
ΔΙΑΊΡΕΣΗ
ΕΞΊΣΩΣΗ
ΕΚΘΈΤΗ
ΠΑΡΆΓΟΝΤΑΣ
ΤΎΠΟΣ
ΚΛΆΣΜΑ
ΓΡΆΦΗΜΑ
ΆΠΕΙΡΟ
ΓΡΑΜΜΙΚΉ
ΜΉΤΡΑ
ΑΡΙΘΜΌΣ
ΠΑΡΈΝΘΕΣΗ
ΠΡΌΒΛΗΜΑ
ΑΠΛΟΠΟΙΏ
ΛΎΣΗ
ΆΘΡΟΙΣΜΑ
ΑΦΑΊΡΕΣΗ
ΜΕΤΑΒΛΗΤΉ
ΜΗΔΈΝ

14 - Mitologia

Π	Ν	Γ	Ξ	Λ	Κ	Ε	Β	Π	Π	Ρ	Χ	Η	Η	Σ	Β
Ε	Ω	Π	Ι	Χ	Α	Κ	Ρ	Ο	Γ	Λ	Α	Ρ	Ο	Β	Π
Π	Δ	Χ	Δ	Ψ	Τ	Δ	Ο	Λ	Π	Π	Ά	Χ	Υ	Ψ	Ν
Ο	Σ	Π	Δ	Ξ	Α	Ί	Ν	Ε	Χ	Υ	Ν	Σ	Μ	Λ	Ν
Ι	Υ	Ο	Ύ	Υ	Σ	Κ	Τ	Μ	Δ	Λ	Τ	Ε	Μ	Ι	Ω
Θ	Μ	Λ	Ν	Σ	Τ	Η	Ή	Ι	Ψ	Ξ	Η	Έ	Λ	Α	Σ
Ή	Π	Ι	Α	Θ	Ρ	Σ	Γ	Σ	Α	Ω	Ρ	Ή	Χ	Ο	Ή
Σ	Ε	Τ	Μ	Ν	Ο	Η	Ω	Τ	Ζ	Ή	Λ	Ι	Α	Ρ	Π
Ε	Ρ	Ι	Η	Η	Φ	Ο	Β	Ή	Θ	Ρ	Ύ	Λ	Ο	Σ	Α
Ι	Ι	Σ	Π	Τ	Ή	Α	Ί	Σ	Α	Ν	Α	Θ	Α	Ρ	Ρ
Σ	Φ	Μ	Έ	Ό	Δ	Η	Μ	Ι	Ο	Υ	Ρ	Γ	Ί	Α	Τ
Ψ	Ο	Ό	Ν	Σ	Ο	Θ	Ν	Ι	Ρ	Ύ	Β	Α	Λ	Τ	Σ
Ε	Ρ	Σ	Π	Λ	Α	Ε	Υ	Η	Ξ	Ε	Δ	Π	Η	Χ	Α
Ρ	Ά	Τ	Ρ	Ι	Ν	Ρ	Λ	Λ	Ρ	Γ	Γ	Ε	Μ	Α	Γ
Μ	Α	Γ	Ι	Κ	Ό	Ι	Έ	Α	Δ	Ι	Δ	Χ	Μ	Έ	Π
Σ	Ν	Γ	Μ	Ε	Δ	Ί	Λ	Τ	Ψ	Τ	Ω	Λ	Ν	Γ	Α

ΑΡΧΈΤΥΠΟ
ΣΥΜΠΕΡΙΦΟΡΆ
ΠΛΆΣΜΑ
ΔΗΜΙΟΥΡΓΊΑ
ΠΕΠΟΙΘΉΣΕΙΣ
ΠΟΛΙΤΙΣΜΌΣ
ΚΑΤΑΣΤΡΟΦΉ
ΉΡΩΑΣ
ΔΎΝΑΜΗ
ΑΣΤΡΑΠΉ
ΖΉΛΙΑ
ΠΟΛΕΜΙΣΤΉΣ
ΑΘΑΝΑΣΊΑ
ΛΑΒΎΡΙΝΘΟΣ
ΘΡΎΛΟΣ
ΜΑΓΙΚΌ
ΘΝΗΤΌΣ
ΤΈΡΑΣ
ΒΡΟΝΤΉ
ΕΚΔΊΚΗΣΗ

15 - Piante

Έ	Ρ	Κ	Ε	Α	Ν	Α	Ε	Χ	Τ	Ν	Ί	Δ	Α	Β	Γ
Ί	Ί	Λ	Ά	Α	Π	Μ	Ν	Σ	Ι	Ψ	Ε	Α	Δ	Λ	Η
Ω	Ζ	Ο	Ψ	Κ	Ρ	Έ	Γ	Η	Ψ	Ε	Ψ	Σ	Δ	Ά	Γ
Σ	Α	Ύ	Ρ	Β	Τ	Β	Η	Ψ	Τ	Γ	Ν	Ο	Ι	Σ	Υ
Ψ	Ι	Τ	Έ	Χ	Ε	Ο	Ρ	Τ	Ν	Έ	Δ	Σ	Υ	Τ	Χ
Ή	Α	Τ	Μ	Ε	Έ	Γ	Σ	Γ	Ψ	Β	Μ	Ω	Ν	Η	Μ
Κ	Ι	Σ	Σ	Ό	Σ	Ω	Ξ	Έ	Ο	Η	Υ	Σ	Ν	Σ	Ρ
Ι	Η	Ρ	Ψ	Γ	Τ	Μ	Α	Μ	Σ	Α	Π	Ί	Λ	Η	Β
Ν	Λ	Ο	Υ	Λ	Ο	Ύ	Δ	Ι	Π	Κ	Ή	Π	Ο	Σ	Φ
Α	Μ	Ω	Λ	Λ	Ύ	Φ	Η	Σ	Ξ	Α	Ν	Α	Ν	Ε	Α
Τ	Ί	Ω	Ι	Λ	Ρ	Ψ	Α	Δ	Χ	Δ	Μ	Α	Γ	Έ	Σ
Ο	Ρ	Ύ	Ο	Μ	Ύ	Ν	Υ	Υ	Μ	Ί	Π	Π	Η	Ν	Ό
Β	Ψ	Χ	Η	Δ	Ξ	Φ	Ξ	Η	Υ	Ρ	Π	Η	Ο	Σ	Λ
Β	Ό	Τ	Α	Ν	Ο	Τ	Ά	Μ	Τ	Ω	Δ	Ω	Η	Ύ	Ι
Β	Ν	Σ	Ο	Ξ	Ί	Π	Ν	Ν	Ν	Λ	Α	Β	Λ	Δ	Ν
Π	Έ	Τ	Α	Λ	Ο	Ω	Ω	Τ	Δ	Χ	Ί	Σ	Υ	Λ	Π

ΔΈΝΤΡΟ
ΜΟΎΡΟ
ΜΠΑΜΠΟΎ
ΒΟΤΑΝΙΚΉ
ΚΆΚΤΟΣ
ΑΥΞΆΝΩ
ΚΙΣΣΌΣ
ΒΌΤΑΝΟ
ΦΑΣΌΛΙ
ΛΊΠΑΣΜΑ
ΛΟΥΛΟΎΔΙ
ΧΛΩΡΊΔΑ
ΦΎΛΛΟ
ΦΎΛΛΩΜΑ
ΔΑΣΟΣ
ΚΉΠΟΣ
ΒΡΎΑ
ΠΈΤΑΛΟ
ΡΊΖΑ
ΒΛΆΣΤΗΣΗ

16 - Spezie

Γ	Λ	Υ	Κ	Ό	Ρ	Ι	Ζ	Α	Π	Ι	Ί	Δ	Ξ	Λ	Β
Έ	Β	Ξ	Π	Ι	Α	Τ	Η	Υ	Ι	Ρ	Έ	Π	Ι	Π	Ε
Α	Κ	Β	Α	Ν	Ί	Λ	Ι	Α	Κ	Ί	Ψ	Έ	Σ	Γ	Δ
Κ	Α	Ο	Θ	Α	Ρ	Ά	Μ	Ι	Ρ	Ο	Υ	Ί	Μ	Σ	Έ
Ά	Π	Σ	Υ	Μ	Β	Σ	Δ	Γ	Ή	Ο	Δ	Ρ	Ό	Κ	Σ
Ρ	Τ	Ι	Π	Ρ	Γ	Ν	Λ	Χ	Μ	Ξ	Ψ	Ο	Ρ	Ρ	Τ
Δ	Τ	Ν	Ρ	Ά	Κ	Ρ	Η	Σ	Ξ	Τ	Ο	Έ	Ί	Ο	Ζ
Α	Κ	Ά	Ρ	Υ	Π	Ο	Ν	Ι	Μ	Ύ	Κ	Ξ	Χ	Κ	Ί
Μ	Η	Κ	Ψ	Α	Τ	Ρ	Ύ	Ψ	Β	Α	Ξ	Ψ	Ο	Ο	Ν
Ο	Ρ	Υ	Ψ	Ρ	Λ	Γ	Ι	Μ	Α	Λ	Ά	Τ	Ι	Σ	Τ
Η	Μ	Λ	Ω	Γ	Α	Ε	Ρ	Κ	Η	Έ	Γ	Π	Χ	Β	Ζ
Β	Χ	Γ	Ι	Ξ	Χ	Ύ	Γ	Α	Α	Ν	Ω	Λ	Ι	Μ	Ε
Β	Β	Τ	Χ	Υ	Ν	Σ	Ο	Π	Υ	Α	Έ	Ν	Υ	Σ	Ρ
Μ	Δ	Π	Ξ	Β	Η	Η	Α	Ψ	Ο	Κ	Ε	Ω	Ί	Κ	Τ
Κ	Ρ	Ε	Μ	Μ	Ύ	Δ	Ι	Γ	Ξ	Έ	Λ	Γ	Χ	Χ	Ό
Μ	Ο	Σ	Χ	Ο	Κ	Ά	Ρ	Υ	Δ	Ο	Ψ	Π	Γ	Ι	Δ

ΣΚΌΡΔΟ
ΠΙΚΡΉ
ΓΛΥΚΆΝΙΣΟ
ΚΑΝΈΛΑ
ΚΆΡΔΑΜΟ
ΚΡΕΜΜΎΔΙ
ΚΎΜΙΝΟ
ΚΟΥΡΚΟΎΜΗ
ΚΆΡΥ
ΓΛΥΚΌ
ΜΆΡΑΘΟ
ΓΕΎΣΗ
ΓΛΥΚΌΡΙΖΑ
ΜΟΣΧΟΚΆΡΥΔΟ
ΠΆΠΡΙΚΑ
ΠΙΠΈΡΙ
ΑΛΆΤΙ
ΒΑΝΊΛΙΑ
ΚΡΟΚΟΣ
ΤΖΊΝΤΖΕΡ

17 - Numeri

Δ	Ί	Ξ	Λ	Ν	Τ	Ε	Ε	Β	Ξ	Π	Ε	Ώ	Λ	Ε	Α
Ε	Σ	Σ	Ε	Η	Δ	Ε	Κ	Α	Π	Έ	Ν	Τ	Ε	Α	Υ
Κ	Λ	Υ	Ε	Π	Σ	Π	Ψ	Έ	Ρ	Δ	Ί	Κ	Ε	Α	Υ
Α	Κ	Έ	Δ	Β	Τ	Ν	Λ	Ν	Η	Ε	Ι	Ο	Ξ	Τ	Ν
Τ	Σ	Ψ	Π	Ξ	Ψ	Ά	Γ	Ν	Δ	Β	Σ	Ρ	Ξ	Ρ	Ρ
Ρ	Έ	Ώ	Τ	Κ	Ο	Α	Κ	Ε	Δ	Ί	Ο	Σ	Ν	Ί	Η
Ί	Δ	Ε	Κ	Α	Δ	Ι	Κ	Ό	Ρ	Ί	Κ	Ί	Έ	Α	Π
Α	Έ	Ν	Ν	Ε	Α	Κ	Ε	Δ	Ι	Σ	Ί	Υ	Δ	Τ	Δ
Γ	Δ	Ε	Κ	Α	Έ	Ξ	Ι	Ί	Σ	Υ	Ε	Ω	Η	Γ	Ε
Σ	Έ	Α	Δ	Η	Σ	Ί	Ω	Γ	Ί	Έ	Σ	Ι	Μ	Γ	Κ
Β	Μ	Υ	Ξ	Λ	Υ	Λ	Ί	Λ	Ί	Έ	Ε	Ω	Ψ	Π	Α
Δ	Ώ	Δ	Ε	Κ	Α	Ο	Ί	Ρ	Τ	Ξ	Σ	Ψ	Δ	Έ	Ε
Λ	Ψ	Ξ	Ξ	Έ	Χ	Ω	Ι	Ο	Ω	Ι	Δ	Λ	Τ	Ν	Π
Δ	Ε	Κ	Α	Τ	Έ	Σ	Σ	Ε	Ρ	Α	Ω	Ύ	Ί	Τ	Τ
Τ	Σ	Λ	Τ	Ξ	Τ	Ο	Ν	Ω	Ν	Ε	Η	Ν	Ο	Ε	Ά
Α	Η	Ν	Γ	Ί	Ν	Ι	Β	Έ	Π	Έ	Α	Τ	Έ	Ο	Α

ΠΈΝΤΕ
ΔΕΚΑΔΙΚΌ
ΔΕΚΑΕΝΝΈΑ
ΔΕΚΑΕΠΤΆ
ΔΕΚΑΟΚΤΏ
ΔΈΚΑ
ΔΏΔΕΚΑ
ΔΎΟ
ΕΝΝΈΑ
ΟΚΤΏ
ΔΕΚΑΤΈΣΣΕΡΑ
ΤΈΣΣΕΡΑ
ΔΕΚΑΠΈΝΤΕ
ΔΕΚΑΈΞΙ
ΈΞΙ
ΕΠΤΆ
ΤΡΊΑ
ΔΕΚΑΤΡΊΑ
ΕΊΚΟΣΙ
ΜΗΔΈΝ

18 - Cioccolato

Γ	Η	Ί	Σ	Λ	Φ	Έ	Γ	Μ	Ψ	Ά	Η	Ξ	Ί	Π	Β
Ψ	Υ	Ί	Ε	Ό	Κ	Ι	Τ	Ω	Ξ	Ε	Ρ	Λ	Ω	Γ	Σ
Σ	Υ	Ν	Τ	Α	Γ	Ή	Σ	Έ	Έ	Ν	Α	Ω	Η	Υ	Κ
Κ	Α	Ρ	Α	Μ	Έ	Λ	Α	Τ	Ι	Β	Χ	Σ	Μ	Ε	Ό
Λ	Τ	Κ	Γ	Η	Γ	Λ	Ο	Κ	Ί	Ω	Ά	Σ	Ψ	Α	Ν
Π	Η	Α	Λ	Γ	Μ	Ι	Τ	Α	Τ	Κ	Ζ	Ο	Ί	Α	Η
Ι	Τ	Κ	Υ	Ε	Έ	Ο	Υ	Ρ	Ή	Α	Ι	Α	Σ	Γ	Σ
Κ	Ό	Ά	Κ	Τ	Χ	Η	Ρ	Ύ	Κ	Λ	Ο	Α	Έ	Α	Υ
Ρ	Ι	Ο	Ό	Γ	Π	Σ	Ε	Δ	Ι	Μ	Ρ	Ε	Θ	Π	Σ
Ή	Ο	Β	Μ	Ι	Ι	Ύ	Έ	Α	Ν	Λ	Χ	Τ	Γ	Η	Τ
Ω	Π	Ψ	Ο	Ι	Ξ	Ε	Ρ	Ε	Χ	Χ	Η	Χ	Η	Μ	Α
Ψ	Ί	Ξ	Χ	Ψ	Τ	Γ	Δ	Π	Ε	Ί	Ρ	Έ	Έ	Έ	Τ
Ψ	Μ	Μ	Η	Ρ	Ψ	Σ	Δ	Λ	Τ	Π	Ψ	Δ	Μ	Ν	Ι
Π	Χ	Ρ	Ε	Σ	Α	Χ	Ό	Ω	Ο	Υ	Η	Π	Ρ	Ο	Κ
Ψ	Ν	Λ	Ε	Η	Ν	Σ	Ο	Ν	Ι	Μ	Χ	Τ	Ν	Σ	Ό
Ι	Ί	Ω	Υ	Χ	Π	Η	Γ	Ί	Β	Π	Β	Δ	Ί	Ε	Η

ΠΙΚΡΉ
ΦΙΣΤΊΚΙΑ
ΆΡΩΜΑ
ΒΙΟΤΕΧΝΙΚΉ
ΚΑΚΆΟ
ΘΕΡΜΙΔΕΣ
ΚΑΡΑΜΈΛΑ
ΝΌΣΤΙΜΟ
ΓΛΥΚΌ
ΕΞΩΤΙΚΌ
ΓΕΎΣΗ
ΣΥΣΤΑΤΙΚΌ
ΚΑΡΎΔΑ
ΣΚΌΝΗ
ΑΓΑΠΗΜΈΝΟΣ
ΠΟΙΌΤΗΤΑ
ΣΥΝΤΑΓΉ
ΖΆΧΑΡΗ

19 - Guida

Ι	Β	Δ	Σ	Α	Ν	Έ	Ρ	Φ	Ί	Π	Ε	Ρ	Α	Κ	Δ
Ρ	Ψ	Ο	Χ	Η	Τ	Α	Έ	Ρ	Ι	Ο	Μ	Λ	Σ	Ι	Ρ
Π	Ε	Ζ	Ό	Σ	Ι	Ύ	Ξ	Έ	Έ	Α	Ν	Ο	Φ	Ν	Ό
Κ	Α	Ύ	Σ	Ι	Μ	Ο	Χ	Α	Υ	Τ	Ί	Χ	Ά	Δ	Μ
Κ	Γ	Ί	Ί	Ε	Δ	Ί	Ο	Η	Λ	Σ	Ο	Δ	Λ	Ύ	Ο
Υ	Γ	Χ	Π	Α	Δ	Π	Λ	Ψ	Μ	Ε	Τ	Μ	Ε	Ν	Σ
Κ	Α	Σ	Ά	Ά	Δ	Ε	Ι	Α	Ε	Α	Η	Α	Ι	Ο	Λ
Λ	Ρ	Γ	Ι	Ρ	Ξ	Λ	Α	Ε	Ν	Έ	Ν	Σ	Α	Υ	Ε
Ο	Ή	Κ	Λ	Ρ	Τ	Γ	Β	Γ	Τ	Υ	Ί	Τ	Ι	Τ	Ω
Φ	Σ	Α	Ε	Δ	Ί	Η	Δ	Ρ	Π	Σ	Κ	Υ	Ψ	Α	Φ
Ο	Ε	Ρ	Μ	Ε	Τ	Α	Φ	Ο	Ρ	Ά	Ο	Ν	Η	Χ	Ο
Ρ	Ω	Ά	Α	Τ	Έ	Λ	Κ	Υ	Σ	Ο	Τ	Ο	Μ	Ύ	Ρ
Ί	Ψ	Ζ	Ι	Ε	Ξ	Μ	Λ	Γ	Β	Γ	Υ	Μ	Ψ	Τ	Ε
Α	Υ	Β	Τ	Α	Σ	Υ	Ε	Π	Β	Ε	Α	Ί	Τ	Η	Ί
Μ	Ψ	Λ	Λ	Ρ	Ε	Α	Α	Σ	Τ	Π	Λ	Α	Ε	Τ	Ο
Χ	Β	Μ	Α	Σ	Ί	Δ	Ο	Ι	Ε	Ί	Ν	Ε	Λ	Α	Λ

ΑΥΤΟΚΊΝΗΤΟ
ΛΕΩΦΟΡΕΊΟ
ΚΑΎΣΙΜΟ
ΦΡΈΝΑ
ΓΚΑΡΆΖ
ΑΈΡΙΟ
ΑΤΎΧΗΜΑ
ΆΔΕΙΑ
ΧΆΡΤΗ
ΜΟΤΟΣΥΚΛΈΤΑ
ΜΟΤΈΡ
ΠΕΖΌΣ
ΚΙΝΔΎΝΟΥ
ΑΣΤΥΝΟΜΊΑ
ΑΣΦΆΛΕΙΑ
ΔΡΌΜΟΣ
ΚΥΚΛΟΦΟΡΊΑ
ΜΕΤΑΦΟΡΆ
ΣΉΡΑΓΓΑ
ΤΑΧΎΤΗΤΑ

20 - Forza e Gravità

Κ	Α	Θ	Ο	Λ	Ι	Κ	Ή	Κ	Ι	Ν	Α	Χ	Η	Μ	Α
Ρ	Ρ	Ο	Ρ	Η	Ω	Β	Ζ	Υ	Γ	Ί	Ζ	Ω	Δ	Γ	Ρ
Ν	Τ	Ρ	Τ	Β	Μ	Ν	Ο	Φ	Υ	Σ	Ι	Κ	Ή	Υ	Έ
Δ	Β	Μ	Ν	Υ	Π	Ν	Α	Ν	Α	Κ	Ά	Λ	Υ	Ψ	Η
Ε	Υ	Ή	Έ	Ψ	Ί	Ν	Π	Ρ	Τ	Α	Σ	Π	Λ	Ν	Μ
Κ	Π	Ν	Κ	Μ	Μ	Β	Ο	Η	Η	Έ	Π	Ο	Π	Ε	Α
Ν	Ί	Έ	Α	Β	Ο	Ι	Ψ	Α	Τ	Ρ	Τ	Υ	Μ	Π	Γ
Ψ	Υ	Ν	Κ	Μ	Ω	Π	Μ	Ο	Ό	Λ	Λ	Ν	Έ	Α	Ν
Τ	Δ	Έ	Η	Τ	Ι	Τ	Υ	Υ	Ι	Τ	Ρ	Ι	Β	Ή	Η
Π	Ω	Γ	Ω	Σ	Α	Κ	Ν	Έ	Δ	Δ	Σ	Τ	Π	Α	Τ
Σ	Ο	Ω	Ρ	Ω	Η	Σ	Ή	Ο	Ι	Ε	Ρ	Ρ	Ί	Β	Ι
Ά	Ξ	Ο	Ν	Α	Σ	Β	Η	Β	Η	Λ	Τ	Ο	Ε	Γ	Σ
Α	Π	Ό	Σ	Τ	Α	Σ	Η	Ί	Ξ	Ί	Ι	Χ	Σ	Π	Μ
Τ	Α	Χ	Ύ	Τ	Η	Τ	Α	Β	Ν	Β	Μ	Ι	Η	Η	Ό
Υ	Υ	Λ	Π	Ι	Ω	Ω	Τ	Η	Ώ	Ρ	Α	Ά	Γ	Ι	Σ
Ξ	Π	Έ	Ε	Χ	Ω	Ι	Ο	Η	Β	Ε	Υ	Ω	Η	Ε	Α

ΆΞΟΝΑΣ
ΤΡΙΒΉ
ΚΈΝΤΡΟ
ΔΥΝΑΜΙΚΉ
ΑΠΌΣΤΑΣΗ
ΕΠΈΚΤΑΣΗ
ΦΥΣΙΚΉ
ΜΑΓΝΗΤΙΣΜΌΣ
ΜΗΧΑΝΙΚΉ
ΚΊΝΗΣΗ

ΤΡΟΧΙΆ
ΖΥΓΊΖΩ
ΠΊΕΣΗ
ΙΔΙΌΤΗΤΑ
ΑΝΑΚΆΛΥΨΗ
ΟΡΜΉ
ΏΡΑ
ΚΑΘΟΛΙΚΉ
ΤΑΧΎΤΗΤΑ

21 - Caffè

Φ	Ά	Ρ	Ω	Μ	Α	Λ	Ά	Γ	Ν	Π	Ι	Β	Ο	Μ	Ε
Υ	Ί	Ψ	Γ	Λ	Ι	Ψ	Χ	Η	Η	Σ	Α	Α	Ω	Α	Τ
Π	Ί	Λ	Π	Ρ	Ο	Έ	Λ	Ε	Υ	Σ	Η	Σ	Ύ	Ε	Γ
Ί	Β	Γ	Τ	Ό	Ρ	Ε	Ν	Τ	Ψ	Μ	Ψ	Η	Ί	Ω	Ν
Σ	Α	Λ	Ο	Ρ	Έ	Β	Ξ	Π	Η	Έ	Ι	Έ	Ε	Κ	Ι
Υ	Τ	Β	Ο	Γ	Ο	Ξ	Λ	Ν	Ρ	Δ	Δ	Ν	Τ	Ύ	Δ
Ο	Ι	Έ	Ν	Υ	Δ	Έ	Ι	Δ	Α	Ω	Π	Ί	Ο	Π	Β
Ψ	Μ	Π	Ι	Κ	Ρ	Ή	Η	Ρ	Χ	Θ	Ί	Σ	Η	Ε	Γ
Ι	Ή	Π	Ξ	Σ	Π	Ρ	Λ	Τ	Ά	Έ	Κ	Ι	Χ	Λ	Ο
Υ	Γ	Μ	Ό	Τ	Ο	Π	Η	Ί	Ζ	Λ	Ε	Ρ	Τ	Λ	Σ
Ε	Δ	Ο	Η	Ν	´	¨	Ι	Ε	Φ	Α	Κ	Ω	Έ	Ο	Η
Λ	Ν	Ο	Τ	Ξ	Ε	Β	Γ	Υ	Ο	Ω	Ί	Χ	Η	Μ	Έ
Ξ	Ί	Π	Ο	Ι	Κ	Ι	Λ	Ί	Α	Χ	Ψ	Σ	Ί	Η	Α
Ξ	Π	Π	Έ	Η	Ρ	Ξ	Μ	Α	Ύ	Ρ	Ο	Χ	Η	Λ	Ι
Α	Η	Ξ	Ν	Χ	Η	Ψ	Α	Α	Δ	Έ	Π	Ε	Ρ	Η	Μ
Τ	Υ	Π	Λ	Υ	Β	Χ	Γ	Η	Υ	Ρ	Η	Γ	Β	Α	Π

ΌΞΙΝΟ
ΝΕΡΌ
ΠΙΚΡΉ
ΆΡΩΜΑ
ΠΟΤΌ
ΚΑΦΕΊΝΗ
ΚΡΈΜΑ
ΦΊΛΤΡΟ
ΓΕΎΣΗ
ΓΆΛΑ

ΥΓΡΌ
ΑΛΈΘΩ
ΠΡΩΊ
ΜΑΎΡΟ
ΠΡΟΈΛΕΥΣΗ
ΤΙΜΉ
ΚΎΠΕΛΛΟ
ΠΟΙΚΙΛΊΑ
ΖΆΧΑΡΗ

22 - Uccelli

Κ	Γ	Α	Ε	Σ	Ο	Λ	Ά	Γ	Α	Π	Α	Π	Ι	Τ	Γ
Ο	Ν	Υ	Ρ	Ί	Π	Κ	Ύ	Κ	Ν	Ο	Σ	Σ	Υ	Δ	Ε
Τ	Π	Γ	Ω	Ν	Ε	Ο	Κ	Γ	Ν	Ί	Μ	Α	Λ	Φ	Ρ
Ό	Ε	Ό	Δ	Ω	Η	Έ	Υ	Ι	Υ	Δ	Ν	Ν	Π	Π	Ά
Π	Λ	Α	Ι	Π	Ά	Π	Γ	Ρ	Ο	Σ	Υ	Ή	Έ	Ν	Κ
Ο	Ε	Ο	Ο	Ρ	Γ	Ε	Υ	Έ	Γ	Σ	Ξ	Χ	Ψ	Ψ	Ι
Υ	Κ	Τ	Σ	Ό	Τ	Ε	Α	Τ	Ί	Ί	Υ	Ξ	Π	Γ	Μ
Λ	Α	Υ	Ο	Υ	Π	Π	Α	Σ	Ψ	Μ	Τ	Ω	Ε	Η	Ο
Ο	Ν	Λ	Ρ	Μ	Π	Δ	Π	Ι	Έ	Χ	Γ	Ι	Λ	Ψ	Έ
Ο	Ί	Η	Ά	Τ	Η	Ο	Η	Ρ	Ε	Ο	Α	Η	Α	Π	Ε
Ξ	Ρ	Χ	Λ	Έ	Ψ	Ν	Ψ	Ε	Τ	Ί	Η	Α	Ρ	Α	Τ
Ξ	Ξ	Υ	Γ	Ε	Ί	Π	Π	Π	Δ	Ο	Μ	Τ	Γ	Γ	Ο
Π	Ι	Γ	Κ	Ο	Υ	Ί	Ν	Ο	Σ	Ί	Υ	Α	Ό	Ώ	Ε
Κ	Ο	Υ	Κ	Ο	Υ	Β	Ά	Γ	Ι	Α	Τ	Κ	Σ	Ν	Α
Κ	Ο	Ύ	Κ	Ο	Σ	Γ	Ε	Έ	Π	Σ	Π	Π	Ά	Ι	Ν
Μ	Π	Ε	Ρ	Η	Ψ	Ρ	Ο	Ε	Γ	Μ	Η	Γ	Ρ	Ν	Β

ΕΡΩΔΙΟΣ
ΠΆΠΙΑ
ΑΕΤΌΣ
ΠΕΛΑΡΓΌΣ
ΚΎΚΝΟΣ
ΚΟΎΚΟΣ
ΓΕΡΆΚΙ
ΦΛΑΜΊΝΓΚΟ
ΓΛΆΡΟΣ
ΚΟΥΚΟΥΒΆΓΙΑ

ΧΉΝΑ
ΠΑΠΑΓΆΛΟΣ
ΣΠΟΥΡΓΊΤΙ
ΠΑΓΏΝΙ
ΠΕΛΕΚΑΝ
ΠΕΡΙΣΤΈΡΙ
ΠΙΓΚΟΥΊΝΟΣ
ΚΟΤΌΠΟΥΛΟ
ΤΟΥΚΆΝ
ΑΥΓΌ

23 - Giorni e Mesi

Α	Η	Ω	Ω	Ξ	Ν	Η	Υ	Χ	Ψ	Ί	Ο	Υ	Ί	Η	Ι
Δ	Έ	Δ	Σ	Ε	Π	Τ	Ε	Μ	Β	Ρ	Ί	Ο	Υ	Μ	Ο
Ά	Ε	Ι	Ο	Υ	Ν	Ί	Ο	Υ	Ί	Ο	Κ	Ί	Ο	Ε	Υ
Μ	Π	Κ	Τ	Ψ	Τ	Ρ	Ί	Δ	Τ	Π	Υ	Ρ	Ί	Ρ	Λ
Ο	Σ	Ψ	Ε	Ί	Λ	Τ	Ρ	Τ	Η	Ο	Ρ	Α	Ρ	Ο	Ί
Δ	Ά	Χ	Ή	Μ	Ε	Η	Υ	Ω	Ο	Β	Ι	Υ	Β	Λ	Ο
Β	Β	Ί	Υ	Ν	Β	Σ	Υ	Α	Β	Ξ	Α	Ο	Ω	Ό	Υ
Ε	Β	Α	Ε	Σ	Ί	Ρ	Ο	Τ	Α	Υ	Κ	Ρ	Τ	Γ	Ο
Έ	Α	Ν	Κ	Ξ	Υ	Π	Ί	Μ	Ε	Ο	Ή	Β	Κ	Ι	Ί
Β	Τ	Β	Σ	Β	Έ	Τ	Ρ	Ο	Ι	Τ	Ρ	Ε	Ο	Ο	Λ
Π	Ο	Ο	Α	Π	Α	Ρ	Β	Ρ	Υ	Σ	Ά	Φ	Ν	Δ	Ι
Δ	Α	Ρ	Ρ	Χ	Μ	Δ	Μ	Β	Ν	Ύ	Η	Ρ	Ι	Β	Ρ
Μ	Ή	Ν	Α	Σ	Ω	Υ	Ε	Τ	Ψ	Ο	Ι	Έ	Τ	Η	Π
Τ	Ί	Η	Π	Π	Ψ	Μ	Ο	Ν	Π	Γ	Υ	Ε	Σ	Η	Α
Δ	Ε	Υ	Τ	Έ	Ρ	Α	Ν	Υ	Ρ	Υ	Ρ	Ι	Ρ	Έ	Ι
Ι	Α	Ν	Ο	Υ	Α	Ρ	Ί	Ο	Υ	Α	Λ	Α	Δ	Ι	Δ

ΑΥΓΟΎΣΤΟΥ
ΕΤΟΣ
ΑΠΡΙΛΊΟΥ
ΗΜΕΡΟΛΌΓΙΟ
ΔΕΚΕΜΒΡΊΟΥ
ΚΥΡΙΑΚΉ
ΦΕΒΡΟΥΑΡΊΟΥ
ΙΑΝΟΥΑΡΊΟΥ
ΙΟΥΝΊΟΥ
ΙΟΥΛΊΟΥ
ΔΕΥΤΈΡΑ
ΤΡΊΤΗ
ΤΕΤΆΡΤΗ
ΜΉΝΑΣ
ΝΟΕΜΒΡΊΟΥ
ΟΚΤΩΒΡΊΟΥ
ΣΆΒΒΑΤΟ
ΣΕΠΤΕΜΒΡΊΟΥ
ΕΒΔΟΜΆΔΑ
ΠΑΡΑΣΚΕΥΉ

24 - Casa

Υ	Δ	Ρ	Ω	Σ	Γ	Υ	Η	Β	Ξ	Μ	Γ	Η	Ω	Β	Π
Η	Λ	Σ	Ρ	Χ	Γ	Ρ	Χ	Β	Ί	Σ	Α	Ω	Η	Ρ	Ό
Τ	Ο	Ί	Χ	Ο	Σ	Ο	Δ	Β	Ω	Ψ	Ω	Ρ	Ω	Ύ	Ρ
Β	Ν	Ι	Χ	Ω	Υ	Τ	Ρ	Σ	Ε	Ν	Ε	Τ	Ί	Σ	Τ
Β	Ι	Π	Ψ	Ξ	Ο	Ζ	Ν	Υ	Κ	Ή	Π	Ο	Σ	Η	Α
Γ	Ρ	Β	Ί	Β	Τ	Ά	Ξ	Σ	Θ	Λ	Ά	Μ	Π	Α	Α
Ν	Π	Υ	Λ	Ρ	Ν	Κ	Γ	Ε	Π	Ά	Τ	Ω	Μ	Α	Κ
Τ	Δ	Ω	Α	Ι	Β	Ι	Ε	Σ	Δ	Σ	Ρ	Έ	Β	Ε	Α
Ρ	Ε	Ξ	Χ	Ο	Ο	Σ	Π	Ω	Ο	Ο	Ί	Α	Η	Φ	Θ
Μ	Β	Α	Λ	Τ	Δ	Θ	Ξ	Έ	Ω	Φ	Λ	Ν	Π	Ρ	Ρ
Η	Γ	Έ	Τ	Σ	Έ	Ξ	Ή	Χ	Ω	Ί	Η	Ί	Ε	Α	Ε
Τ	Α	Ρ	Η	Α	Π	Ύ	Ο	Κ	Σ	Τ	Ί	Ζ	Α	Κ	Φ
Έ	Ξ	Ω	Δ	Ω	Β	Ε	Ω	Ρ	Η	Α	Ν	Υ	Τ	Τ	Τ
Μ	Η	Τ	Χ	Λ	Ζ	Ά	Ρ	Α	Κ	Γ	Ρ	Ο	Π	Η	Η
Δ	Ω	Μ	Ά	Τ	Ι	Ο	Ν	Γ	Η	Τ	Έ	Κ	Χ	Σ	Σ
Ί	Α	Λ	Ω	Π	Χ	Τ	Έ	Ι	Ε	Γ	Ε	Η	Ί	Σ	Ξ

ΣΟΦΊΤΑ
ΒΙΒΛΙΟΘΉΚΗ
ΔΩΜΆΤΙΟ
ΤΖΆΚΙ
ΚΟΥΖΊΝΑ
ΝΤΟΥΣ
ΠΑΡΆΘΥΡΟ
ΓΚΑΡΆΖ
ΚΉΠΟΣ
ΛΆΜΠΑ
ΤΟΊΧΟΣ
ΠΆΤΩΜΑ
ΠΌΡΤΑ
ΦΡΑΚΤΗΣ
ΒΡΎΣΗ
ΣΚΟΎΠΑ
ΤΑΒΆΝΙ
ΚΑΘΡΕΦΤΗΣ
ΧΑΛΊ
ΣΤΈΓΗ

25 - Fantascienza

Μ	Υ	Σ	Τ	Η	Ρ	Ι	Ώ	Δ	Η	Σ	Β	Ι	Σ	Λ	Ξ
Ξ	Μ	Γ	Α	Λ	Α	Ξ	Ί	Α	Σ	Ί	Α	Χ	Ν	Ή	Ψ
Η	Ξ	Η	Ρ	Κ	Έ	Φ	Α	Ν	Τ	Α	Σ	Τ	Ι	Κ	Ό
Σ	Α	Δ	Ο	Ι	Ρ	Ά	Ν	Ε	Σ	Ο	Η	Φ	Έ	Ι	Κ
Η	Η	Δ	Μ	Λ	Ο	Δ	Έ	Δ	Α	Μ	Ξ	Ω	Τ	Τ	Ι
Τ	Α	Ί	Π	Ο	Τ	Υ	Ο	Δ	Π	Ο	Ι	Τ	Ί	Σ	Τ
Ή	Ε	Σ	Ό	Χ	Β	Ν	Υ	Ν	Δ	Χ	Ί	Ι	Β	Ι	Σ
Ν	Ψ	Χ	Τ	Υ	Ψ	Ρ	Ί	Ε	Σ	Κ	Ο	Ά	Ί	Λ	Ι
Α	Μ	Μ	Ν	Ν	Ε	Ε	Ν	Α	Ψ	Β	Ό	Δ	Σ	Α	Ρ
Λ	Ί	Α	Ί	Ο	Ρ	Κ	Ά	Δ	Α	Ό	Ρ	Σ	Ω	Ε	Υ
Π	Π	Ι	Ν	Δ	Λ	Έ	Ρ	Υ	Δ	Κ	Η	Ξ	Μ	Ρ	Ο
Ν	Ρ	Λ	Τ	Τ	Π	Ο	Ι	Η	Ί	Ι	Έ	Ψ	Λ	Ο	Τ
Ω	Ι	Β	Χ	Σ	Ε	Α	Γ	Ι	Δ	Μ	Έ	Ω	Ε	Δ	Υ
Έ	Ί	Ι	Χ	Χ	Α	Ί	Α	Ί	Π	Ο	Τ	Σ	Υ	Δ	Ο
Μ	Γ	Β	Ι	Β	Ξ	Μ	Ο	Σ	Α	Τ	Β	Ρ	Π	Ξ	Φ
Μ	Υ	Θ	Ι	Σ	Τ	Ο	Ρ	Ή	Μ	Α	Τ	Α	Π	Ι	Υ

ΑΤΟΜΙΚΌ
ΔΥΣΤΟΠΊΑ
ΈΚΡΗΞΗ
ΆΚΡΟ
ΦΩΤΙΆ
ΦΟΥΤΟΥΡΙΣΤΙΚΌ
ΓΑΛΑΞΊΑΣ
ΦΑΝΤΑΣΤΙΚΌ
ΒΙΒΛΙΑ
ΜΥΣΤΗΡΙΏΔΗΣ
ΚΌΣΜΟ
ΜΑΝΤΕΊΟ
ΠΛΑΝΉΤΗΣ
ΡΕΑΛΙΣΤΙΚΉ
ΡΟΜΠΌΤ
ΜΥΘΙΣΤΟΡΉΜΑΤΑ
ΣΕΝΆΡΙΟ
ΤΕΧΝΟΛΟΓΊΑ
ΟΥΤΟΠΊΑ

26 - Città

Έ	Α	Ί	Ο	Γ	Χ	Ψ	Ή	Α	Ε	Α	Υ	Ε	Υ	Π	Α
Υ	Π	Η	Η	Ι	Ο	Ι	Π	Γ	Γ	Ξ	Β	Η	Ί	Α	Ε
Η	Ρ	Ρ	Ν	Α	Σ	Χ	Γ	Χ	Ο	Ο	Ω	Μ	Π	Ν	Ρ
Σ	Ρ	Έ	Ί	Ί	Α	Έ	Α	Ε	Λ	Λ	Ρ	Ο	Μ	Ε	Ο
Φ	Α	Ρ	Μ	Α	Κ	Ε	Ί	Ο	Ω	Τ	Λ	Ά	Υ	Π	Δ
Ί	Ο	Ί	Ε	Χ	Ο	Δ	Ο	Ν	Ε	Ξ	Ι	Υ	Ε	Ι	Ρ
Ο	Ί	Ε	Λ	Ω	Π	Ο	Θ	Ν	Α	Ι	Ε	Η	Σ	Σ	Ό
Έ	Ε	Μ	Ο	Υ	Σ	Ε	Ί	Ο	Δ	Π	Ν	Ο	Τ	Τ	Μ
Β	Ι	Β	Λ	Ι	Ο	Θ	Ή	Κ	Η	Ι	Π	Ω	Ι	Ή	Ι
Σ	Ο	Ί	Ε	Λ	Ω	Π	Ο	Ι	Λ	Β	Ι	Β	Α	Μ	Ο
Τ	Π	Ί	Τ	Ζ	Ω	Ο	Λ	Ο	Γ	Ι	Κ	Ό	Τ	Ι	Σ
Ά	Ο	Δ	Ε	Σ	Υ	Δ	Θ	Έ	Α	Τ	Ρ	Ο	Ό	Ο	Έ
Δ	Τ	Ρ	Κ	Λ	Η	Ψ	Β	Α	Ζ	Ε	Π	Ά	Ρ	Τ	Χ
Ι	Ρ	Έ	Ρ	Ί	Ο	Σ	Τ	Μ	Ή	Κ	Ι	Ν	Ι	Λ	Κ
Ο	Α	Ν	Ά	Ί	Ν	Χ	Ω	Ύ	Ε	Κ	Η	Θ	Ο	Π	Α
Ξ	Π	Ξ	Μ	Τ	Π	Γ	Σ	Ρ	Ε	Σ	Χ	Ν	Ρ	Ν	Ί

ΑΕΡΟΔΡΌΜΙΟ
ΤΡΆΠΕΖΑ
ΒΙΒΛΙΟΘΉΚΗ
ΚΛΙΝΙΚΉ
ΦΑΡΜΑΚΕΊΟ
ΑΝΘΟΠΩΛΕΊΟ
ΣΥΛΛΟΓΉ
ΞΕΝΟΔΟΧΕΊΟ
ΒΙΒΛΙΟΠΩΛΕΊΟ
ΑΓΟΡΆ
ΜΟΥΣΕΊΟ
ΑΠΟΘΗΚΕΎΩ
ΑΡΤΟΠΟΙΕΊΟ
ΕΣΤΙΑΤΌΡΙΟ
ΣΧΟΛΕΊΟ
ΣΤΆΔΙΟ
ΜΆΡΚΕΤ
ΘΈΑΤΡΟ
ΠΑΝΕΠΙΣΤΉΜΙΟ
ΖΩΟΛΟΓΙΚΌ

27 - Fattoria #1

Π	Ά	Χ	Υ	Ί	Τ	Ι	Λ	Δ	Ί	Γ	Τ	Σ	Α	Ν	Ό
Ε	Λ	Λ	Έ	Γ	Ξ	Α	Α	Ω	Ψ	Α	Ε	Η	Δ	Π	Ρ
Α	Α	Γ	Ο	Α	Ξ	Γ	Ξ	Ψ	Ο	Ψ	Ν	Τ	Ά	Π	Ε
Β	Έ	Ξ	Γ	Γ	Σ	Κ	Ύ	Λ	Ο	Σ	Υ	Κ	Λ	Η	Ν
Ρ	Ε	Ξ	Π	Μ	Ο	Π	Ε	Δ	Ί	Ο	Γ	Α	Ε	Ι	Μ
Μ	Ύ	Ξ	Μ	Ω	Έ	Β	Έ	Έ	Μ	Υ	Λ	Ρ	Γ	Ι	Ί
Ο	Β	Ζ	Ί	Σ	Λ	Λ	Ω	Ε	Ψ	Ψ	Ο	Φ	Α	Υ	Ν
Σ	Γ	Λ	Ι	Ρ	Ί	Τ	Ι	Ν	Ύ	Ο	Ρ	Υ	Ο	Γ	Κ
Χ	Ι	Ο	Ρ	Ό	Π	Σ	Ο	Σ	Ε	Ο	Ο	Ω	Ο	Υ	Ο
Ά	Σ	Σ	Ύ	Β	Α	Ε	Ι	Μ	Έ	Λ	Ι	Σ	Σ	Α	Τ
Ρ	Π	Ξ	Ο	Ψ	Σ	Ν	Δ	Χ	Γ	Η	Σ	Μ	Ψ	Ί	Ό
Ι	Ο	Ι	Δ	Ω	Μ	Γ	Ά	Τ	Α	Τ	Χ	Λ	Ε	Γ	Π
Λ	Ν	Ν	Ϊ	Λ	Α	Μ	Π	Τ	Χ	Έ	Τ	Ι	Ι	Ρ	Ο
Ρ	Ψ	Β	Α	Ω	Π	Ω	Ο	Μ	Υ	Έ	Μ	Υ	Ω	Ω	Υ
Ο	Λ	Έ	Γ	Λ	Β	Τ	Κ	Ο	Ν	Μ	Ί	Η	Η	Ε	Λ
Ψ	Σ	Χ	Δ	Ψ	Ρ	Β	Ν	Τ	Γ	Ί	Δ	Α	Ω	Γ	Ο

ΝΕΡΌ
ΓΕΩΡΓΊΑ
ΜΈΛΙΣΣΑ
ΓΑΪΔΟΎΡΙ
ΠΕΔΊΟ
ΣΚΎΛΟΣ
ΓΊΔΑ
ΆΛΟΓΟ
ΛΊΠΑΣΜΑ
ΣΑΝΌ
ΓΆΤΑ
ΚΟΠΆΔΙ
ΓΟΥΡΟΎΝΙ
ΜΈΛΙ
ΑΓΕΛΆΔΑ
ΚΟΤΌΠΟΥΛΟ
ΦΡΑΚΤΗΣ
ΡΎΖΙ
ΣΠΌΡΟΙ
ΜΟΣΧΆΡΙ

28 - Paesaggi

Π	Ν	Σ	Γ	Υ	Η	Τ	Κ	Ά	Ρ	Ρ	Α	Τ	Α	Κ	Υ
Ο	Λ	Ν	Κ	Τ	Σ	Π	Ο	Ν	Υ	Ο	Β	Ό	Γ	Α	Π
Τ	Ο	Ω	Ό	Α	Α	Ψ	Α	Ύ	Ν	Τ	Ψ	Η	Χ	Δ	Η
Α	Ω	Δ	Λ	Τ	Ό	Ι	Δ	Γ	Ν	Η	Γ	Ί	Υ	Ά	Ξ
Μ	Ρ	Ο	Π	Ν	Π	Ψ	Ν	Ψ	Ε	Δ	Μ	Ι	Υ	Λ	Υ
Ό	Ν	Υ	Ο	Β	Ν	Η	Σ	Ί	Θ	Τ	Ρ	Υ	Δ	Ι	Έ
Σ	Χ	Ο	Σ	Λ	Ω	Δ	Τ	Χ	Ά	Τ	Ώ	Α	Ψ	Ο	Υ
Α	Ε	Μ	Η	Ό	Κ	Ί	Β	Β	Λ	Τ	Ψ	Ν	Υ	Κ	Λ
Σ	Ρ	Ή	Φ	Φ	Ε	Α	Η	Ι	Α	Α	Ρ	Γ	Α	Σ	Ί
Ω	Σ	Ρ	Α	Ο	Α	Ο	Β	Ψ	Σ	Ω	Ω	Ν	Ν	Σ	Μ
Ω	Ό	Ε	Ί	Λ	Ν	Ι	Ν	Σ	Σ	Δ	Π	Ι	Β	Έ	Ν
Ο	Ν	Ι	Σ	Ξ	Ό	Α	Δ	Έ	Α	Π	Ρ	Λ	Ά	Σ	Η
Δ	Η	Χ	Τ	Ο	Σ	Λ	Τ	Ρ	Γ	Χ	Ψ	Ε	Λ	Χ	Δ
Ο	Σ	Λ	Ε	Η	Ψ	Ή	Μ	Ί	Ί	Χ	Α	Ρ	Τ	Ψ	Π
Λ	Ο	Ι	Ι	Ο	Δ	Π	Α	Ρ	Α	Λ	Ί	Α	Ο	Σ	Ρ
Χ	Υ	Ξ	Ο	Ί	Β	Σ	Ω	Μ	Έ	Τ	Λ	Π	Σ	Ψ	Ν

ΚΑΤΑΡΡΆΚΤΗ
ΛΌΦΟ
ΕΡΉΜΟΥ
ΠΟΤΑΜΌΣ
ΠΑΓΕΤΏΝΑΣ
ΚΌΛΠΟΣ
ΣΠΉΛΑΙΟ
ΠΑΓΌΒΟΥΝΟ
ΝΗΣΊ
ΛΊΜΝΗ
ΘΆΛΑΣΣΑ
ΒΟΥΝΌ
ΌΑΣΗ
ΩΚΕΑΝΌΣ
ΒΆΛΤΟΣ
ΧΕΡΣΌΝΗΣΟ
ΠΑΡΑΛΊΑ
ΤΟΎΝΔΡΑ
ΚΟΙΛΆΔΑ
ΗΦΑΊΣΤΕΙΟ

29 - Energia

Β	Ε	Σ	Α	Κ	Α	Ρ	Θ	Ν	Ά	Ω	Σ	Ο	Ω	Υ	Ρ
Ε	Ν	Υ	Ί	Ν	Ο	Λ	Λ	Ά	Β	Ι	Ρ	Ε	Π	Δ	Ύ
Ν	Τ	Β	Β	Ω	Α	Μ	Η	Χ	Α	Ν	Ή	Η	Ψ	Ρ	Π
Ζ	Ρ	Ι	Γ	Ψ	Δ	Ν	Ά	Ν	Ε	Μ	Ο	Σ	Ε	Ο	Α
Ί	Ο	Ο	Σ	Ρ	Μ	Μ	Ε	Β	Υ	Β	Ν	Ξ	Θ	Γ	Ν
Ν	Π	Μ	Χ	Δ	Έ	Π	Ο	Ώ	Υ	Ν	Ί	Δ	Ε	Ό	Σ
Η	Ί	Η	Π	Δ	Ι	Α	Π	Ί	Σ	Ο	Ύ	Η	Ρ	Ν	Η
Α	Α	Χ	Λ	Ν	Τ	Τ	Έ	Η	Η	Ι	Ο	Σ	Μ	Ο	Α
Ο	Χ	Α	Π	Ε	Η	Α	Ξ	Β	Λ	Ν	Μ	Έ	Ό	Α	Ι
Ε	Γ	Ν	Δ	Ρ	Ζ	Ρ	Γ	Ο	Ε	Ό	Τ	Η	Τ	Α	Τ
Λ	Α	Ί	Ι	Τ	Μ	Ί	Γ	Γ	Κ	Ρ	Α	Ο	Η	Υ	Ξ
Ω	Ξ	Α	Μ	Ξ	Ι	Α	Τ	Η	Τ	Τ	Υ	Δ	Τ	Μ	Γ
Μ	Φ	Ω	Τ	Ό	Ν	Ι	Ο	Ν	Ρ	Κ	Έ	Λ	Α	Λ	Ξ
Σ	Τ	Ρ	Ο	Β	Ί	Λ	Ω	Ν	Ι	Ε	Α	Ε	Υ	Μ	Χ
Π	Υ	Ρ	Η	Ν	Ι	Κ	Ή	Ψ	Κ	Λ	Ε	Ι	Δ	Ξ	Α
Κ	Α	Ύ	Σ	Ι	Μ	Ο	Έ	Ξ	Ή	Η	Η	Τ	Ξ	Ο	Σ

ΠΕΡΙΒΆΛΛΟΝ
ΜΠΑΤΑΡΊΑ
ΒΕΝΖΊΝΗ
ΘΕΡΜΌΤΗΤΑ
ΆΝΘΡΑΚΑΣ
ΚΑΎΣΙΜΟ
ΝΤΊΖΕΛ
ΗΛΕΚΤΡΙΚΉ
ΗΛΕΚΤΡΌΝΙΟ
ΕΝΤΡΟΠΊΑ
ΦΩΤΌΝΙΟ
ΥΔΡΟΓΌΝΟ
ΒΙΟΜΗΧΑΝΊΑ
ΡΎΠΑΝΣΗ
ΜΗΧΑΝΉ
ΠΥΡΗΝΙΚΉ
ΑΝΑΝΕΏΣΙΜΗ
ΣΤΡΟΒΊΛΩΝ
ΑΤΜΟΎ
ΆΝΕΜΟΣ

30 - Ristorante #2

Κ	Μ	Π	Α	Χ	Α	Ρ	Ι	Κ	Ό	Σ	Ν	Λ	Η	Ί	Ξ
Λ	Ο	Μ	Ι	Τ	Σ	Ό	Ν	Γ	Ξ	Ο	Ο	Ο	Ί	Γ	Ο
Α	Τ	Υ	Π	Ο	Τ	Ό	Ρ	Α	Μ	Ύ	Ε	Γ	Έ	Ο	Ρ
Χ	Ύ	Ε	Τ	Σ	Α	Λ	Ά	Τ	Α	Π	Ν	Ν	Ά	Ν	Ε
Α	Ο	Β	Ί	Ά	Π	Τ	Χ	Β	Μ	Α	Τ	Α	Ο	Π	Κ
Ν	Ρ	Γ	Γ	Ί	Λ	Σ	Π	Μ	Κ	Λ	Τ	Ν	Σ	Ί	Τ
Ι	Φ	Α	Ί	Ω	Τ	Ι	Ψ	Ν	Έ	Κ	Λ	Ε	Ε	Ε	Ι
Κ	Ρ	Α	Υ	Ν	Τ	Ν	Υ	Ε	Ι	Έ	Β	Έ	Ρ	Δ	Κ
Ά	Ν	Ε	Ψ	Γ	Σ	Ύ	Ξ	Τ	Κ	Ρ	Ο	Α	Β	Ί	Ό
Σ	Α	Ν	Ω	Η	Α	Ο	Γ	Μ	Α	Α	Λ	Ν	Ι	Υ	Ρ
Γ	Η	Υ	Ι	Γ	Ί	Ρ	Β	Γ	Λ	Κ	Ω	Μ	Τ	Ρ	Ε
Α	Ξ	Χ	Η	Ο	Ο	Ι	Ρ	Ά	Ψ	Σ	Ι	Τ	Ό	Α	Ν
Λ	Λ	Ε	Ο	Ι	Ν	Π	Ε	Έ	Ο	Ρ	Ρ	Ξ	Ρ	Ρ	Ψ
Ά	Π	Τ	Ψ	Ν	Χ	Τ	Ο	Α	Τ	Ψ	Υ	Δ	Ο	Ε	Μ
Τ	Ω	Έ	Ψ	Ξ	Β	Η	Ί	Β	Ψ	Τ	Δ	Δ	Σ	Σ	Ψ
Ι	Έ	Έ	Λ	Ν	Δ	Τ	Η	Ρ	Λ	Σ	Ε	Ρ	Ο	Ω	Χ

ΝΕΡΌ
ΟΡΕΚΤΙΚΌ
ΠΟΤΌ
ΣΕΡΒΙΤΌΡΟΣ
ΔΕΊΠΝΟ
ΚΟΥΤΆΛΙ
ΝΌΣΤΙΜΟ
ΠΙΡΟΎΝΙ
ΦΡΟΎΤΟ
ΠΆΓΟΣ
ΣΑΛΆΤΑ
ΣΟΎΠΑ
ΨΆΡΙ
ΓΕΎΜΑ
ΑΛΆΤΙ
ΚΑΡΈΚΛΑ
ΜΠΑΧΑΡΙΚΌ
ΚΈΙΚ
ΑΥΓΑ
ΛΑΧΑΝΙΚΆ

31 - Moda

Ψ	Δ	Ο	Ρ	Έ	Ψ	Υ	Ά	Έ	Ν	Ω	Ι	Δ	Έ	Έ	Ρ
Μ	Α	Δ	Ι	Β	Ο	Δ	Ι	Α	Α	Β	Ω	Ψ	Έ	Ρ	Ρ
Β	Ν	Ί	Ε	Λ	Μ	Π	Π	Ν	Δ	Σ	Ω	Ω	Δ	Ε	Ι
Ι	Τ	Κ	Έ	Ν	Τ	Η	Μ	Α	Β	Έ	Υ	Υ	Ψ	Ε	Ε
Σ	Έ	Ή	Μ	Μ	Δ	Π	Υ	Δ	Χ	Δ	Α	Ρ	Ξ	Ί	Υ
Έ	Λ	Κ	Η	Έ	Υ	Α	Ο	Γ	Γ	Χ	Ι	Λ	Ι	Β	Β
Γ	Α	Ι	Λ	Υ	Τ	Σ	Κ	Έ	Υ	Υ	Ω	Α	Ω	Δ	Ά
Ύ	Μ	Χ	Β	Ρ	Ά	Ρ	Ε	Σ	Φ	Λ	Ω	Μ	Ψ	Ω	Ν
Ρ	Φ	Ρ	Ξ	Δ	Β	Ι	Ι	Ψ	Ή	Τ	Γ	Δ	Ψ	Π	Ε
Ί	Ι	Α	Μ	Ρ	Ι	Τ	Χ	Ο	Έ	Ψ	Ά	Ν	Λ	Ρ	Τ
Σ	Λ	Δ	Σ	Ω	Ρ	Μ	Ο	Τ	Ί	Β	Ο	Σ	Ρ	Α	Ο
Ξ	Π	Τ	Ψ	Μ	Κ	Ψ	Χ	Η	Γ	Α	Λ	Μ	Η	Κ	Α
Έ	Π	Β	Ι	Ψ	Α	Μ	Π	Ο	Υ	Τ	Ί	Κ	Π	Τ	Π
Ψ	Μ	Ι	Ν	Ι	Μ	Α	Λ	Ι	Σ	Τ	Ι	Κ	Ό	Ι	Λ
Τ	Π	Ί	Χ	Η	Π	Ν	Κ	Ο	Μ	Ψ	Ό	Χ	Π	Κ	Ό
Μ	Ο	Ν	Τ	Έ	Ρ	Ν	Ο	Ν	Α	Σ	Λ	Ξ	Ρ	Ή	Σ

ΜΠΟΥΤΊΚ
ΑΚΡΙΒΆ
ΆΝΕΤΟ
ΚΟΜΨΌ
ΜΙΝΙΜΑΛΙΣΤΙΚΌ
ΜΟΤΊΒΟ
ΜΟΝΤΈΡΝΟ
ΜΈΤΡΙΟ
ΑΡΧΙΚΉ
ΔΑΝΤΈΛΑ
ΠΡΑΚΤΙΚΉ
ΚΟΥΜΠΙΆ
ΚΈΝΤΗΜΑ
ΑΠΛΌΣ
ΣΤΥΛ
ΤΆΣΗ
ΎΦΑΣΜΑ
ΥΦΉ

32 - Giardino

Μ	Α	Σ	Ε	Ο	Α	Ι	Ν	Ά	Ζ	Ι	Ζ	Ρ	Ω	Ε	Γ
Υ	Ο	Λ	Ω	Γ	Ν	Τ	Α	Λ	Ψ	Λ	Ν	Λ	Δ	Μ	Δ
Ί	Α	Η	Ι	Κ	Ά	Κ	Γ	Α	Π	Έ	Β	Τ	Ρ	Ε	Τ
Ί	Ι	Η	Ν	Τ	Ρ	Ί	Ο	Γ	Χ	Π	Ε	Γ	Ν	Μ	Ρ
Ψ	Ε	Η	Ω	Γ	Κ	Α	Ζ	Ό	Ν	Μ	Ρ	Ρ	Γ	Ε	Α
Ο	Η	Ν	Ν	Ί	Γ	Ρ	Ι	Ω	Α	Α	Ά	Α	Β	Γ	Μ
Α	Ω	Ρ	Ν	Ν	Υ	Ώ	Σ	Δ	Μ	Λ	Ν	Σ	Λ	Κ	Π
Ω	Υ	Φ	Γ	Π	Ο	Ι	Ν	Ω	Ύ	Υ	Τ	Ί	Ψ	Α	Ο
Ο	Χ	Τ	Δ	Η	Σ	Α	Μ	Ρ	Λ	Ο	Α	Δ	Κ	Ρ	Λ
Σ	Γ	Υ	Ρ	Έ	Τ	Ρ	Τ	Ο	Χ	Ή	Λ	Ι	Ή	Ά	Ί
Ξ	Χ	Ά	Α	Η	Ν	Μ	Ί	Λ	Ω	Μ	Ν	Υ	Π	Ζ	Ν
Α	Λ	Ρ	Ρ	Ψ	Β	Τ	Ρ	Η	Ρ	Ν	Έ	Α	Ο	Β	Ο
Γ	Γ	Ι	Λ	Ό	Β	Ι	Ρ	Ε	Π	Α	Ρ	Υ	Σ	Λ	Γ
Έ	Υ	Γ	Ο	Δ	Ν	Χ	Ξ	Ο	Φ	Ρ	Α	Κ	Τ	Η	Σ
Ω	Τ	Έ	Ί	Ξ	Η	Έ	Έ	Σ	Η	Β	Ψ	Δ	Ρ	Β	Ω
Ι	Χ	Ι	Λ	Β	Ο	Α	Ε	Έ	Γ	Υ	Ι	Γ	Ί	Ρ	Γ

ΔΈΝΤΡΟ
ΑΙΏΡΑ
ΓΡΑΣΊΔΙ
ΖΙΖΆΝΙΑ
ΛΟΥΛΟΎΔΙ
ΠΕΡΙΒΌΛΙ
ΓΚΑΡΆΖ
ΚΉΠΟΣ
ΦΤΥΆΡΙ
ΠΑΓΚΆΚΙ
ΓΚΑΖΌΝ
ΤΣΟΥΓΚΡΆΝΑ
ΦΡΑΚΤΗΣ
ΛΊΜΝΗ
ΒΕΡΆΝΤΑ
ΤΡΑΜΠΟΛΊΝΟ
ΣΩΛΉΝΑ
ΑΜΠΈΛΙ

33 - Riscaldamento Globale

Β	Λ	Ο	Ω	Ψ	Κ	Α	Έ	Ρ	Ι	Ο	Κ	Λ	Ί	Μ	Α
Λ	Ι	Έ	Χ	Γ	Α	Υ	Δ	Ι	Ε	Θ	Ν	Ε	Σ	Ε	Ο
Έ	Δ	Ο	Κ	Δ	Δ	Υ	Β	Ο	Α	Ρ	Κ	Τ	Ι	Κ	Ή
Ί	Ο	Σ	Μ	Ρ	Ι	Η	Β	Έ	Η	Σ	Ν	Μ	Π	Ε	Ί
Γ	Ξ	Ω	Υ	Η	Ί	Τ	Μ	Τ	Ρ	Α	Ν	Ί	Ι	Σ	Η
Τ	Χ	Γ	Έ	Ν	Χ	Σ	Ι	Ί	Σ	Ν	Μ	Ι	Ω	Α	Β
Α	Γ	Χ	Δ	Ψ	Μ	Α	Η	Β	Γ	Ο	Η	Σ	Υ	Ί	Ο
Π	Ρ	Ο	Σ	Ο	Χ	Ή	Ν	Ο	Ο	Μ	Ρ	Σ	Υ	Σ	Τ
Χ	Α	Έ	Π	Λ	Ν	Ν	Ξ	Ί	Ρ	Ή	Β	Α	Η	Ε	Ώ
Α	Ν	Ά	Π	Τ	Υ	Ξ	Η	Π	Α	Τ	Ω	Ρ	Χ	Θ	Ρ
Μ	Έ	Ι	Μ	Τ	Ω	Ν	Ί	Ψ	Χ	Σ	Σ	Ί	Π	Ο	Α
Ψ	Μ	Ν	Ο	Λ	Λ	Έ	Μ	Ί	Ρ	Ι	Π	Ρ	Λ	Μ	Η
Π	Ο	Ε	Γ	Δ	Μ	Ω	Π	Β	Σ	Π	Σ	Π	Α	Ο	Λ
Π	Δ	Γ	Μ	Γ	Υ	Έ	Ν	Α	Ι	Ε	Γ	Ρ	Έ	Ν	Ε
Ν	Ε	Ο	Σ	Υ	Ν	Έ	Π	Ε	Ι	Ε	Σ	Τ	Μ	Ρ	Δ
Χ	Δ	Χ	Θ	Ε	Ρ	Μ	Ο	Κ	Ρ	Α	Σ	Ί	Α	Ε	Χ

ΑΡΚΤΙΚΉ
ΠΡΟΣΟΧΉ
ΚΛΊΜΑ
ΣΥΝΈΠΕΙΕΣ
ΚΡΊΣΗ
ΔΕΔΟΜΈΝΑ
ΕΝΈΡΓΕΙΑ
ΜΈΛΛΟΝ
ΑΈΡΙΟ
ΓΕΝΙΆ
ΚΥΒΈΡΝΗΣΗ
ΒΙΟΜΗΧΑΝΊΑ
ΔΙΕΘΝΕΣ
ΝΟΜΟΘΕΣΊΑ
ΤΏΡΑ
ΕΠΙΣΤΉΜΟΝΑΣ
ΑΝΆΠΤΥΞΗ
ΘΕΡΜΟΚΡΑΣΊΑ

34 - Frutta

Α	Α	Κ	Τ	Ι	Ν	Ί	Δ	Ι	Ο	Ρ	Ύ	Ο	Μ	Π	Ι
Σ	Β	Ξ	Σ	Τ	Δ	Υ	Ί	Ε	Δ	Π	Λ	Ο	Π	Α	Χ
Π	Π	Ο	Κ	Γ	Ν	Ά	Μ	Κ	Ε	Ρ	Ά	Σ	Ι	Π	Ί
Ρ	Ν	Ν	Κ	Β	Α	Τ	Ό	Μ	Ο	Υ	Ρ	Ο	Ν	Ά	Β
Ψ	Ξ	Ι	Λ	Ά	Κ	Ο	Τ	Ρ	Ο	Π	Ι	Α	Ί	Γ	Β
Χ	Ο	Κ	Ε	Ι	Ν	Ό	Μ	Ε	Λ	Τ	Ε	Π	Ρ	Ι	Ι
Τ	Μ	Ά	Έ	Λ	Β	Τ	Ί	Μ	Χ	Υ	Μ	Υ	Α	Α	Ρ
Ρ	Ί	Δ	Ξ	Ο	Μ	Ω	Ο	Π	Η	Ο	Ω	Ί	Τ	Ν	Ε
Ο	Κ	Ο	Κ	Ί	Ρ	Ε	Β	Α	Α	Α	Τ	Ο	Κ	Μ	Δ
Χ	Μ	Ρ	Σ	Τ	Ι	Ε	Δ	Ν	Χ	Β	Ν	Π	Ε	Ή	Δ
Υ	Ε	Έ	Ω	Π	Π	Ο	Τ	Ά	Λ	Ω	Λ	Α	Ν	Λ	Τ
Π	Ο	Ρ	Η	Β	Ε	Ω	Λ	Ν	Ά	Ν	Ο	Υ	Ν	Ο	Υ
Ο	Η	Ε	Ρ	Μ	Σ	Π	Χ	Α	Δ	Α	Γ	Ε	Ρ	Ά	Σ
Ε	Β	Ε	Ν	Ν	Ύ	Χ	Ό	Β	Ι	Λ	Ύ	Φ	Α	Τ	Σ
Ρ	Η	Β	Μ	Π	Κ	Ο	Ο	Ν	Η	Κ	Σ	Ά	Μ	Α	Δ
Δ	Ι	Λ	Χ	Μ	Ο	Ο	Β	Ξ	Ι	Ο	Τ	Τ	Η	Μ	Λ

ΒΕΡΊΚΟΚΟ
ΑΝΑΝΆ
ΠΟΡΤΟΚΆΛΙ
ΑΒΟΚΆΝΤΟ
ΜΟΎΡΟ
ΜΠΑΝΆΝΑ
ΚΕΡΆΣΙ
ΣΎΚΟ
ΑΚΤΙΝΊΔΙΟ
ΒΑΤΌΜΟΥΡΟ
ΛΕΜΌΝΙ
ΜΆΝΓΚΟ
ΜΉΛΟ
ΠΕΠΌΝΙ
ΝΕΚΤΑΡΊΝΙ
ΠΑΠΆΓΙΑ
ΑΧΛΆΔΙ
ΡΟΔΆΚΙΝΟ
ΔΑΜΆΣΚΗΝΟ
ΣΤΑΦΎΛΙ

35 - Fattoria #2

Φ	Ί	Ω	Δ	Ι	Ν	Τ	Ν	Γ	Δ	Ο	Η	Σ	Λ	Α	Ά
Μ	Ρ	Ο	Π	Ά	Π	Ι	Α	Χ	Ά	Ε	Δ	Ι	Ι	Γ	Ρ
Ω	Α	Ο	Η	Ρ	Ί	Λ	Ώ	Ω	Ω	Λ	Ω	Τ	Β	Ρ	Δ
Ν	Τ	Ψ	Ύ	Έ	Π	Ό	Ζ	Ν	Ο	Ξ	Α	Ά	Ά	Ο	Ε
Τ	Σ	Τ	Α	Τ	Λ	Β	Λ	Ά	Μ	Α	Ν	Ρ	Δ	Τ	Υ
Ο	Ί	Ί	Χ	Κ	Ο	Ι	Τ	Ρ	Ο	Φ	Ή	Ι	Ι	Η	Σ
Π	Κ	Ξ	Υ	Α	Ο	Ρ	Γ	Ί	Β	Ψ	Β	Α	Ω	Σ	Η
Έ	Υ	Β	Ρ	Ρ	Γ	Ε	Ρ	Ε	Μ	Ο	Ψ	Β	Έ	Ψ	Χ
Β	Ψ	Έ	Ώ	Τ	Ε	Π	Ρ	Ψ	Έ	Ρ	Σ	Π	Α	Σ	Ή
Ί	Έ	Ί	Ν	Ρ	Α	Τ	Ξ	Ι	Η	Ί	Ι	Κ	Α	Γ	Ν
Η	Λ	Τ	Α	Κ	Α	Λ	Α	Μ	Π	Ό	Κ	Ι	Ό	Λ	Ε
Ρ	Η	Υ	Ε	Έ	Α	Λ	Ί	Έ	Ν	Μ	Ο	Λ	Σ	Σ	Σ
Λ	Έ	Έ	Έ	Ο	Ο	Μ	Ν	Ω	Η	Χ	Χ	Σ	Έ	Υ	Δ
Χ	Ρ	Β	Ε	Ί	Ψ	Ψ	Β	Ξ	Ψ	Τ	Ί	Ι	Ί	Π	Β
Π	Ρ	Ό	Β	Α	Τ	Ο	Δ	Σ	Μ	Έ	Ν	Η	Λ	Χ	Έ
Κ	Ρ	Ι	Θ	Ά	Ρ	Ι	Ν	Α	Β	Λ	Σ	Ξ	Ρ	Λ	Υ

ΑΡΝΊ
ΑΓΡΟΤΗΣ
ΚΥΨΈΛΗ
ΠΆΠΙΑ
ΖΏΑ
ΤΡΟΦΉ
ΑΧΥΡΏΝΑ
ΦΡΟΎΤΟ
ΠΕΡΙΒΌΛΙ
ΣΙΤΆΡΙ
ΆΡΔΕΥΣΗ
ΛΆΜΑ
ΓΆΛΑ
ΚΑΛΑΜΠΌΚΙ
ΧΉΝΕΣ
ΚΡΙΘΆΡΙ
ΒΟΣΚΌΣ
ΠΡΌΒΑΤΟ
ΛΙΒΆΔΙ
ΤΡΑΚΤΈΡ

36 - Verdure

Μ	Κ	Π	Έ	Ε	Τ	Ι	Ψ	Ρ	Β	Μ	Ω	Ι	Ε	Μ	Σ
Π	Ρ	Α	Α	Ξ	Μ	Λ	Α	Ο	Ν	Β	Ψ	Ω	Έ	Α	Χ
Ρ	Α	Ξ	Ρ	Π	Ί	Ύ	Γ	Μ	Σ	Ξ	Ρ	Τ	Ρ	Ν	Α
Ό	Π	Ν	Ά	Ό	Λ	Γ	Γ	Λ	Α	Α	Ο	Υ	Έ	Ι	Α
Κ	Α	Ι	Ν	Τ	Τ	Γ	Ρ	Ε	Ζ	Τ	Ν	Ί	Ζ	Τ	Γ
Ο	Ν	Δ	Ι	Ί	Β	Ο	Ω	Η	Β	Ά	Ά	Π	Μ	Ά	Γ
Λ	Ά	Ύ	Κ	Ε	Ί	Γ	Ν	Γ	Ρ	Λ	Α	Τ	Ε	Ρ	Ο
Ο	Κ	Μ	Γ	Ψ	Λ	Σ	Ε	Η	Ί	Α	Π	Ν	Α	Ι	Ύ
Ξ	Ι	Μ	Α	Ϊ	Ν	Τ	Α	Ν	Ό	Σ	Α	Ν	Δ	Π	Ρ
Γ	Γ	Ε	Ο	Ί	Υ	Υ	Ο	Ν	Ι	Λ	Έ	Σ	Λ	Ψ	Ι
Σ	Ρ	Ρ	Ω	Σ	Α	Ν	Ά	Ζ	Τ	Ι	Λ	Ε	Μ	Α	Α
Ε	Σ	Κ	Α	Λ	Ω	Ν	Ί	Δ	Α	Ο	Δ	Ρ	Ό	Κ	Σ
Μ	Π	Ι	Ζ	Έ	Λ	Ι	Δ	Χ	Τ	Ο	Μ	Ί	Ω	Δ	Ξ
Σ	Π	Α	Ν	Ά	Κ	Ι	Σ	Β	Ψ	Α	Ε	Ά	Α	Υ	Ι
Κ	Ο	Λ	Ο	Κ	Ύ	Θ	Α	Ο	Έ	Υ	Β	Λ	Τ	Λ	Λ
Δ	Χ	Ί	Τ	Μ	Π	Χ	Ξ	Ω	Π	Σ	Ί	Ψ	Τ	Α	Μ

ΣΚΌΡΔΟ
ΜΠΡΌΚΟΛΟ
ΑΓΚΙΝΆΡΑ
ΚΑΡΌΤΟ
ΑΓΓΟΎΡΙ
ΚΡΕΜΜΎΔΙ
ΜΑΝΙΤΆΡΙ
ΣΑΛΆΤΑ
ΜΕΛΙΤΖΆΝΑ
ΠΑΤΆΤΑ
ΜΠΙΖΈΛΙ
ΝΤΟΜΆΤΑ
ΜΑΪΝΤΑΝΌΣ
ΓΟΓΓΎΛΙ
ΡΑΠΑΝΆΚΙ
ΕΣΚΑΛΩΝΊΔΑ
ΣΈΛΙΝΟ
ΣΠΑΝΆΚΙ
ΤΖΊΝΤΖΕΡ
ΚΟΛΟΚΎΘΑ

37 - Musica

Ο	Ε	Τ	Έ	Η	Ψ	Π	Ι	Ή	Κ	Ι	Μ	Θ	Υ	Ρ	Τ
Ρ	Μ	Ο	Υ	Σ	Ι	Κ	Ό	Σ	Ι	Δ	Π	Ο	Ή	Π	Ρ
Α	Ρ	Μ	Ο	Ν	Ί	Α	Ή	Κ	Ι	Σ	Α	Λ	Κ	Α	Α
Τ	Ρ	Α	Ε	Ν	Π	Ο	Η	Ξ	Σ	Ε	Λ	Γ	Ι	Δ	Γ
Λ	Ρ	Ε	Ξ	Ψ	Ί	Η	Ω	Σ	Η	Τ	Ά	Σ	Τ	Χ	Ο
Ή	Λ	Α	Π	Χ	Ο	Ρ	Ω	Δ	Ί	Α	Ν	Η	Η	Ά	Υ
Κ	Δ	Ω	Γ	Ό	Ε	Λ	Ι	Ο	Δ	Υ	Τ	Β	Ι	Λ	Δ
Ι	Ι	Ν	Ω	Ο	Έ	Γ	Λ	Ί	Β	Π	Α	Τ	Ο	Μ	Ώ
Σ	Γ	Δ	Ί	Έ	Υ	Μ	Γ	Έ	Ο	Β	Έ	Α	Π	Π	Φ
Υ	Ι	Έ	Π	Τ	Ξ	Δ	Γ	Ρ	Ο	Σ	Μ	Ρ	Ό	Ο	Ω
Ο	Ν	Ω	Φ	Ό	Ρ	Κ	Ι	Μ	Α	Χ	Π	Μ	Ρ	Υ	Ν
Μ	Λ	Υ	Ρ	Ι	Κ	Ή	Ο	Σ	Ε	Φ	Γ	Ο	Γ	Μ	Η
Ί	Γ	Ο	Ε	Υ	Λ	Π	Ι	Β	Τ	Έ	Ή	Ν	Α	Ω	Τ
Ί	Χ	Σ	Ν	Ί	Σ	Η	Ψ	Υ	Ψ	Ή	Ξ	Ι	Ν	Τ	Ι
Α	Ρ	Υ	Θ	Μ	Ο	Ύ	Γ	Γ	Τ	Ί	Σ	Κ	Ο	Μ	Κ
Μ	Ε	Λ	Ω	Δ	Ί	Α	Ξ	Δ	Β	Ξ	Ε	Ή	Δ	Π	Ό

ΆΛΜΠΟΥΜ
ΑΡΜΟΝΊΑ
ΑΡΜΟΝΙΚΉ
ΜΠΑΛΆΝΤΑ
ΤΡΑΓΟΥΔΙΣΤΉΣ
ΤΡΑΓΟΥΔΏ
ΚΛΑΣΙΚΉ
ΧΟΡΩΔΊΑ
ΛΥΡΙΚΉ
ΜΕΛΩΔΊΑ
ΜΙΚΡΌΦΩΝΟ
ΜΟΥΣΙΚΉ
ΜΟΥΣΙΚΌΣ
ΌΠΕΡΑ
ΠΟΙΗΤΙΚΉ
ΕΓΓΡΑΦΉ
ΡΥΘΜΙΚΉ
ΡΥΘΜΟΎ
ΌΡΓΑΝΟ
ΦΩΝΗΤΙΚΌ

38 - Barbecue

Ο	Π	Σ	Α	Λ	Ά	Τ	Α	Μ	Ι	Ρ	Ό	Τ	Σ	Ε	Ζ
Ι	Ι	Π	Ι	Δ	Α	Τ	Ά	Μ	Ο	Τ	Ν	Ε	Χ	Π	Φ
Κ	Π	Ρ	Δ	Ε	Δ	Λ	Β	Α	Λ	Υ	Ξ	Π	Ά	Υ	Ρ
Ο	Έ	Ό	Ύ	Ί	Δ	Α	Υ	Χ	Υ	Έ	Σ	Α	Ρ	Α	Ο
Γ	Ρ	Σ	Μ	Π	Κ	Ε	Ο	Α	Ο	Ψ	Ρ	Ι	Α	Ν	Ύ
Έ	Ι	Κ	Μ	Ν	Α	Ε	Σ	Ί	Π	Β	Η	Δ	Κ	Ο	Τ
Ν	Ρ	Λ	Ε	Ο	Λ	Α	Δ	Ρ	Ό	Γ	Ρ	Ε	Υ	Ή	Ο
Ε	Π	Η	Ρ	Ί	Ο	Λ	Χ	Ι	Τ	Ε	Π	Β	Η	Μ	Α
Ι	Έ	Σ	Κ	Ρ	Κ	Ά	Β	Α	Ο	Ύ	Ο	Ο	Ν	Έ	Τ
Α	Ι	Η	Έ	Ί	Α	Τ	Ο	Β	Κ	Μ	Ι	Σ	Υ	Λ	Ω
Σ	Σ	Ω	Η	Ε	Ί	Ι	Λ	Μ	Ι	Α	Τ	Ρ	Ο	Φ	Ή
Η	Ψ	Τ	Ρ	Σ	Ρ	Π	Ί	Ε	Η	Ι	Ο	Η	Μ	Ω	Β
Ξ	Υ	Σ	Λ	Π	Ι	Υ	Ε	Τ	Μ	Ξ	Τ	Ρ	Β	Λ	Γ
Β	Α	Μ	Έ	Ά	Α	Ι	Δ	Ί	Ν	Χ	Ι	Α	Π	Μ	Τ
Τ	Μ	Π	Ί	Υ	Σ	Δ	Β	Ι	Ν	Ν	Ι	Ξ	Ρ	Υ	Υ
Μ	Δ	Μ	Έ	Έ	Ί	Χ	Ω	Μ	Δ	Α	Χ	Γ	Η	Η	Ξ

ΖΕΣΤΌ
ΔΕΊΠΝΟ
ΤΡΟΦΉ
ΚΡΕΜΜΎΔΙΑ
ΜΑΧΑΊΡΙΑ
ΚΑΛΟΚΑΊΡΙ
ΠΕΊΝΑ
ΟΙΚΟΓΈΝΕΙΑ
ΦΡΟΎΤΟ
ΠΑΙΧΝΊΔΙΑ
ΣΧΆΡΑ
ΣΑΛΆΤΑ
ΠΡΌΣΚΛΗΣΗ
ΜΟΥΣΙΚΉ
ΠΙΠΈΡΙ
ΚΟΤΌΠΟΥΛΟ
ΝΤΟΜΆΤΑ
ΓΕΎΜΑ
ΑΛΆΤΙ
ΣΆΛΤΣΑ

39 - Fisica

Α	Μ	Ό	Ρ	Ι	Ο	Ω	Π	Α	Έ	Ρ	Ι	Ο	Β	Υ	Κ
Γ	Η	Ο	Μ	Ο	Τ	Ε	Ε	Υ	Ά	Γ	Η	Ξ	Δ	Ο	Α
Α	Α	Έ	Γ	Η	Α	Ε	Μ	Έ	Κ	Τ	Τ	Έ	Δ	Υ	Θ
Ι	Τ	Σ	Ο	Ξ	Χ	Χ	Β	Ο	Χ	Ν	Ο	Η	Ν	Τ	Ο
Χ	Η	Μ	Ι	Κ	Ή	Α	Τ	Γ	Γ	Γ	Ό	Μ	Σ	Ι	Λ
Μ	Τ	Η	Δ	Ε	Κ	Τ	Ν	Σ	Ο	Π	Ύ	Τ	Ο	Ψ	Ι
Α	Ό	Λ	Ί	Π	Ι	Η	Τ	Ι	Π	Ι	Ο	Χ	Η	Ι	Κ
Γ	Κ	Ε	Τ	Ι	Ν	Τ	Ί	Ή	Κ	Ί	Γ	Α	Ψ	Τ	Ή
Ν	Ι	Κ	Α	Τ	Η	Ό	Ι	Ν	Ψ	Ή	Α	Τ	Π	Ω	Α
Η	Τ	Τ	Μ	Ά	Ρ	Ν	Β	Α	Ρ	Ύ	Τ	Η	Τ	Α	Γ
Τ	Ε	Ρ	Ω	Χ	Υ	Χ	Γ	Χ	Ι	Γ	Ι	Τ	Λ	Ξ	Έ
Ι	Χ	Ό	Σ	Υ	Π	Υ	Ο	Η	Χ	Β	Ν	Ύ	Ξ	Μ	Δ
Σ	Σ	Ν	Ο	Ν	Μ	Σ	Ρ	Μ	Α	Δ	Γ	Χ	Ψ	Σ	Χ
Μ	Έ	Ι	Η	Σ	Ω	Ο	Ε	Π	Έ	Κ	Τ	Α	Σ	Η	Α
Ό	Έ	Ο	Π	Η	Γ	Ά	Μ	Έ	Τ	Ω	Ω	Τ	Τ	Ί	Ω
Σ	Λ	Η	Ε	Χ	Ξ	Χ	Ρ	Λ	Ψ	Μ	Ν	Σ	Ξ	Ί	Δ

ΕΠΙΤΆΧΥΝΣΗ
ΆΤΟΜΟ
ΧΆΟΣ
ΧΗΜΙΚΉ
ΠΥΚΝΌΤΗΤΑ
ΗΛΕΚΤΡΌΝΙΟ
ΕΠΈΚΤΑΣΗ
ΤΎΠΟΣ
ΣΥΧΝΌΤΗΤΑ
ΑΈΡΙΟ
ΒΑΡΎΤΗΤΑ
ΜΑΓΝΗΤΙΣΜΌΣ
ΜΗΧΑΝΙΚΉ
ΜΌΡΙΟ
ΜΗΧΑΝΉ
ΠΥΡΗΝΙΚΉ
ΣΩΜΑΤΊΔΙΟ
ΣΧΕΤΙΚΌΤΗΤΑ
ΚΑΘΟΛΙΚΉ
ΤΑΧΎΤΗΤΑ

40 - Agronomia

Έ	Ε	Ρ	Α	Μ	Ν	Χ	Ψ	Σ	Ί	Η	Μ	Α	Δ	Ν	Β
Ρ	Ν	Ε	Σ	Ε	Ξ	Η	Ε	Ύ	Ρ	Ε	Δ	Χ	Ι	Γ	Ι
Ε	Έ	Π	Θ	Λ	Χ	Ο	Β	Σ	Ψ	Π	Ι	Τ	Ά	Ν	Ο
Υ	Ρ	Ι	Έ	Έ	Η	Ξ	Υ	Τ	Π	Ά	Ν	Α	Β	Ο	Λ
Ν	Γ	Σ	Ν	Τ	Π	Λ	Γ	Η	Σ	Ι	Β	Λ	Ρ	Λ	Ο
Α	Ε	Τ	Ε	Η	Δ	Ο	Ε	Μ	Έ	Π	Α	Έ	Ω	Λ	Γ
Η	Ι	Ή	Ι	Σ	Χ	Α	Σ	Α	Ί	Ξ	Σ	Ε	Σ	Ά	Ι
Σ	Α	Μ	Α	Π	Α	Ι	Ρ	Ί	Λ	Υ	Ί	Δ	Η	Β	Κ
Ι	Ω	Η	Ο	Ό	Ή	Γ	Ω	Γ	Α	Ρ	Α	Π	Α	Ι	Ή
Ρ	Α	Ί	Σ	Ρ	Φ	Γ	Μ	Ρ	Υ	Υ	Τ	Υ	Γ	Ρ	Λ
Ώ	Ύ	Ρ	Η	Ο	Ο	Λ	Β	Ω	Χ	Χ	Ε	Ό	Ρ	Ε	Ν
Ν	Χ	Π	Ω	Ι	Ρ	Γ	Ν	Ε	Ρ	Ν	Σ	Χ	Ο	Π	Η
Γ	Β	Π	Α	Ι	Τ	Ε	Λ	Γ	Έ	Δ	Δ	Π	Τ	Α	Η
Α	Χ	Γ	Λ	Ν	Λ	Ί	Π	Α	Σ	Μ	Α	Μ	Ι	Ω	Λ
Ν	Δ	Ρ	Ι	Η	Σ	Ψ	Α	Ί	Γ	Ο	Λ	Ο	Κ	Ι	Ο
Α	Π	Η	Η	Δ	Δ	Η	Ε	Σ	Ρ	Η	Ω	Υ	Ή	Ρ	Τ

ΝΕΡΌ
ΓΕΩΡΓΊΑ
ΠΕΡΙΒΆΛΛΟΝ
ΤΡΟΦΉ
ΑΝΆΠΤΥΞΗ
ΟΙΚΟΛΟΓΊΑ
ΕΝΈΡΓΕΙΑ
ΔΙΆΒΡΩΣΗ
ΛΊΠΑΣΜΑ
ΑΝΑΓΝΏΡΙΣΗ
ΡΎΠΑΝΣΗ
ΑΣΘΈΝΕΙΑ
ΒΙΟΛΟΓΙΚΉ
ΠΑΡΑΓΩΓΉ
ΈΡΕΥΝΑ
ΑΓΡΟΤΙΚΉ
ΕΠΙΣΤΉΜΗ
ΣΠΌΡΟΙ
ΣΎΣΤΗΜΑ
ΜΕΛΈΤΗ

41 - Erboristeria

Β	Ε	Υ	Έ	Ξ	Χ	Ξ	Σ	Μ	Έ	Μ	Κ	Ω	Δ	Ε	Ί
Σ	Τ	Π	Ψ	Υ	Ε	Ο	Ά	Υ	Ά	Δ	Δ	Ή	Σ	Δ	Ρ
Ρ	Ί	Γ	Α	Ν	Η	Ί	Ν	Π	Σ	Ρ	Ε	Ο	Π	Υ	Ι
Π	Ρ	Ω	Ε	Σ	Ω	Γ	Η	Υ	Έ	Τ	Α	Ι	Έ	Ο	Δ
Ο	Ν	Ι	Σ	Ά	Ρ	Π	Θ	Β	Τ	Μ	Α	Θ	Ε	Δ	Σ
Ι	Ρ	Ά	Μ	Υ	Θ	Α	Ο	Δ	Ι	Α	Τ	Τ	Ο	Ρ	Μ
Ό	Ί	Μ	Έ	Ν	Τ	Α	Α	Ε	Ω	Ν	Ν	Μ	Ι	Ό	Ω
Τ	Α	Ρ	Ω	Μ	Α	Τ	Ι	Κ	Ό	Τ	Ά	Α	Β	Κ	Σ
Η	Ω	Ε	Μ	Υ	Ψ	Η	Ι	Π	Λ	Ζ	Β	Γ	Α	Σ	Ό
Τ	Η	Ε	Ί	Ξ	Ε	Σ	Δ	Τ	Ο	Ο	Ε	Ε	Σ	Κ	Ν
Α	Λ	Ξ	Ω	Η	Ψ	Δ	Γ	Ω	Υ	Υ	Λ	Ι	Ι	Ρ	Α
Ε	Ω	Ί	Ρ	Τ	Λ	Ί	Υ	Α	Λ	Ρ	Δ	Ρ	Λ	Ο	Τ
Ε	Σ	Τ	Ρ	Α	Γ	Κ	Ό	Ν	Ο	Ά	Β	Ι	Ι	Κ	Ν
Χ	Χ	Ί	Ρ	Ο	Ω	Ν	Ψ	Δ	Ύ	Ν	Ε	Κ	Κ	Ο	Ϊ
Β	Β	Λ	Ι	Α	Έ	Σ	Ε	Ψ	Δ	Α	Τ	Ή	Ο	Σ	Α
Ξ	Δ	Π	Ι	Υ	Ε	Τ	Τ	Μ	Ι	Έ	Ξ	Έ	Ύ	Γ	Μ

ΣΚΌΡΔΟ
ΆΝΗΘΟ
ΑΡΩΜΑΤΙΚΌ
ΒΑΣΙΛΙΚΟΎ
ΜΑΓΕΙΡΙΚΉ
ΕΣΤΡΑΓΚΌΝ
ΜΆΡΑΘΟ
ΛΟΥΛΟΎΔΙ
ΚΉΠΟΣ
ΣΥΣΤΑΤΙΚΌ
ΛΕΒΆΝΤΑ
ΜΑΝΤΖΟΥΡΆΝΑ
ΜΈΝΤΑ
ΡΊΓΑΝΗ
ΜΑΪΝΤΑΝΌΣ
ΠΟΙΌΤΗΤΑ
ΘΥΜΆΡΙ
ΠΡΆΣΙΝΟ
ΚΡΟΚΟΣ

42 - Danza

Ε	Υ	Κ	Ω	Π	Κ	Π	Χ	Α	Ή	Κ	Ι	Τ	Π	Ο	Γ
Μ	Ι	Ί	Έ	Λ	Λ	Α	Α	Β	Κ	Χ	Δ	Β	Ξ	Λ	Ρ
Ο	Ξ	Ν	Ι	Τ	Α	Ρ	Ρ	Ό	Ι	Α	Ά	Τ	Μ	Π	Υ
Υ	Υ	Η	Π	Τ	Σ	Τ	Ο	Ρ	Τ	Χ	Δ	Ρ	Τ	Ι	Υ
Σ	Ε	Σ	Ρ	Α	Ι	Ε	Ύ	Π	Σ	Σ	Σ	Η	Η	Ν	Ο
Ι	Δ	Η	Σ	Χ	Κ	Ν	Μ	Ω	Ι	Λ	Ω	Ν	Μ	Δ	Ή
Κ	Η	Σ	Γ	Τ	Ή	Έ	Ε	Η	Τ	Τ	Α	Χ	Λ	Ί	Κ
Ή	Σ	Ώ	Μ	Α	Ά	Ρ	Ν	Λ	Ι	Ί	Ψ	Έ	Γ	Η	Α
Α	Ε	Ο	Σ	Β	Ι	Σ	Ο	Σ	Λ	Τ	Ε	Τ	Ι	Έ	Ι
Λ	Π	Υ	Γ	Γ	Λ	Ο	Η	Ύ	Ο	Μ	Θ	Υ	Ρ	Η	Σ
Σ	Υ	Γ	Κ	Ί	Ν	Η	Σ	Η	Π	Μ	Π	Π	Ε	Χ	Ο
Χ	Ο	Ρ	Ο	Γ	Ρ	Α	Φ	Ί	Α	Ξ	Ω	Ν	Α	Π	Δ
Ξ	Έ	Ι	Ο	Ξ	Ρ	Ξ	Ω	Έ	Ρ	Ί	Ί	Υ	Ε	Ω	Α
Ι	Β	Έ	Ν	Χ	Ν	Ω	Ρ	Ε	Σ	Λ	Ί	Δ	Ω	Η	Ρ
Ε	Κ	Φ	Ρ	Α	Σ	Τ	Ι	Κ	Ή	Ο	Λ	Ρ	Υ	Ο	Α
Γ	Β	Η	Γ	Ψ	Β	Σ	Ό	Μ	Σ	Ι	Τ	Ι	Λ	Ο	Π

ΑΚΑΔΗΜΊΑ
ΤΈΧΝΗ
ΚΛΑΣΙΚΉ
ΠΑΡΤΕΝΈΡ
ΧΟΡΟΓΡΑΦΊΑ
ΣΏΜΑ
ΠΟΛΙΤΙΣΜΌΣ
ΠΟΛΙΤΙΣΤΙΚΉ
ΣΥΓΚΊΝΗΣΗ
ΕΚΦΡΑΣΤΙΚΉ
ΧΑΡΟΎΜΕΝΟ
ΧΆΡΗ
ΚΊΝΗΣΗ
ΜΟΥΣΙΚΉ
ΣΤΆΣΗ
ΠΡΌΒΑ
ΡΥΘΜΟΎ
ΠΑΡΑΔΟΣΙΑΚΉ
ΟΠΤΙΚΉ

43 - Biologia

Ω	Υ	Τ	Γ	Ξ	Γ	Β	Β	Δ	Μ	Β	Β	Έ	Θ	Α	Χ
Φ	Ω	Τ	Ο	Σ	Ύ	Ν	Θ	Ε	Σ	Η	Α	Μ	Η	Ν	Η
Γ	Ψ	Υ	Ε	Ρ	Ό	Ρ	Μ	Ο	Ν	Ν	Κ	Β	Λ	Α	Α
Δ	Η	Ψ	Α	Ν	Ύ	Σ	Ξ	Τ	Ρ	Ό	Τ	Ρ	Α	Τ	Χ
Η	Ξ	Ι	Λ	Έ	Ξ	Ε	Μ	Π	Γ	Μ	Ή	Υ	Σ	Ο	Ι
Ξ	Ι	Ο	Η	Α	Ξ	Δ	Ν	Ω	Τ	Ρ	Ρ	Ο	Τ	Μ	Σ
Α	Μ	Ω	Σ	Ό	Μ	Ω	Ρ	Χ	Σ	Ο	Ι	Μ	Ι	Ί	Υ
Λ	Χ	Ν	Ω	Ν	Ε	Ω	Δ	Λ	Β	Η	Α	Υ	Κ	Α	Σ
Λ	Α	Σ	Ί	Α	Η	Ξ	Ν	Σ	Σ	Έ	Ψ	Ζ	Ό	Ν	Η
Ά	Η	Έ	Β	Υ	Τ	Α	Ί	Ρ	Ω	Ε	Μ	Ν	Γ	Ώ	Β
Τ	Χ	Ψ	Μ	Π	Λ	Τ	Ξ	Α	Ω	Ρ	Χ	Έ	Ε	Ρ	Ξ
Ε	Β	Η	Υ	Μ	Δ	Ί	Μ	Σ	Ω	Ψ	Σ	Ν	Ρ	Υ	Λ
Μ	Ε	Έ	Σ	Κ	Ο	Λ	Λ	Α	Γ	Ό	Ν	Ο	Π	Ε	Χ
Η	Ν	Η	Η	Ν	´	¨	Ι	Ε	Τ	Ω	Ρ	Π	Ε	Ν	Ω
Λ	Δ	Έ	Χ	Β	Φ	Υ	Σ	Ι	Κ	Ή	Γ	Ε	Τ	Β	Ε
Ω	Η	Ψ	Ψ	Τ	Ο	Ξ	Τ	Ξ	Υ	Ί	Ψ	Υ	Ό	Β	Β

ΑΝΑΤΟΜΊΑ
ΒΑΚΤΉΡΙΑ
ΚΕΛΊ
ΚΟΛΛΑΓΌΝΟ
ΧΡΩΜΌΣΩΜΑ
ΈΜΒΡΥΟ
ΈΝΖΥΜΟ
ΕΞΈΛΙΞΗ
ΦΩΤΟΣΎΝΘΕΣΗ
ΘΗΛΑΣΤΙΚΌ
ΜΕΤΆΛΛΑΞΗ
ΦΥΣΙΚΉ
ΝΕΎΡΟ
ΝΕΥΡΏΝΑ
ΟΡΜΌΝΗ
ΌΣΜΩΣΗ
ΠΡΩΤΕΪΝΗ
ΕΡΠΕΤΌ
ΣΥΜΒΊΩΣΗ
ΣΎΝΑΨΗ

44 - Attività Commerciale

Ρ	Κ	Έ	Ρ	Δ	Ο	Σ	Κ	Ν	Χ	Ί	Ψ	Ί	Ί	Ε	Τ
Ε	Σ	Σ	Ε	Μ	Έ	Χ	Ρ	Ό	Χ	Χ	Π	Μ	Ε	Ρ	Ρ
Ρ	Ν	Π	Π	Δ	Η	Ψ	Ω	Γ	Σ	Α	Μ	Γ	Ι	Γ	Γ
Γ	Σ	Υ	Ν	Α	Λ	Λ	Α	Γ	Ή	Τ	Ψ	Σ	Σ	Ο	Ω
Ο	Χ	Υ	Ι	Ι	Ω	Μ	Ί	Η	Α	Ο	Ο	Ί	Ό	Δ	Ω
Σ	Ρ	Ο	Ι	Κ	Ο	Ν	Ο	Μ	Ι	Κ	Ά	Σ	Δ	Ό	Υ
Τ	Η	Σ	Ω	Τ	Π	Κ	Έ	Γ	Ί	Ξ	Ν	Α	Η	Τ	Μ
Ά	Μ	Ε	Π	Έ	Ν	Δ	Υ	Σ	Η	Α	Β	Γ	Μ	Η	Μ
Σ	Α	Τ	Α	Μ	Ύ	Ε	Ρ	Ο	Π	Μ	Ε	Χ	Α	Ρ	Ά
Ι	Τ	Μ	Χ	Γ	Ω	Κ	Ί	Η	Α	Σ	Έ	Χ	Ρ	Ο	Ν
Ο	Ο	Π	Ή	Ί	Ί	Α	Ε	Τ	Α	Ι	Ρ	Ε	Ί	Α	Α
Η	Δ	Ώ	Μ	Ρ	Μ	Ρ	Ν	Δ	Μ	Μ	Ο	Τ	Ι	Ψ	Τ
Ι	Ο	Λ	Η	Ω	Χ	Ι	Γ	Ψ	Σ	Ό	Λ	Ρ	Π	Α	Ζ
Σ	Τ	Η	Ί	Μ	Ψ	Έ	Χ	Έ	Δ	Ν	Ο	Γ	Ό	Σ	Ε
Η	Ώ	Σ	Ω	Χ	Π	Ρ	Γ	Ρ	Α	Φ	Ε	Ί	Ο	Φ	Ρ
Ρ	Υ	Η	Ν	Β	Ρ	Α	Μ	Η	Τ	Σ	Ά	Τ	Α	Κ	Ί

ΚΑΡΙΈΡΑ
ΚΌΣΤΟΣ
ΕΡΓΟΔΌΤΗ
ΟΙΚΟΝΟΜΙΚΆ
ΕΡΓΟΣΤΆΣΙΟ
ΧΡΗΜΑΤΟΔΟΤΏ
ΕΠΈΝΔΥΣΗ
ΜΆΝΑΤΖΕΡ
ΕΜΠΟΡΕΎΜΑΤΑ
ΚΑΤΆΣΤΗΜΑ
ΚΈΡΔΟΣ
ΕΙΣΌΔΗΜΑ
ΈΚΠΤΩΣΗ
ΕΤΑΙΡΕΊΑ
ΧΡΉΜΑ
ΦΌΡΟΙ
ΣΥΝΑΛΛΑΓΉ
ΓΡΑΦΕΊΟ
ΝΌΜΙΣΜΑ
ΠΏΛΗΣΗ

45 - Fiori

Μ	Ο	Ι	Ι	Ρ	Α	Ν	Ύ	Ο	Ρ	Α	Π	Α	Π	Μ	Ί
Ο	Ρ	Χ	Ι	Δ	Έ	Α	Ρ	Α	Δ	Δ	Ρ	Χ	Κ	Π	Ρ
Ε	Μ	Λ	Β	Ω	Δ	Γ	Α	Ι	Α	Ί	Δ	Π	Ρ	Ο	Ω
Έ	Μ	Υ	Α	Λ	Υ	Ο	Τ	Ν	Έ	Λ	Α	Κ	Ί	Υ	Γ
Ν	Π	Π	Η	Α	Δ	Ν	Ε	Έ	Σ	Α	Ά	Ρ	Ν	Κ	Ι
Ι	Π	Ο	Σ	Γ	Η	Ο	Δ	Δ	Ω	Ρ	Ι	Ω	Ο	Έ	Ε
Π	Α	Σ	Σ	Ι	Φ	Λ	Ό	Ρ	Α	Κ	Λ	Ρ	Σ	Τ	Η
Μ	Α	Ρ	Γ	Α	Ρ	Ί	Τ	Α	Ρ	Ι	Α	Ξ	Ω	Ο	Λ
Ι	Β	Ί	Σ	Κ	Ο	Σ	Ο	Γ	Μ	Π	Χ	Δ	Ξ	Χ	Ι
Π	Α	Ι	Ω	Ν	Ί	Α	Λ	Γ	Ι	Α	Σ	Ε	Μ	Ί	Ο
Τ	Ο	Υ	Λ	Ί	Π	Α	Α	Ε	Ν	Ω	Α	Η	Τ	Χ	Τ
Ι	Λ	Λ	Ύ	Φ	Ι	Ρ	Τ	Χ	Β	Χ	Π	Ν	Ω	Ε	Ρ
Λ	Μ	Ν	Ξ	Ί	Τ	Ί	Έ	Γ	Έ	Ά	Ξ	Ί	Η	Ι	Ό
Έ	Ε	Λ	Ι	Μ	Ι	Α	Π	Ί	Ν	Β	Ν	Γ	Ο	Ι	Π
Τ	Ρ	Ι	Α	Ν	Τ	Ά	Φ	Υ	Λ	Λ	Ο	Τ	Δ	Σ	Ι
Ω	Ε	Υ	Έ	Ο	Ε	Μ	Α	Ν	Ό	Λ	Ι	Α	Α	Ρ	Ο

ΚΑΛΈΝΤΟΥΛΑ
ΠΙΚΡΑΛΊΔΑ
ΓΑΡΔΈΝΙΑ
ΓΙΑΣΕΜΊ
ΚΡΊΝΟΣ
ΗΛΙΟΤΡΌΠΙΟ
ΙΒΊΣΚΟΣ
ΛΕΒΆΝΤΑ
ΠΑΣΧΑΛΙΆ
ΜΑΝΌΛΙΑ
ΜΑΡΓΑΡΊΤΑ
ΜΠΟΥΚΈΤΟ
ΟΡΧΙΔΈΑ
ΠΑΠΑΡΟΎΝΑ
ΠΑΣΣΙΦΛΌΡΑ
ΠΑΙΩΝΊΑ
ΠΈΤΑΛΟ
ΤΡΙΑΝΤΆΦΥΛΛΟ
ΤΡΙΦΎΛΛΙ
ΤΟΥΛΊΠΑ

46 - Ecologia

Β	Α	Σ	Β	Ο	Π	Τ	Β	Λ	Ο	Ψ	Έ	Ρ	Ί	Π	Γ
Ε	Ρ	Ή	Λ	Π	Γ	Τ	Λ	Ρ	Ν	Γ	Π	Ο	Μ	Χ	Σ
Π	Π	Κ	Π	Β	Ί	Π	Ά	Π	Π	Π	Β	Ο	Υ	Ν	Ά
Α	Μ	Ι	Ω	Έ	Ο	Ι	Σ	Σ	Ά	Λ	Α	Θ	Ξ	Α	Υ
Γ	Μ	Σ	Β	Τ	Λ	Ο	Τ	Γ	Β	Ί	Γ	Φ	Υ	Τ	Ά
Κ	Β	Υ	Έ	Ί	Ν	Τ	Η	Σ	Σ	Ρ	Η	Σ	Ο	Η	Ψ
Ό	Ξ	Φ	Ι	Ψ	Ω	Ρ	Σ	Β	Ε	Δ	Δ	Ν	Χ	Τ	Μ
Σ	Ο	Δ	Ί	Ε	Ρ	Σ	Η	Δ	Ι	Σ	Α	Α	Ρ	Ό	Γ
Μ	Φ	Ί	Λ	Λ	Ό	Β	Η	Λ	Λ	Ώ	Ί	Δ	Χ	Ν	Τ
Ι	Β	Ύ	Ε	Π	Π	Ε	Τ	Μ	Σ	Η	Σ	Ί	Τ	Ι	Λ
Α	Ο	Ρ	Σ	Π	Ο	Ι	Κ	Ι	Λ	Ί	Α	Ι	Α	Ο	Η
Δ	Ί	Έ	Β	Η	Δ	Ξ	Π	Γ	Π	Ψ	Ρ	Σ	Μ	Κ	Ί
Ί	Ε	Θ	Ε	Λ	Ο	Ν	Τ	Έ	Σ	Γ	Η	Τ	Ί	Η	Μ
Ν	Β	Ψ	Έ	Χ	Λ	Ω	Ρ	Ί	Δ	Α	Ξ	Ξ	Λ	Χ	Β
Α	Γ	Ω	Χ	Γ	Τ	Ι	Σ	Ψ	Γ	Λ	Σ	Έ	Κ	Ο	Ο
Π	Τ	Ψ	Ι	Λ	Ρ	Η	Ψ	Σ	Υ	Η	Έ	Ψ	Σ	Υ	Χ

ΚΛΊΜΑ
ΚΟΙΝΌΤΗΤΑ
ΠΟΙΚΙΛΊΑ
ΠΑΝΊΔΑ
ΧΛΩΡΊΔΑ
ΠΑΓΚΌΣΜΙΑ
ΘΑΛΆΣΣΙΟ
ΒΟΥΝΆ
ΦΎΣΗ
ΦΥΣΙΚΉ
ΦΥΤΆ
ΠΌΡΩΝ
ΞΗΡΑΣΊΑ
ΕΠΙΒΊΩΣΗ
ΒΙΏΣΙΜΗ
ΕΊΔΟΣ
ΒΛΆΣΤΗΣΗ
ΕΘΕΛΟΝΤΈΣ

47 - Discipline Scientifiche

Μ	Α	Ρ	Χ	Α	Ι	Ο	Λ	Ο	Γ	Ί	Α	Ψ	Η	Μ	Ί
Α	Η	Σ	Β	Η	Ε	Λ	Β	Ο	Τ	Α	Ν	Ι	Κ	Ή	Υ
Σ	Α	Χ	Γ	Β	Ί	Σ	Ί	Σ	Ω	Α	Β	Έ	Ρ	Σ	Ψ
Τ	Ν	Μ	Α	Ψ	Ή	Γ	Ξ	Ν	Ι	Ί	Ε	Ο	Ν	Π	Α
Ρ	Ο	Ε	Β	Ν	Κ	Ί	Ψ	Α	Ί	Γ	Ο	Λ	Ω	Ε	Γ
Ο	Σ	Τ	Ι	Β	Ι	Φ	Υ	Σ	Ι	Ο	Λ	Ο	Γ	Ί	Α
Ν	Ο	Ε	Ο	Ι	Μ	Κ	Έ	Ε	Ο	Λ	Τ	Π	Ε	Ί	Ί
Ο	Λ	Ω	Λ	Ο	Α	Ε	Ή	Τ	Ω	Ο	Ρ	Β	Ψ	Ε	Γ
Μ	Ο	Ρ	Ο	Χ	Ν	Χ	Ρ	Έ	Π	Χ	Έ	Ψ	Μ	Δ	Ο
Ί	Γ	Ο	Γ	Η	Υ	Ε	Λ	Υ	Ί	Υ	Ι	Ψ	Ξ	Χ	Λ
Α	Ί	Λ	Ί	Μ	Δ	Γ	Π	Π	Λ	Ψ	Ξ	Ι	Σ	Η	Ο
Ε	Α	Ο	Α	Ε	Ο	Α	Ν	Α	Τ	Ο	Μ	Ί	Α	Μ	Ρ
Ψ	Σ	Γ	Ι	Ί	Μ	Π	Ο	Ε	Ψ	Ν	Π	Ί	Υ	Ε	Υ
Έ	Β	Ί	Β	Α	Ρ	Ζ	Ω	Ο	Λ	Ο	Γ	Ί	Α	Ί	Ε
Δ	Η	Α	Ξ	Ν	Ε	Έ	Ω	Ψ	Ν	Ί	Η	Ξ	Ο	Α	Ν
Ί	Β	Χ	Χ	Υ	Θ	Ο	Ι	Κ	Ο	Λ	Ο	Γ	Ί	Α	Τ

ΑΝΑΤΟΜΊΑ
ΑΡΧΑΙΟΛΟΓΊΑ
ΑΣΤΡΟΝΟΜΊΑ
ΒΙΟΧΗΜΕΊΑ
ΒΙΟΛΟΓΊΑ
ΒΟΤΑΝΙΚΉ
ΧΗΜΕΊΑ
ΟΙΚΟΛΟΓΊΑ
ΦΥΣΙΟΛΟΓΊΑ
ΓΕΩΛΟΓΊΑ
ΑΝΟΣΟΛΟΓΊΑ
ΜΗΧΑΝΙΚΉ
ΜΕΤΕΩΡΟΛΟΓΊΑ
ΝΕΥΡΟΛΟΓΊΑ
ΨΥΧΟΛΟΓΊΑ
ΘΕΡΜΟΔΥΝΑΜΙΚΉ
ΖΩΟΛΟΓΊΑ

48 - Scienza

Δ	Ε	Τ	Π	Π	Δ	Ο	Χ	Χ	Χ	Τ	Υ	Δ	Ψ	Λ	Α
Ε	Π	Ο	Ε	Σ	Μ	Χ	Π	Ν	Ί	Ε	Ν	Τ	Χ	Π	Ν
Δ	Ι	Δ	Ί	Ί	Έ	Η	Σ	Ύ	Φ	Α	Ψ	Ί	Α	Υ	Ι
Ο	Σ	Τ	Ρ	Υ	Θ	Μ	Υ	Ν	Ψ	Ν	Ο	Έ	Ρ	Χ	Σ
Μ	Τ	Υ	Α	Λ	Ο	Ι	Α	Δ	Π	Δ	Ψ	Ξ	Χ	Ω	Γ
Έ	Ή	Α	Μ	Η	Δ	Κ	Α	Τ	Η	Τ	Ύ	Ρ	Α	Β	Β
Ν	Μ	Δ	Α	Ξ	Ο	Ή	Β	Ο	Σ	Ό	Ν	Ο	Γ	Ε	Γ
Α	Ο	Ή	Κ	Ι	Σ	Υ	Φ	Ω	Η	Ά	Τ	Ο	Μ	Ο	Β
Ι	Ν	Λ	Ε	Λ	Ί	Η	Ν	Χ	Ρ	Ο	Ρ	Υ	Κ	Τ	Ά
Ρ	Α	Μ	Έ	Έ	Ψ	Ο	Ι	Ρ	Ή	Τ	Σ	Α	Γ	Ρ	Ε
Ό	Σ	Χ	Ω	Ξ	Α	Ι	Δ	Ί	Τ	Α	Μ	Ω	Σ	Ρ	Ί
Μ	Μ	Β	Γ	Ε	Β	Β	Ξ	Ί	Α	Μ	Ί	Λ	Κ	Ψ	Ψ
Α	Π	Ο	Λ	Ί	Θ	Ω	Μ	Α	Ρ	Ω	Σ	Α	Ι	Ί	Χ
Τ	Ν	Σ	Σ	Ό	Μ	Σ	Ι	Ν	Α	Γ	Ρ	Ο	Έ	Χ	Ι
Τ	Σ	Γ	Β	Ν	Ν	Χ	Ε	Υ	Π	Ό	Θ	Ε	Σ	Η	Ι
Α	Ξ	Β	Ι	Σ	Β	Α	Ν	Δ	Χ	Η	Έ	Σ	Ε	Ε	Α

ΆΤΟΜΟ
ΧΗΜΙΚΉ
ΚΛΊΜΑ
ΔΕΔΟΜΈΝΑ
ΠΕΊΡΑΜΑ
ΕΞΈΛΙΞΗ
ΓΕΓΟΝΌΣ
ΦΥΣΙΚΉ
ΑΠΟΛΊΘΩΜΑ
ΒΑΡΎΤΗΤΑ
ΥΠΌΘΕΣΗ
ΕΡΓΑΣΤΉΡΙΟ
ΜΈΘΟΔΟΣ
ΟΡΥΚΤΆ
ΜΌΡΙΑ
ΦΎΣΗ
ΟΡΓΑΝΙΣΜΌΣ
ΠΑΡΑΤΉΡΗΣΗ
ΣΩΜΑΤΊΔΙΑ
ΕΠΙΣΤΉΜΟΝΑΣ

49 - Acqua

Ε	Ε	Υ	Χ	Ω	Σ	Α	Ν	Έ	Τ	Ι	Τ	Ί	Σ	Ο	Ρ
Ψ	Σ	Ό	Ν	Α	Ε	Κ	Ω	Τ	Ν	Ε	Δ	Ν	Β	Ι	Χ
Χ	Α	Ί	Σ	Α	Ρ	Γ	Υ	Η	Ο	Α	Δ	Ο	Ξ	Χ	Π
Ι	Ν	Ψ	Γ	Ρ	Ξ	Ύ	Χ	Σ	Β	Υ	Χ	Ι	Ω	Ο	Ά
Ψ	Α	Τ	Α	Μ	Ύ	Κ	Μ	Ι	Σ	Ο	Σ	Χ	Μ	Η	Γ
Υ	Κ	Ρ	Ω	Ί	Ο	Ε	Έ	Μ	Γ	Η	Τ	Έ	Σ	Β	Ο
Χ	Ι	Ό	Ν	Ι	Ω	Β	Σ	Τ	Η	Ν	Μ	Ί	Λ	Σ	Σ
Λ	Ρ	Β	Ί	Λ	Χ	Η	Ξ	Ά	Ε	Λ	Ρ	Α	Ε	Π	Α
Χ	Υ	Ν	Ί	Ά	Δ	Ι	Β	Ξ	Π	Έ	Π	Η	Τ	Ε	Ν
Ω	Ο	Ω	Ί	Ν	Τ	Χ	Ρ	Ε	Ο	Μ	Ι	Σ	Ό	Π	Ώ
Ο	Ι	Χ	Ν	Α	Ί	Ύ	Ο	Μ	Τ	Α	Ε	Υ	Ψ	Δ	Σ
Ρ	Χ	Β	Ω	Κ	Ί	Α	Χ	Ο	Α	Ο	Ε	Ε	Α	Γ	Υ
Π	Α	Γ	Ω	Ν	Ι	Ά	Ή	Χ	Μ	Γ	Ω	Δ	Ν	Έ	Ο
Υ	Γ	Ρ	Ό	Υ	Ε	Έ	Έ	Ί	Ό	Ψ	Δ	Ρ	Τ	Τ	Μ
Τ	Μ	Ρ	Ρ	Β	Ε	Υ	Ε	Π	Σ	Ε	Μ	Ά	Α	Ν	Δ
Λ	Ί	Η	Χ	Ν	Γ	Μ	Τ	Η	Η	Ψ	Λ	Ξ	Έ	Χ	Ρ

ΠΛΗΜΜΎΡΑ
ΚΑΝΆΛΙ
ΝΤΟΥΣ
ΕΞΆΤΜΙΣΗ
ΠΟΤΑΜΌΣ
ΠΑΓΩΝΙΆ
ΠΆΓΟΣ
ΆΡΔΕΥΣΗ
ΛΊΜΝΗ
ΜΟΥΣΏΝΑΣ
ΧΙΌΝΙ
ΩΚΕΑΝΌΣ
ΚΎΜΑΤΑ
ΒΡΟΧΉ
ΠΌΣΙΜΟ
ΥΓΡΑΣΊΑ
ΥΓΡΌ
ΧΙΟΥΡΙΚΑΝΑΣ
ΑΤΜΟΎ

50 - Boxe

Ί	Ε	Θ	Η	Λ	Τ	Ν	Α	Ξ	Ε	Δ	Σ	Ο	Π	Η	Λ
Ξ	Σ	Ή	Τ	Η	Χ	Α	Μ	Ω	Μ	Α	Ω	Έ	Ο	Σ	Ν
Γ	Τ	Σ	Δ	Ι	Α	Ι	Τ	Η	Τ	Ή	Σ	Η	Δ	Η	Ρ
Ε	Ί	Λ	Χ	Ε	Π	Ι	Δ	Ε	Ξ	Ι	Ό	Τ	Η	Τ	Α
Ω	Α	Ω	Δ	Ο	Ο	Ί	Λ	Π	Ξ	Γ	Ψ	Χ	Ο	Κ	Ε
Λ	Σ	Η	Β	Ψ	Ι	Ι	Κ	Π	Ψ	Υ	Α	Μ	Γ	Ά	Έ
Η	Η	Σ	Ί	Έ	Λ	Ν	Γ	Λ	Ε	Υ	Μ	Ξ	Ά	Ν	Τ
Μ	Μ	Α	Ι	Β	Δ	Ύ	Ι	Ε	Ω	Ξ	Ε	Ε	Ν	Α	Ω
Ε	Α	Ί	Ν	Ω	Γ	Ο	Ο	Ά	Ν	Τ	Π	Ι	Τ	Γ	Ψ
Τ	Ν	Ε	Ύ	Τ	Ξ	Γ	Ε	Χ	Ι	Ί	Σ	Υ	Ι	Κ	Χ
Α	Ύ	Μ	Ο	Υ	Ί	Η	Γ	Ω	Δ	Γ	Γ	Ώ	Α	Ώ	Ξ
Ξ	Δ	Η	Δ	Μ	Ί	Π	Ι	Β	Ί	Β	Τ	Ν	Μ	Ν	Η
Ι	Α	Σ	Υ	Υ	Τ	Υ	Α	Υ	Π	Α	Ί	Ε	Ώ	Α	Δ
Σ	Δ	Τ	Ο	Ν	Ί	Ν	Τ	Λ	Ρ	Ξ	Γ	Δ	Σ	Ε	Ο
Ί	Ρ	Χ	Κ	Δ	Τ	Ά	Ι	Θ	Ο	Ρ	Γ	Γ	Π	Ι	Τ
Ρ	Ν	Ί	Έ	Ξ	Ω	Χ	Ο	Ξ	Υ	Σ	Ω	Λ	Ψ	Μ	Γ

ΕΠΙΔΕΞΙΌΤΗΤΑ
ΓΩΝΊΑ
ΔΙΑΙΤΗΤΉΣ
ΑΝΤΊΠΑΛΟΣ
ΚΛΩΤΣΏ
ΚΟΥΔΟΎΝΙ
ΜΑΧΗΤΉΣ
ΣΧΟΙΝΙΆ
ΣΏΜΑ

ΕΞΑΝΤΛΗΘΕΊ
ΔΎΝΑΜΗ
ΕΣΤΊΑΣΗ
ΑΓΚΏΝΑ
ΓΆΝΤΙΑ
ΠΗΓΟΎΝΙ
ΓΡΟΘΙΆ
ΣΗΜΕΊΑ
ΑΝΆΚΤΗΣΗ

51 - Imbarcazioni

Μ	Έ	Ω	Ο	Π	Ω	Α	Ρ	Ύ	Ο	Δ	Α	Μ	Η	Σ	Χ
Η	Η	Ω	Θ	Ω	Π	Ι	Ν	Α	Ύ	Τ	Η	Σ	Α	Ό	Ν
Χ	Α	Τ	Ά	Ν	Ω	Ο	Σ	Χ	Ο	Ι	Ν	Ί	Έ	Μ	Δ
Α	Λ	Ν	Λ	Ρ	Ω	Ρ	Ρ	Κ	Ά	Ι	Γ	Α	Κ	Α	Ά
Ν	Η	Α	Α	Έ	Έ	Ρ	Δ	Θ	Α	Ι	Ε	Α	Έ	Τ	Γ
Ή	Α	Υ	Σ	Τ	Τ	Ί	Ι	Ι	Μ	Ν	Σ	Γ	Ι	Ο	Κ
Δ	Υ	Τ	Σ	Ι	Ε	Λ	Ν	Δ	Ω	Ε	Ό	Τ	Ξ	Π	Υ
Ο	Κ	Ι	Α	Έ	Έ	Α	Π	Ε	Ρ	Λ	Ί	Τ	Β	Δ	Ρ
Α	Ύ	Κ	Ψ	Ν	Ω	Π	Ω	Σ	Ή	Ο	Α	Ο	Γ	Ε	Α
Π	Μ	Ό	Έ	Ψ	Ξ	Κ	Α	Έ	Λ	Δ	Ξ	Ι	Χ	Υ	Ί
Τ	Α	Ο	Β	Ε	Η	Χ	Ε	Λ	Π	Π	Ν	Γ	Χ	Ψ	Δ
Ι	Τ	Ρ	Ά	Τ	Α	Κ	Μ	Α	Η	Χ	Σ	Τ	Β	Ί	Ε
Γ	Α	Σ	Π	Ί	Υ	Δ	Ρ	Η	Ν	Μ	Ί	Λ	Σ	Ν	Χ
Δ	Ε	Δ	Έ	Ν	Έ	Α	Μ	Π	Β	Ό	Τ	Τ	Μ	Η	Σ
Η	Χ	Έ	Υ	Ο	Ρ	Ό	Φ	Ο	Ι	Τ	Σ	Ι	Δ	Ο	Α
Ψ	Ξ	Η	Ι	Ν	Ε	Π	Ε	Έ	Ε	Γ	Ρ	Τ	Λ	Έ	Ν

ΚΑΤΆΡΤΙ
ΆΓΚΥΡΑ
ΙΣΤΙΟΦΌΡΟ
ΣΗΜΑΔΟΎΡΑ
ΚΑΝΌ
ΣΧΟΙΝΊ
ΠΛΉΡΩΜΑ
ΠΟΤΑΜΌΣ
ΚΑΓΙΆΚ
ΛΊΜΝΗ
ΘΆΛΑΣΣΑ
ΠΑΛΊΡΡΟΙΑ
ΝΑΎΤΗΣ
ΜΗΧΑΝΉ
ΝΑΥΤΙΚΌ
ΩΚΕΑΝΌΣ
ΚΎΜΑΤΑ
ΠΟΡΘΜΕΊΟ
ΓΙΟΤ
ΣΧΕΔΊΑ

52 - Chimica

Σ	Ι	Γ	Υ	Ψ	Υ	Κ	Σ	Έ	Υ	Ο	Ξ	Ύ	Ξ	Λ	Ι
Α	Π	Ε	Χ	Β	Λ	Γ	Α	Τ	Η	Τ	Ό	Μ	Ρ	Ε	Θ
Κ	Τ	Ν	Χ	Ξ	Μ	Σ	Ρ	Τ	Ι	Ό	Ν	Τ	Χ	Ξ	Μ
Α	Γ	Ο	Ι	Ρ	Ό	Μ	Ν	Ό	Α	Ζ	Υ	Γ	Ί	Ζ	Ω
Ρ	Η	Ξ	Μ	Π	Ρ	Χ	Ε	Κ	Β	Λ	Ε	Χ	Υ	Β	Μ
Θ	Ι	Ο	Ψ	Ι	Χ	Ο	Τ	Ι	Ε	Ν	Ύ	Ν	Ί	Ι	Δ
Ν	Ε	Ι	Δ	Χ	Κ	Ν	Β	Λ	Έ	Α	Ί	Τ	Ε	Ο	Η
Ά	Η	Ν	Χ	Ε	Γ	Ό	Η	Α	Ν	Ψ	Ο	Έ	Η	Λ	Β
Έ	Ο	Ό	Έ	Ξ	Α	Γ	Λ	Κ	Ζ	Ρ	Ρ	Μ	Τ	Ο	Χ
Α	Έ	Ρ	Ι	Ο	Ω	Ο	Ί	Λ	Υ	Τ	Γ	Ο	Γ	Γ	Ξ
Τ	Ι	Τ	Υ	Ν	Ω	Ρ	Ω	Α	Μ	Ω	Μ	Η	Δ	Ι	Η
Λ	Ρ	Κ	Δ	Ό	Δ	Δ	Μ	Ω	Ο	Ο	Έ	Έ	Ρ	Κ	Π
Α	Β	Ε	Γ	Γ	Υ	Υ	Χ	Λ	Ώ	Ρ	Ι	Ο	Ε	Ή	Λ
Ι	Β	Λ	Ν	Υ	Δ	Α	Λ	Ά	Τ	Ι	Έ	Ψ	Υ	Ν	Β
Ψ	Λ	Η	Χ	Ξ	Λ	Ο	Π	Υ	Ρ	Η	Ν	Ι	Κ	Ή	Λ
Λ	Έ	Τ	Η	Ο	Θ	Ε	Ρ	Μ	Ο	Κ	Ρ	Α	Σ	Ί	Α

ΟΞΎ
ΑΛΚΑΛΙΚΌ
ΑΤΟΜΙΚΌ
ΘΕΡΜΌΤΗΤΑ
ΆΝΘΡΑΚΑΣ
ΚΑΤΑΛΎΤΗ
ΧΛΏΡΙΟ
ΗΛΕΚΤΡΌΝΙΟ
ΈΝΖΥΜΟ
ΑΈΡΙΟ
ΥΔΡΟΓΌΝΟ
ΙΌΝ
ΥΓΡΌ
ΜΌΡΙΟ
ΠΥΡΗΝΙΚΉ
ΒΙΟΛΟΓΙΚΉ
ΟΞΥΓΌΝΟ
ΖΥΓΊΖΩ
ΑΛΆΤΙ
ΘΕΡΜΟΚΡΑΣΊΑ

53 - Api

Ο	Ρ	Ά	Β	Ξ	Χ	Α	Δ	Λ	Ψ	Ί	Β	Β	Κ	Ε	Μ
Λ	Β	Ρ	Ν	Γ	Β	Μ	Μ	Έ	Λ	Ι	Γ	Α	Υ	Υ	Υ
Γ	Ν	Ε	Υ	Θ	Ρ	Η	Χ	Ω	Ι	Α	Σ	Σ	Ψ	Ε	Μ
Ν	Σ	Τ	Ο	Μ	Ο	Τ	Ν	Έ	Λ	Α	Έ	Ί	Έ	Ρ	Υ
Τ	Σ	Φ	Ζ	Φ	Ε	Σ	Ο	Π	Ή	Κ	Ε	Λ	Λ	Γ	Λ
Μ	Γ	Ν	Ί	Υ	Π	Ύ	Ο	Ψ	Έ	Α	Ί	Ι	Η	Ε	Σ
Σ	Ι	Π	Ν	Τ	Ο	Σ	Δ	Ν	Τ	Ξ	Ω	Σ	Κ	Τ	Π
Π	Γ	Χ	Π	Ά	Ι	Ο	Τ	Ψ	Ή	Ν	Ψ	Σ	Ε	Ι	Ή
Μ	Β	Ψ	Α	Έ	Κ	Κ	Ο	Ρ	Ί	Μ	Ε	Α	Ρ	Κ	Λ
Ί	Π	Ω	Κ	Δ	Ι	Ι	Ο	Γ	Ο	Ω	Σ	Ω	Ί	Ή	Ι
Ι	Υ	Λ	Β	Ω	Λ	Ο	Δ	Δ	Τ	Φ	Ρ	Σ	Ί	Σ	Ο
Γ	Ύ	Ρ	Η	Λ	Ί	Π	Υ	Χ	Ύ	Έ	Ή	Υ	Ν	Ο	Σ
Σ	Έ	Δ	Ω	Γ	Α	Ι	Δ	Ύ	Ο	Λ	Υ	Ο	Λ	Δ	Ο
Ν	Λ	Π	Ω	Β	Γ	Ω	Ν	Ρ	Ρ	Χ	Υ	Σ	Γ	Ί	Μ
Ε	Β	Σ	Γ	Έ	Α	Λ	Ψ	Σ	Φ	Η	Τ	Έ	Έ	Α	Ι
Έ	Π	Β	Μ	Β	Σ	Ί	Τ	Σ	Χ	Λ	Ω	Ί	Δ	Ρ	Ο

ΦΤΕΡΆ
ΚΥΨΈΛΗ
ΕΥΕΡΓΕΤΙΚΉ
ΚΕΡΊ
ΤΡΟΦΉ
ΠΟΙΚΙΛΊΑ
ΟΙΚΟΣΎΣΤΗΜΑ
ΛΟΥΛΟΎΔΙΑ
ΆΝΘΟΣ
ΦΡΟΎΤΟ
ΚΑΠΝΊΖΟΥΝ
ΚΉΠΟΣ
ΈΝΤΟΜΟ
ΜΈΛΙ
ΦΥΤΆ
ΓΎΡΗ
ΒΑΣΊΛΙΣΣΑ
ΣΜΉΝΟΣ
ΉΛΙΟΣ

54 - Strumenti Musicali

Β	Δ	Τ	Μ	Δ	Ρ	Ε	Υ	Ο	Ν	Ά	Ι	Π	Έ	Σ	Α
Σ	Ι	Ν	Ό	Π	Μ	Ο	Ρ	Τ	Τ	Ά	Ρ	Π	Α	Ψ	Β
Ε	Φ	Ο	Ω	Ί	Ξ	Π	Π	Έ	Τ	Ύ	Δ	Ξ	Ω	Τ	Ι
Ο	Έ	Υ	Λ	Β	Β	Μ	Ξ	Ν	Ρ	Μ	Μ	Δ	Έ	Ο	Μ
Έ	Τ	Ί	Β	Ί	Ν	Ό	Η	Ι	Ο	Ξ	Μ	Π	Β	Ζ	Χ
Μ	Ν	Κ	Ι	Θ	Ά	Ρ	Α	Ρ	Μ	Δ	Ο	Μ	Α	Τ	Ν
Μ	Δ	Ι	Β	Μ	Ι	Γ	Π	Α	Π	Η	Ε	Σ	Π	Ν	Ψ
Ί	Α	Β	Ε	Ν	Ε	Κ	Έ	Λ	Έ	Ε	Σ	Ι	Μ	Ά	Ο
Έ	Λ	Ν	Η	Σ	Ύ	Ο	Ρ	Κ	Τ	Λ	Ξ	Ε	Ί	Π	Ν
Γ	Ω	Ρ	Τ	Ν	Ι	Ν	Χ	Σ	Α	Χ	Ι	Π	Ρ	Μ	Ω
Β	Ι	Π	Ω	Ο	Ί	Γ	Γ	Ο	Τ	Ό	Κ	Γ	Α	Φ	Φ
Ρ	Μ	Β	Υ	Ί	Λ	Κ	Χ	Ν	Λ	Ρ	Υ	Υ	Μ	Λ	Ό
Μ	Γ	Β	Σ	Μ	Δ	Ί	Λ	Μ	Ι	Έ	Τ	Γ	Ο	Δ	Ξ
Ι	Σ	Ο	Λ	Έ	Σ	Τ	Ν	Ο	Λ	Ο	Ι	Β	Λ	Τ	Α
Ν	Ε	Ν	Έ	Υ	Ε	Μ	Σ	Ο	Τ	Υ	Ο	Ά	Λ	Φ	Σ
Φ	Υ	Σ	Α	Ρ	Μ	Ό	Ν	Ι	Κ	Α	Υ	Υ	Β	Σ	Π

ΦΥΣΑΡΜΌΝΙΚΑ
ΆΡΠΑ
ΜΠΆΝΤΖΟ
ΚΙΘΆΡΑ
ΚΛΑΡΙΝΈΤΟ
ΦΑΓΚΌΤΟ
ΦΛΆΟΥΤΟ
ΓΚΟΝΓΚ
ΜΑΝΤΟΛΊΝΟ
ΜΑΡΊΜΠΑ
ΌΜΠΟΕ
ΚΡΟΎΣΗ
ΠΙΆΝΟ
ΣΑΞΌΦΩΝΟ
ΝΤΈΦΙ
ΤΎΜΠΑΝΟ
ΤΡΟΜΠΈΤΑ
ΤΡΟΜΠΌΝΙ
ΒΙΟΛΊ
ΒΙΟΛΟΝΤΣΈΛΟ

55 - Professioni #2

Ν	Ξ	Ν	Φ	Π	Δ	Β	Χ	Ι	Μ	Ι	Α	Τ	Ρ	Ο	Σ
Ζ	Τ	Δ	Τ	Ι	Χ	Έ	Έ	Ψ	Η	Ί	Λ	Ο	Α	Μ	Ο
Ω	Έ	Ε	Ο	Μ	Λ	Έ	Ξ	Β	Ο	Ω	Γ	Δ	Σ	Η	Γ
Ο	Π	Α	Τ	Μ	Ψ	Ό	Σ	Β	Υ	Α	Ψ	Ο	Τ	Χ	Ό
Λ	Η	Ε	Η	Έ	Ή	Ρ	Σ	Μ	Σ	Ω	Α	Ν	Ρ	Α	Λ
Ό	Γ	Χ	Ί	Π	Κ	Ί	Έ	Ο	Ο	Ν	Β	Τ	Ο	Ν	Ο
Γ	Χ	Ρ	Χ	Ρ	Ι	Τ	Δ	Ω	Φ	Λ	Ψ	Ί	Ν	Ι	Σ
Ο	Ρ	Α	Ι	Τ	Τ	Δ	Ι	Η	Ά	Ο	Ρ	Α	Α	Κ	Σ
Σ	Α	Δ	Ψ	Ω	Ο	Δ	Σ	Β	Ρ	Ζ	Σ	Τ	Ύ	Ό	Ω
Δ	Ά	Σ	Κ	Α	Λ	Ο	Σ	Ο	Γ	Ω	Ο	Ρ	Τ	Σ	Λ
Υ	Η	Μ	Ψ	Γ	Ι	Ξ	Λ	Β	Ο	Γ	Γ	Ο	Η	Ψ	Γ
Σ	Ό	Ρ	Υ	Ο	Π	Η	Κ	Ε	Τ	Ρ	Ό	Σ	Σ	Ί	Ψ
Ε	Φ	Ε	Υ	Ρ	Έ	Τ	Η	Σ	Ω	Ά	Λ	Α	Α	Ξ	Ψ
Ε	Ρ	Ε	Υ	Ν	Η	Τ	Ή	Σ	Φ	Φ	Ο	Ρ	Υ	Π	Ψ
Χ	Ε	Ι	Ρ	Ο	Υ	Ρ	Γ	Ό	Σ	Ο	Ι	Τ	Ω	Ρ	Υ
Ρ	Η	Ο	Α	Γ	Ρ	Ο	Τ	Η	Σ	Σ	Β	Ο	Μ	Ω	Λ

ΑΓΡΟΤΗΣ
ΑΣΤΡΟΝΑΎΤΗΣ
ΒΙΟΛΌΓΟΣ
ΧΕΙΡΟΥΡΓΌΣ
ΟΔΟΝΤΊΑΤΡΟΣ
ΝΤΕΤΈΚΤΙΒ
ΦΙΛΌΣΟΦΟΣ
ΦΩΤΟΓΡΆΦΟΣ
ΚΗΠΟΥΡΌΣ
ΜΗΧΑΝΙΚΌΣ
ΔΆΣΚΑΛΟΣ
ΕΦΕΥΡΈΤΗΣ
ΓΛΩΣΣΟΛΌΓΟΣ
ΙΑΤΡΟΣ
ΠΙΛΟΤΙΚΉ
ΖΩΓΡΆΦΟΣ
ΕΡΕΥΝΗΤΉΣ
ΖΩΟΛΌΓΟΣ

56 - Letteratura

Η	Ε	Π	Λ	Σ	Ω	Ι	Π	Β	Λ	Η	Υ	Ο	Λ	Ι	Π
Λ	Δ	Ν	Χ	Ί	Μ	Ν	Ω	Ρ	Λ	Π	Ξ	Α	Τ	Η	Ο
Χ	Τ	Τ	Ι	Γ	Ί	Π	Η	Ω	Χ	Μ	Ί	Τ	Ί	Ι	Ι
Π	Ρ	Α	Ν	Ά	Λ	Υ	Σ	Η	Ψ	Ί	Λ	Ε	Δ	Δ	Η
Ε	Ί	Δ	Ο	Σ	Α	Έ	Φ	Α	Ρ	Γ	Γ	Υ	Σ	Ξ	Τ
Δ	Α	Μ	Ε	Τ	Α	Φ	Ο	Ρ	Ά	Ψ	Ρ	Υ	Τ	Ε	Ι
Ι	Ν	Μ	Α	Μ	Η	Ρ	Ό	Τ	Σ	Ι	Θ	Υ	Μ	Σ	Κ
Ά	Α	Ω	Ί	Σ	Υ	Μ	Π	Έ	Ρ	Α	Σ	Μ	Α	Υ	Ή
Λ	Λ	Κ	Φ	Ρ	Τ	Σ	Α	Ί	Δ	Ω	Γ	Α	Ρ	Τ	Μ
Ο	Ο	Ρ	Α	Η	Δ	Β	Ι	Π	Β	Π	Ε	Ν	Ψ	Γ	Ω
Γ	Γ	Ι	Ρ	Μ	Χ	Η	Ι	Ψ	Γ	Ι	Ο	Τ	Ώ	Ν	Χ
Ο	Ί	Τ	Γ	Τ	Ο	Η	Γ	Θ	Η	Χ	Τ	Ί	Ρ	Μ	Η
Σ	Α	Ι	Ο	Τ	Ο	Δ	Κ	Έ	Ν	Α	Τ	Ο	Η	Σ	Η
Ε	Λ	Κ	Ι	Ν	Ι	Ύ	Ο	Μ	Θ	Υ	Ρ	Έ	Ψ	Μ	Μ
Α	Δ	Ή	Β	Ι	Β	Ή	Φ	Α	Ρ	Γ	Ι	Ρ	Ε	Π	Α
Σ	Ύ	Γ	Κ	Ρ	Ι	Σ	Η	Ω	Π	Ν	Β	Η	Β	Ε	Γ

ΑΝΆΛΥΣΗ
ΑΝΑΛΟΓΊΑ
ΑΝΈΚΔΟΤΟ
ΣΥΓΓΡΑΦΈΑΣ
ΒΙΟΓΡΑΦΊΑ
ΣΥΜΠΈΡΑΣΜΑ
ΣΎΓΚΡΙΣΗ
ΚΡΙΤΙΚΉ
ΠΕΡΙΓΡΑΦΉ
ΔΙΆΛΟΓΟΣ
ΕΊΔΟΣ
ΜΕΤΑΦΟΡΆ
ΓΝΏΜΗ
ΠΟΊΗΜΑ
ΠΟΙΗΤΙΚΉ
ΡΥΘΜΟΎ
ΜΥΘΙΣΤΌΡΗΜΑ
ΣΤΥΛ
ΘΈΜΑ
ΤΡΑΓΩΔΊΑ

57 - Cibo #2

Ψ	Λ	Δ	Γ	Δ	Ί	Ν	Η	Σ	Π	Ι	Α	Μ	Ψ	Ψ	Υ
Έ	Η	Α	Τ	Ά	Μ	Ο	Τ	Ν	Β	Ι	Κ	Ε	Ά	Ρ	Π
Χ	Ε	Ν	Ό	Π	Μ	Α	Ζ	Μ	Π	Ω	Τ	Λ	Ρ	Γ	Η
Ι	Λ	Ά	Σ	Έ	Λ	Ι	Ν	Ο	Α	Ψ	Ι	Ι	Ι	Ι	Ξ
Χ	Β	Ν	Ε	Χ	Ι	Ο	Τ	Β	Τ	Δ	Ν	Τ	Σ	Α	Β
Έ	Ί	Α	Μ	Α	Ψ	Ε	Λ	Έ	Ά	Β	Ί	Ζ	Ά	Ο	Ν
Σ	Ι	Π	Έ	Ή	Σ	Δ	Ε	Υ	Λ	Χ	Δ	Ά	Ρ	Ύ	Ε
Ψ	Ω	Μ	Ί	Ο	Λ	Π	Ε	Δ	Ο	Η	Ι	Ν	Ε	Ρ	Ί
Υ	Χ	Ι	Ε	Υ	Ψ	Ο	Ρ	Γ	Κ	Π	Ο	Α	Κ	Τ	Χ
Ί	Ε	Ψ	Η	Α	Ί	Ε	Υ	Έ	Ο	Ε	Ό	Σ	Ν	Ι	Υ
Ι	Σ	Β	Ξ	Ψ	Υ	Ο	Ρ	Έ	Σ	Σ	Ί	Τ	Υ	Δ	Δ
Ρ	Ι	Α	Λ	Ν	Ν	Γ	Δ	Ρ	Υ	Μ	Ί	Α	Ο	Χ	Α
Ά	Τ	Ο	Η	Ι	Ω	Ω	Ό	Υ	Ε	Δ	Β	Φ	Ν	Κ	Β
Τ	Υ	Η	Ψ	Ε	Λ	Ψ	Ξ	Ξ	Υ	Έ	Ί	Ύ	Ε	Ν	Α
Ι	Ρ	Ά	Τ	Ι	Ν	Α	Μ	Έ	Α	Μ	Έ	Λ	Γ	Χ	Γ
Σ	Ί	Μ	Π	Ρ	Ό	Κ	Ο	Λ	Ο	Γ	Ξ	Ι	Ζ	Ύ	Ρ

ΜΠΑΝΆΝΑ
ΜΠΡΌΚΟΛΟ
ΚΕΡΆΣΙ
ΣΟΚΟΛΆΤΑ
ΤΥΡΊ
ΜΑΝΙΤΆΡΙ
ΣΙΤΆΡΙ
ΑΚΤΙΝΊΔΙΟ
ΜΉΛΟ
ΜΕΛΙΤΖΆΝΑ
ΨΩΜΊ
ΨΆΡΙ
ΚΟΤΌΠΟΥΛΟ
ΝΤΟΜΆΤΑ
ΖΑΜΠΌΝ
ΡΎΖΙ
ΣΈΛΙΝΟ
ΑΥΓΌ
ΣΤΑΦΎΛΙ
ΓΙΑΟΎΡΤΙ

58 - Nutrizione

Π	Δ	Ι	Τ	Υ	Ο	Γ	Σ	Ε	Ν	Ϊ	Ε	Τ	Ω	Ρ	Π
Έ	Τ	Ι	Λ	Χ	Ω	Ι	Ά	Β	Ρ	Ώ	Σ	Ι	Μ	Α	Σ
Ψ	Ο	Ε	Ρ	Δ	Η	Ή	Λ	Γ	Ψ	Η	Έ	Σ	Α	Μ	Λ
Η	Ε	Χ	Χ	Θ	Ε	Φ	Τ	Ζ	Υ	Γ	Ί	Ζ	Ω	Σ	Ξ
Ο	Ψ	Σ	Α	Έ	Ε	Ο	Σ	Γ	Π	Ι	Κ	Ρ	Ή	Υ	Γ
Χ	Σ	Ί	Ν	Ξ	Π	Ρ	Α	Ό	Ε	Ε	Β	Ρ	Ψ	Η	Δ
Ο	Τ	Χ	Ρ	Σ	Σ	Τ	Μ	Κ	Α	Ύ	Γ	Ψ	Ω	Ε	Τ
Ο	Π	Ε	Ρ	Χ	Ν	Α	Γ	Ι	Ν	Τ	Σ	Τ	Υ	Έ	Ο
Β	Ε	Ν	Τ	Ψ	Υ	Ι	Μ	Ρ	Δ	Ν	Ξ	Η	Υ	Π	Ξ
Γ	Ε	Α	Ί	Ω	Χ	Δ	Ω	Α	Ω	Ε	Ψ	Σ	Γ	Μ	Ί
Ά	Ψ	Ί	Χ	Χ	Α	Δ	Ν	Χ	Μ	Έ	Σ	Ω	Ι	Σ	Ν
Ό	Ρ	Ε	Ξ	Η	Ν	Ί	Μ	Α	Τ	Ι	Β	Μ	Ή	Ο	Η
Μ	Ρ	Γ	Έ	Έ	Π	Α	Β	Π	Ί	Ω	Μ	Ύ	Χ	Ν	Ε
Ο	Τ	Υ	Υ	Ξ	Ω	Μ	Ί	Μ	Υ	Γ	Γ	Ζ	Ν	Λ	Δ
Θ	Ρ	Ε	Π	Τ	Ι	Κ	Ή	Π	Ο	Ι	Ό	Τ	Η	Τ	Α
Ι	Σ	Ο	Ρ	Ρ	Ο	Π	Η	Μ	Έ	Ν	Η	Σ	Λ	Ν	Ν

ΠΙΚΡΉ
ΌΡΕΞΗ
ΙΣΟΡΡΟΠΗΜΈΝΗ
ΘΕΡΜΙΔΕΣ
ΒΡΏΣΙΜΑ
ΔΙΑΤΡΟΦΉ
ΠΈΨΗ
ΖΎΜΩΣΗ
ΓΕΎΣΗ
ΥΓΡΆ
ΘΡΕΠΤΙΚΉ
ΖΥΓΊΖΩ
ΠΡΩΤΕΪΝΕΣ
ΠΟΙΌΤΗΤΑ
ΣΆΛΤΣΑ
ΥΓΕΊΑ
ΥΓΙΉ
ΜΠΑΧΑΡΙΚΌ
ΤΟΞΊΝΗ
ΒΙΤΑΜΊΝΗ

59 - Matematica

Π	Ω	Ί	Ψ	Ν	Υ	Ρ	Ι	Υ	Ο	Ν	Ώ	Γ	Ι	Ρ	Τ
Γ	Ε	Β	Η	Ε	Γ	Α	Ι	Ε	Ρ	Έ	Φ	Ι	Ρ	Ε	Π
Ν	Ε	Ρ	Ι	Η	Δ	Η	Ο	Β	Θ	Ν	Έ	Ι	Ο	Ξ	Α
Υ	Μ	Ω	Ί	Γ	Α	Μ	Σ	Ι	Ο	Ρ	Θ	Ά	Χ	Η	Ρ
Ε	Ω	Χ	Μ	Μ	Ω	Τ	Ν	Έ	Γ	Ο	Η	Έ	Ί	Ω	Ι
Σ	Λ	Ό	Ι	Ε	Ε	Γ	Ω	Ν	Ώ	Ε	Σ	Β	Η	Π	Θ
Ο	Ω	Κ	Ε	Π	Τ	Τ	Ν	Υ	Ν	Γ	Ω	Ν	Ί	Α	Μ
Μ	Ψ	Ι	Ξ	Η	Ρ	Ρ	Ρ	Μ	Ι	Π	Σ	Π	Έ	Μ	Η
Ρ	Δ	Δ	Ι	Σ	Λ	Γ	Ί	Ο	Ο	Α	Ί	Τ	Ν	Σ	Τ
Π	Λ	Α	Τ	Ε	Ί	Α	Λ	Α	Ν	Ρ	Ξ	Π	Τ	Ά	Ι
Π	Π	Κ	Ν	Ρ	Ξ	Β	Ι	Ξ	Ω	Ά	Ε	Δ	Α	Λ	Κ
Σ	Ω	Ε	Π	Ί	Έ	Ξ	Π	Έ	Γ	Λ	Λ	Ω	Σ	Κ	Ή
Α	Β	Δ	Ψ	Α	Τ	Χ	Γ	Έ	Ύ	Λ	Ξ	Ο	Η	Χ	Ψ
Έ	Η	Σ	Α	Ι	Ξ	Κ	Ι	Χ	Λ	Η	Τ	Έ	Θ	Κ	Ε
Λ	Ω	Η	Δ	Δ	Ω	Ρ	Α	Γ	Ο	Λ	Ψ	Τ	Υ	Β	Η
Σ	Υ	Μ	Μ	Ε	Τ	Ρ	Ί	Α	Π	Η	Ν	Ω	Τ	Σ	Ι

ΓΩΝΊΑ
ΑΡΙΘΜΗΤΙΚΉ
ΠΕΡΙΦΈΡΕΙΑ
ΔΕΚΑΔΙΚΌ
ΔΙΑΊΡΕΣΗ
ΕΞΊΣΩΣΗ
ΕΚΘΈΤΗ
ΚΛΆΣΜΑ
ΓΕΩΜΕΤΡΊΑ
ΠΑΡΆΛΛΗΛΗ
ΠΕΡΊΜΕΤΡΟ
ΠΟΛΎΓΩΝΟ
ΠΛΑΤΕΊΑ
ΑΚΤΊΝΑ
ΟΡΘΟΓΏΝΙΟ
ΣΥΜΜΕΤΡΊΑ
ΆΘΡΟΙΣΜΑ
ΤΡΙΓΏΝΟΥ
ΈΝΤΑΣΗ

60 - Meditazione

Ή	Π	Ω	Ι	Σ	Ρ	Δ	Ί	Π	Γ	Γ	Ο	Ε	Π	Δ	Κ
Γ	Ι	Π	Έ	Ξ	Τ	Β	Σ	Γ	Ρ	Μ	Ψ	Ξ	Α	Π	Ί
Έ	Ο	Β	Γ	Ι	Ε	Ά	Ε	Υ	Α	Υ	Μ	Δ	Ρ	Ρ	Ν
Δ	Ί	Ι	Β	Χ	Σ	Ξ	Σ	Έ	Τ	Α	Ω	Τ	Α	Γ	Η
Υ	Α	Π	Ο	Δ	Ο	Χ	Ή	Η	Α	Λ	Ι	Λ	Τ	Γ	Σ
Ν	Σ	Ί	Γ	Λ	Έ	Η	Ρ	Τ	Μ	Ό	Π	Σ	Ή	Λ	Η
Σ	Ω	Ρ	Ί	Χ	Ν	Η	Π	Α	Ή	Ο	Ω	Ε	Ρ	Μ	Ν
Σ	Ή	Χ	Ο	Σ	Ο	Ρ	Π	Ξ	Θ	Κ	Ω	Τ	Η	Π	Ή
Υ	Κ	Η	Ο	Υ	Ρ	Μ	Ρ	Έ	Σ	Α	Ι	Τ	Σ	Υ	Ρ
Α	Ι	Ν	Ό	Π	Μ	Υ	Σ	Χ	Ι	Ρ	Φ	Σ	Η	Τ	Ι
Γ	Χ	Σ	Κ	Έ	Ψ	Η	Η	Υ	Α	Λ	Ύ	Λ	Υ	Γ	Ε
Ε	Υ	Γ	Ν	Ω	Μ	Ο	Σ	Ύ	Ν	Η	Σ	Υ	Π	Ο	Ρ
Ε	Ψ	Π	Έ	Τ	Σ	Σ	Ψ	Ξ	Υ	Η	Η	Έ	Έ	Β	Μ
Λ	Ι	Μ	Λ	Ί	Ο	Η	Ν	Ύ	Σ	Ο	Λ	Α	Κ	Υ	Μ
Δ	Β	Ν	Σ	Α	Φ	Ή	Ν	Ε	Ι	Α	Ί	Μ	Ε	Ρ	Η
Α	Ν	Α	Π	Ν	Ο	Ή	Π	Ρ	Ο	Ο	Π	Τ	Ι	Κ	Ή

ΑΠΟΔΟΧΉ
ΠΡΟΣΟΧΉ
ΗΡΕΜΊΑ
ΣΑΦΉΝΕΙΑ
ΣΥΜΠΌΝΙΑ
ΣΥΝΑΙΣΘΉΜΑΤΑ
ΚΑΛΟΣΎΝΗ
ΕΥΓΝΩΜΟΣΎΝΗ
ΨΥΧΙΚΉ
ΜΥΑΛΌ
ΚΊΝΗΣΗ
ΜΟΥΣΙΚΉ
ΦΎΣΗ
ΠΑΡΑΤΉΡΗΣΗ
ΕΙΡΉΝΗ
ΣΚΈΨΗ
ΣΤΆΣΗ
ΠΡΟΟΠΤΙΚΉ
ΑΝΑΠΝΟΉ
ΣΙΩΠΉ

61 - Elettricità

Π	Ο	Ψ	Β	Ι	Χ	Ο	Τ	Α	Β	Ί	Ρ	Π	Σ	Β	Μ
Η	Έ	Λ	Ε	Ρ	Η	Α	Δ	Α	Τ	Η	Τ	Ό	Σ	Ο	Π
Μ	Σ	Ε	Έ	Υ	Έ	Π	Δ	Γ	Λ	Έ	Γ	Α	Α	Υ	Α
Υ	Τ	Ί	Ξ	Ψ	Ψ	Ρ	Α	Π	Θ	Έ	Υ	Ν	Η	Τ	Τ
Α	Ρ	Ν	Η	Τ	Ι	Κ	Ό	Ί	Η	Ε	Ι	Α	Σ	Κ	Α
Τ	Ν	Υ	Ο	Ο	Η	Β	Π	Π	Υ	Έ	Τ	Ζ	Υ	Ί	Ρ
Σ	Ο	Γ	Ό	Λ	Ο	Ρ	Τ	Κ	Ε	Λ	Η	Ι	Ε	Δ	Ί
Η	Λ	Ε	Κ	Τ	Ρ	Ι	Κ	Ή	Υ	Π	Ψ	Β	Κ	Ρ	Α
Τ	Β	Ο	Λ	Β	Ό	Σ	Τ	Η	Ξ	Δ	Γ	Ν	Ή	Ή	Ι
Ή	Π	Χ	Σ	Ο	Ι	Γ	Ρ	Ξ	Ω	Π	Ρ	Α	Θ	Κ	Ρ
Ν	Ρ	Β	Ί	Σ	Ο	Τ	Η	Λ	Έ	Φ	Ω	Ν	Ο	Α	Τ
Γ	Ί	Ί	Τ	Τ	Η	Λ	Ε	Ό	Ρ	Α	Σ	Η	Π	Λ	Ή
Α	Ζ	Ε	Ξ	Ο	Π	Λ	Ι	Σ	Μ	Ό	Σ	Λ	Α	Ώ	Ν
Μ	Α	Π	Μ	Ά	Λ	Έ	Ε	Π	Υ	Ξ	Ρ	Ω	Π	Δ	Ν
Κ	Α	Λ	Ώ	Δ	Ι	Α	Ι	Ε	Σ	Β	Γ	Ί	Ψ	Ι	Ε
Α	Ν	Τ	Ι	Κ	Ε	Ί	Μ	Ε	Ν	Α	Χ	Β	Η	Ο	Γ

ΕΞΟΠΛΙΣΜΌΣ
ΜΠΑΤΑΡΊΑ
ΚΑΛΏΔΙΟ
ΑΠΟΘΉΚΕΥΣΗ
ΗΛΕΚΤΡΟΛΌΓΟΣ
ΗΛΕΚΤΡΙΚΉ
ΚΑΛΏΔΙΑ
ΓΕΝΝΉΤΡΙΑ
ΛΆΜΠΑ
ΒΟΛΒΌΣ
ΛΈΙΖΕΡ
ΜΑΓΝΉΤΗΣ
ΑΡΝΗΤΙΚΌ
ΑΝΤΙΚΕΊΜΕΝΑ
ΘΕΤΙΚΉ
ΠΡΊΖΑ
ΠΟΣΌΤΗΤΑ
ΔΊΚΤΥΟ
ΤΗΛΈΦΩΝΟ
ΤΗΛΕΌΡΑΣΗ

62 - Antiquariato

Ι	Α	Ί	Π	Τ	Ι	Μ	Ή	Ι	Η	Ψ	Ε	Κ	Μ	Β	Α
Λ	Υ	Ή	Γ	Ο	Λ	Λ	Υ	Σ	Σ	Ψ	Π	Α	Τ	Γ	Σ
Τ	Θ	Υ	Γ	Ν	Ι	Χ	Ι	Μ	Α	Χ	Έ	Τ	Σ	Τ	Υ
Π	Ε	Ε	Ί	Ν	Ν	Ό	Ε	Μ	Τ	Ε	Ν	Ά	Β	Υ	Ν
Χ	Ν	Κ	Ο	Μ	Ψ	Ό	Τ	Μ	Σ	Α	Δ	Σ	Ψ	Η	Ή
Σ	Τ	Γ	Ρ	Ί	Ο	Ω	Ν	Η	Ά	Π	Υ	Τ	Ο	Σ	Θ
Σ	Ι	Χ	Ξ	Γ	Σ	Ν	Τ	Ν	Τ	Σ	Σ	Α	Ι	Τ	Ι
Ρ	Κ	Π	Ψ	Ο	Τ	Ε	Α	Χ	Α	Α	Η	Σ	Ψ	Ο	Σ
Ω	Ό	Λ	Α	Ι	Υ	Έ	Τ	Έ	Κ	Ν	Η	Η	Μ	Ι	Τ
Τ	Ν	Υ	Έ	Λ	Λ	Χ	Α	Τ	Ο	Ώ	Ψ	Τ	Ε	Χ	Ο
Έ	Έ	Ι	Ω	Β	Ι	Η	Μ	Ξ	Π	Ι	Σ	Α	Ι	Ε	Υ
Ο	Π	Έ	Ρ	Π	Γ	Ό	Ρ	Β	Α	Α	Β	Γ	Τ	Ί	Γ
Σ	Β	Ι	Σ	Υ	Λ	Λ	Έ	Κ	Τ	Η	Σ	Ψ	Λ	Ο	Π
Ο	Η	Ω	Π	Δ	Ι	Α	Κ	Ο	Σ	Μ	Η	Τ	Ι	Κ	Ό
Υ	Ι	Ω	Τ	Λ	Ι	Ξ	Π	Γ	Λ	Υ	Π	Τ	Ι	Κ	Ή
Δ	Α	Τ	Π	Β	Α	Δ	Η	Μ	Ο	Π	Ρ	Α	Σ	Ί	Α

ΤΈΧΝΗ
ΣΤΟΙΧΕΊΟ
ΔΗΜΟΠΡΑΣΊΑ
ΑΥΘΕΝΤΙΚΌ
ΣΥΛΛΈΚΤΗΣ
ΚΑΤΆΣΤΑΣΗ
ΔΙΑΚΟΣΜΗΤΙΚΌ
ΚΟΜΨΌ
ΣΥΛΛΟΓΉ
ΑΣΥΝΉΘΙΣΤΟ
ΕΠΈΝΔΥΣΗ
ΈΠΙΠΛΑ
ΚΈΡΜΑΤΑ
ΤΙΜΉ
ΠΟΙΌΤΗΤΑ
ΑΠΟΚΑΤΆΣΤΑΣΗ
ΓΛΥΠΤΙΚΉ
ΑΙΏΝΑΣ
ΣΤΥΛ
ΠΑΛΙΌ

63 - Escursionismo

Ε	Ρ	Σ	Λ	Ι	Ρ	Δ	Π	Χ	Ν	Τ	Ο	Ω	Ω	Γ	Χ
Υ	Σ	Ι	Λ	Γ	Ρ	Ι	Λ	Ά	Γ	Ξ	Έ	Λ	Μ	Ν	Ο
Μ	Β	Χ	Γ	Ω	Β	Τ	Ψ	Ρ	Μ	Ξ	Ι	Ν	Γ	Τ	Ξ
Ρ	Κ	Ψ	Τ	Ρ	Ί	Η	Λ	Τ	Δ	Η	Γ	Τ	Τ	Χ	Ω
Ο	Ο	Ι	Ρ	Γ	Ά	Ν	Σ	Η	Σ	Ύ	Φ	Χ	Ω	Υ	Λ
Δ	Υ	Ρ	Μ	Γ	Ε	Α	Π	Α	Ρ	Α	Σ	Κ	Ε	Υ	Ή
Η	Ρ	Ο	Ν	Ω	Κ	Κ	Ξ	Ή	Τ	Π	Έ	Τ	Ρ	Α	Χ
Γ	Α	Κ	Ρ	Ά	Π	Ο	Λ	Έ	Λ	Ί	Β	Έ	Α	Ί	Ι
Ο	Σ	Ό	Ρ	Ι	Α	Κ	Ρ	Ί	Ψ	Ι	Β	Α	Ρ	Ι	Ά
Ί	Μ	Μ	Ν	Ε	Ώ	Ν	Δ	Υ	Μ	Ψ	Ο	Χ	Ά	Ρ	Β
Π	Έ	Ε	Ψ	Ξ	Ζ	Υ	Ο	Γ	Φ	Α	Χ	Σ	Μ	Έ	Ψ
Ό	Ν	Υ	Ο	Β	Ι	Ί	Ω	Ρ	Έ	Ή	Ξ	Ε	Ρ	Δ	Έ
Ρ	Ο	Κ	Ά	Μ	Π	Ι	Ν	Γ	Κ	Π	Γ	Τ	Α	Α	Ι
Ε	Σ	Κ	Ο	Υ	Ν	Ο	Ύ	Π	Ι	Α	Γ	Ό	Μ	Η	Ν
Ν	Ν	Β	Ξ	Γ	Ψ	Ί	Ρ	Χ	Δ	Σ	Β	Π	Σ	Σ	Μ
Ί	Α	Έ	Δ	Μ	Χ	Γ	Ε	Ν	Π	Τ	Π	Μ	Λ	Ν	Ο

ΝΕΡΌ
ΖΏΑ
ΚΆΜΠΙΝΓΚ
ΚΛΊΜΑ
ΟΔΗΓΟΊ
ΧΆΡΤΗ
ΚΑΙΡΌΣ
ΒΟΥΝΌ
ΦΎΣΗ
ΠΆΡΚΑ

ΒΑΡΙΆ
ΠΈΤΡΑ
ΠΑΡΑΣΚΕΥΉ
ΒΡΆΧΟ
ΆΓΡΙΟ
ΉΛΙΟΣ
ΚΟΥΡΑΣΜΈΝΟΣ
ΜΠΌΤΕΣ
ΚΟΡΥΦΉ
ΚΟΥΝΟΎΠΙΑ

64 - Professioni #1

Υ	Δ	Ρ	Α	Υ	Λ	Ι	Κ	Ό	Σ	Ο	Ω	Μ	Γ	Ε	Ω
Α	Σ	Τ	Ρ	Ο	Ν	Ό	Μ	Ο	Σ	Σ	Β	Ο	Ε	Π	Ρ
Π	Ρ	Ο	Π	Ο	Ν	Η	Τ	Ή	Σ	Ο	Τ	Υ	Ω	Ι	Σ
Ε	Π	Ε	Ξ	Ε	Ρ	Γ	Α	Σ	Ί	Α	Η	Σ	Λ	Σ	Ω
Σ	Δ	Η	Σ	Ο	Γ	Ό	Λ	Ο	Χ	Υ	Ψ	Ι	Ό	Τ	Τ
Υ	Μ	Α	Η	Χ	Χ	Δ	Ν	Π	Ι	Ο	Έ	Κ	Γ	Ή	Ρ
Χ	Ι	Ε	Ν	Χ	Ι	Δ	Ρ	Ο	Ρ	Ι	Μ	Ό	Ο	Μ	Α
Ι	Σ	Ν	Χ	Χ	Μ	Υ	Ι	Η	Σ	Έ	Υ	Σ	Σ	Ο	Π
Ξ	Η	Ή	Έ	Υ	Γ	Ι	Β	Γ	Δ	Ο	Σ	Π	Γ	Ν	Ε
Χ	Α	Ρ	Τ	Ο	Γ	Ρ	Ά	Φ	Ο	Σ	Κ	Β	Η	Α	Ζ
Ν	Μ	Η	Ι	Υ	Β	Ξ	Ω	Σ	Ι	Ό	Έ	Ό	Η	Σ	Ί
Α	Δ	Π	Λ	Μ	Ε	Σ	Ρ	Ξ	Χ	Γ	Έ	Ο	Μ	Σ	Τ
Ύ	Β	Γ	Λ	Β	Υ	Ρ	Ν	Λ	Α	Η	Δ	Έ	Μ	Α	Η
Τ	Π	Ψ	Α	Ρ	Χ	Ξ	Ο	Ε	Έ	Ν	Ω	Α	Ί	Γ	Σ
Η	Χ	Τ	Κ	Ε	Γ	Τ	Ν	Χ	Ο	Υ	Ρ	Ί	Β	Χ	Ί
Σ	Έ	Ν	Λ	Σ	Ό	Ι	Ο	Π	Ο	Κ	Α	Μ	Ρ	Α	Φ

ΠΡΟΠΟΝΗΤΉΣ
ΠΡΈΣΒΗΣ
ΚΑΛΛΙΤΈΧΝΗΣ
ΑΣΤΡΟΝΌΜΟΣ
ΧΟΡΕΥΤΉΣ
ΤΡΑΠΕΖΊΤΗΣ
ΚΥΝΗΓΌΣ
ΧΑΡΤΟΓΡΆΦΟΣ
ΕΠΕΞΕΡΓΑΣΊΑ
ΦΑΡΜΑΚΟΠΟΙΌΣ
ΓΕΩΛΌΓΟΣ
ΥΔΡΑΥΛΙΚΌΣ
ΝΟΣΟΚΌΜΑ
ΝΑΎΤΗΣ
ΜΟΥΣΙΚΌΣ
ΨΥΧΟΛΌΓΟΣ
ΕΠΙΣΤΉΜΟΝΑΣ

65 - Antartide

Μ	Φ	Ε	Π	Ι	Σ	Τ	Η	Μ	Ο	Ν	Ι	Κ	Ή	Ί	Χ
Χ	Ε	Ά	Ι	Σ	Η	Ν	Ε	Ρ	Ε	Υ	Ν	Η	Τ	Ή	Σ
Ε	Γ	Τ	Λ	Χ	Σ	Π	Ε	Ρ	Ι	Β	Ά	Λ	Λ	Ο	Ν
Ρ	Ι	Μ	Α	Α	Τ	Ο	Π	Ο	Γ	Ρ	Α	Φ	Ί	Α	Δ
Σ	Ν	Γ	Μ	Ν	Ι	Γ	Λ	Μ	Ί	Έ	Μ	Ο	Ί	Λ	Ψ
Ό	Ω	Η	Μ	Η	Ά	Ν	Ο	Ρ	Υ	Κ	Τ	Ά	Η	Μ	Σ
Ν	Υ	Ί	Τ	Α	Ί	Σ	Α	Ρ	Κ	Ο	Μ	Ρ	Ε	Θ	Β
Η	Ε	Λ	Λ	Τ	Ι	Α	Τ	Β	Υ	Ψ	Α	Μ	Υ	Ψ	Ν
Σ	Η	Κ	Σ	Μ	Ί	Ρ	Λ	Ε	Ν	Υ	Π	Ά	Γ	Ο	Σ
Ο	Μ	Λ	Δ	Ί	Ν	Α	Π	Λ	Υ	Ω	Τ	Ν	Σ	Π	Η
Α	Ί	Φ	Α	Ρ	Γ	Ω	Ε	Γ	Τ	Σ	Ψ	Ε	Ύ	Λ	Δ
Η	Ψ	Ο	Δ	Α	Ο	Ν	Ί	Ψ	Υ	Ω	Η	Ρ	Ν	Ό	Ώ
Ψ	Π	Τ	Ε	Ξ	Ω	Μ	Α	Δ	Ν	Ψ	Υ	Ό	Ν	Κ	Χ
Ή	Π	Ε	Ι	Ρ	Ο	Σ	Ή	Ψ	Υ	Β	Ω	Γ	Ε	Λ	Α
Ε	Ξ	Ε	Ρ	Ε	Ύ	Ν	Η	Σ	Η	Ω	Σ	Λ	Φ	Υ	Ρ
Ξ	Α	Δ	Ι	Α	Τ	Ή	Ρ	Η	Σ	Η	Ρ	Γ	Α	Χ	Β

ΝΕΡΌ
ΠΕΡΙΒΆΛΛΟΝ
ΚΌΛΠΟ
ΦΆΛΑΙΝΑ
ΔΙΑΤΉΡΗΣΗ
ΉΠΕΙΡΟΣ
ΕΞΕΡΕΎΝΗΣΗ
ΓΕΩΓΡΑΦΊΑ
ΠΆΓΟΣ
ΝΗΣΙΆ
ΜΕΤΑΝΆΣΤΕΥΣΗ
ΟΡΥΚΤΆ
ΣΎΝΝΕΦΑ
ΧΕΡΣΌΝΗΣΟ
ΕΡΕΥΝΗΤΉΣ
ΒΡΑΧΏΔΗΣ
ΕΠΙΣΤΗΜΟΝΙΚΉ
ΕΚΔΡΟΜΉ
ΘΕΡΜΟΚΡΑΣΊΑ
ΤΟΠΟΓΡΑΦΊΑ

66 - Libri

Α	Ι	Ε	Τ	Έ	Π	Ι	Ρ	Ε	Π	Α	Ν	Μ	Λ	Λ	Χ
Τ	Ν	Φ	Β	Ι	Ρ	Ψ	Μ	Ι	Λ	Ν	Ο	Υ	Ο	Έ	Ι
Η	Β	Ε	Σ	Χ	Ε	Τ	Ι	Κ	Ή	Α	Ν	Θ	Γ	Ξ	Ο
Τ	Ψ	Υ	Σ	Χ	Ρ	Μ	Α	Α	Π	Γ	Α	Ι	Ο	Ξ	Υ
Ό	Ά	Ρ	Ι	Ε	Σ	Χ	Γ	Ν	Α	Ν	Ή	Σ	Τ	Ω	Μ
Κ	Ν	Ε	Έ	Ι	Ν	Β	Λ	Η	Τ	Ώ	Κ	Τ	Ε	Τ	Ο
Ι	Τ	Τ	Η	Ό	Κ	Ι	Ρ	Ο	Τ	Σ	Ι	Ό	Χ	Ι	Ρ
Δ	Ο	Ι	Σ	Ί	Α	Λ	Π	Χ	Ι	Τ	Γ	Ρ	Ν	Σ	Ι
Α	Δ	Κ	Η	Α	Π	Σ	Γ	Ε	Δ	Η	Α	Η	Ι	Τ	Σ
Υ	Λ	Ή	Ί	Ί	Φ	Ι	Ε	Ρ	Δ	Σ	Ρ	Μ	Κ	Ο	Τ
Δ	Υ	Β	Ο	Ξ	Ξ	Η	Λ	Λ	Α	Ι	Τ	Α	Ή	Ρ	Ι
Ε	Ι	Χ	Π	Ο	Β	Μ	Γ	Τ	Ί	Π	Μ	Γ	Κ	Ί	Κ
Ψ	Β	Σ	Έ	Ρ	Γ	Ξ	Γ	Η	Λ	Δ	Τ	Ί	Ι	Α	Ό
Έ	Σ	Υ	Λ	Λ	Ο	Γ	Ή	Ρ	Τ	Δ	Α	Ή	Π	Ο	Λ
Ψ	Υ	Α	Α	Σ	Λ	Ξ	Μ	Β	Ι	Ή	Π	Ξ	Ε	Ε	Β
Ο	Μ	Σ	Α	Έ	Φ	Α	Ρ	Γ	Γ	Υ	Σ	Ρ	Χ	Ξ	Ψ

ΣΥΓΓΡΑΦΈΑΣ
ΠΕΡΙΠΈΤΕΙΑ
ΣΥΛΛΟΓΉ
ΠΛΑΊΣΙΟ
ΔΥΑΔΙΚΌΤΗΤΑ
ΕΠΙΚΉ
ΕΦΕΥΡΕΤΙΚΉ
ΛΟΓΟΤΕΧΝΙΚΉ
ΑΝΑΓΝΏΣΤΗΣ
ΑΦΗΓΗΤΉΣ
ΣΕΛΊΔΑ
ΠΟΊΗΣΗ
ΣΧΕΤΙΚΉ
ΜΥΘΙΣΤΌΡΗΜΑ
ΓΡΑΠΤΉ
ΣΕΙΡΆ
ΙΣΤΟΡΊΑ
ΙΣΤΟΡΙΚΌ
ΤΡΑΓΙΚΉ
ΧΙΟΥΜΟΡΙΣΤΙΚΌ

67 - Geografia

Ή	Έ	Ε	Έ	Μ	Ι	Β	Σ	Χ	Ν	Ε	Π	Μ	Υ	Γ	Ε
Χ	Π	Κ	Ό	Σ	Μ	Ο	Ο	Έ	Χ	Η	Ο	Ά	Ψ	Τ	Έ
Ο	Χ	Ε	Ω	Ψ	Λ	Π	Φ	Υ	Ό	Ξ	Τ	Τ	Ό	Η	Υ
Ι	Η	Γ	Ι	Ρ	Τ	Π	Α	Η	Ν	Λ	Α	Λ	Μ	Ψ	Α
Ρ	Α	Σ	Λ	Ρ	Γ	Λ	Δ	Η	Ι	Ό	Μ	Α	Ε	Ρ	Ε
Ε	Ε	Ε	Ε	Ε	Ο	Ί	Έ	Ι	Ρ	Κ	Ό	Ν	Τ	Ν	Β
Π	Έ	Δ	Ο	Γ	Ι	Σ	Γ	Τ	Β	Ι	Σ	Τ	Ρ	Ξ	Δ
Ι	Δ	Ρ	Έ	Β	Ρ	Τ	Α	Α	Μ	Φ	Ό	Α	Ο	Β	Ύ
Ψ	Ί	Ε	Ρ	Μ	Ί	Σ	Η	Ν	Η	Α	Ν	Π	Ν	Ψ	Σ
Ί	Χ	Μ	Έ	Π	Α	Ί	Ι	Β	Σ	Ρ	Α	Σ	Ό	Ο	Η
Χ	Ε	Τ	Η	Ι	Φ	Σ	Ο	Ξ	Ε	Γ	Ε	Τ	Τ	Ο	Ν
Έ	Π	Γ	Μ	Π	Σ	Π	Σ	Ω	Μ	Ω	Κ	Ψ	Ι	Ω	Ψ
Π	Η	Γ	Ι	Ξ	Ι	Υ	Α	Α	Μ	Ε	Ω	Β	Α	Β	Ψ
Ε	Ί	Ξ	Β	Ο	Μ	Ξ	Ι	Γ	Λ	Γ	Ρ	Ο	Έ	Ί	Ξ
Ξ	Μ	Σ	Δ	Ν	Η	Λ	Ό	Π	Ω	Ά	Ρ	Ρ	Ο	Β	Ψ
Ε	Β	Χ	Ώ	Ρ	Α	Χ	Ά	Ρ	Τ	Η	Θ	Π	Η	Π	Δ

ΥΨΌΜΕΤΡΟ
ΆΤΛΑΝΤΑ
ΠΌΛΗ
ΉΠΕΙΡΟΣ
ΗΜΙΣΦΑΊΡΙΟ
ΠΟΤΑΜΌΣ
ΝΗΣΊ
ΓΕΩΓΡΑΦΙΚΌ
ΧΆΡΤΗ
ΘΆΛΑΣΣΑ
ΜΕΣΗΜΒΡΙΝΌ
ΚΌΣΜΟ
ΒΟΥΝΌ
ΒΟΡΡΆ
ΩΚΕΑΝΌΣ
ΔΎΣΗ
ΧΏΡΑ
ΠΕΡΙΟΧΉ
ΝΌΤΙΑ
ΈΔΑΦΟΣ

68 - Cibo #1

Χ	Υ	Κ	Μ	Τ	Δ	Κ	Α	Ε	Γ	Η	Α	Τ	Ν	Έ	Μ
Ο	Τ	Ό	Ρ	Α	Κ	Έ	Ρ	Σ	Ο	Ρ	Χ	Έ	Ί	Τ	Ι
Τ	Φ	Δ	Ν	Ε	Β	Ι	Έ	Έ	Γ	Α	Λ	Έ	Ν	Α	Κ
Έ	Ό	Ρ	Η	Ω	Μ	Κ	Ψ	Ρ	Γ	Χ	Ά	Ο	Ο	Χ	Ά
Λ	Γ	Ν	Ά	Β	Γ	Μ	Ξ	Ν	Ύ	Ά	Δ	Λ	Ρ	Ο	Ν
Τ	Ι	Ψ	Ο	Ο	Έ	Ο	Ύ	Τ	Λ	Ζ	Ι	Δ	Χ	Π	Α
Χ	Ί	Ο	Η	Σ	Υ	Η	Ρ	Δ	Ι	Ξ	Ρ	Σ	Π	Β	Π
Η	Έ	Β	Γ	Α	Α	Λ	Ο	Τ	Ι	Ψ	Ά	Α	Β	Σ	Σ
Χ	Ω	Β	Ά	Έ	Λ	Τ	Α	Ν	Ν	Υ	Θ	Λ	Σ	Ν	Τ
Η	Α	Ω	Λ	Ρ	Ά	Τ	Ρ	Ξ	Ό	Α	Ι	Ά	Ί	Ξ	Λ
Ρ	Χ	Η	Α	Κ	Τ	Γ	Β	Β	Μ	Λ	Ρ	Τ	Χ	Η	Δ
Χ	Υ	Μ	Ό	Σ	Ι	Ο	Α	Ω	Ε	Ι	Κ	Α	Γ	Ε	Ρ
Ρ	Σ	Η	Ξ	Ν	Έ	Δ	Υ	Έ	Λ	Ν	Μ	Σ	Λ	Γ	Ξ
Β	Α	Σ	Ι	Λ	Ι	Κ	Ο	Ύ	Σ	Κ	Ό	Ρ	Δ	Ο	Ι
Λ	Ε	Ε	Ν	Γ	Δ	Χ	Ε	Σ	Ξ	Π	Β	Σ	Σ	Ί	Ψ
Ε	Λ	Ρ	Ε	Χ	Ω	Ο	Έ	Τ	Χ	Ί	Α	Ε	Γ	Μ	Β

ΣΚΌΡΔΟ
ΒΑΣΙΛΙΚΟΎ
ΚΑΝΈΛΑ
ΚΡΈΑΣ
ΚΑΡΌΤΟ
ΚΡΕΜΜΎΔΙ
ΦΡΆΟΥΛΑ
ΣΑΛΆΤΑ
ΓΆΛΑ
ΛΕΜΌΝΙ
ΜΈΝΤΑ
ΚΡΙΘΆΡΙ
ΑΧΛΆΔΙ
ΓΟΓΓΎΛΙ
ΑΛΆΤΙ
ΣΠΑΝΆΚΙ
ΧΥΜΌΣ
ΤΌΝΟΣ
ΚΈΙΚ
ΖΆΧΑΡΗ

67 - Geografia

Ή	Έ	Ε	Έ	Μ	Ι	Β	Σ	Χ	Ν	Ε	Π	Μ	Υ	Γ	Ε
Χ	Π	Κ	Ό	Σ	Μ	Ο	Ο	Έ	Χ	Η	Ο	Ά	Ψ	Τ	Έ
Ο	Χ	Ε	Ω	Ψ	Λ	Π	Φ	Υ	Ό	Ξ	Τ	Τ	Ό	Η	Υ
Ι	Η	Γ	Ι	Ρ	Τ	Π	Α	Η	Ν	Λ	Α	Λ	Μ	Ψ	Α
Ρ	Α	Σ	Λ	Ρ	Γ	Λ	Δ	Η	Ι	Ό	Μ	Α	Ε	Ρ	Ε
Ε	Ε	Ε	Ε	Ε	Ο	Ί	Έ	Ι	Ρ	Κ	Ό	Ν	Τ	Ν	Β
Π	Έ	Δ	Ο	Γ	Ι	Σ	Γ	Τ	Β	Ι	Σ	Τ	Ρ	Ξ	Δ
Ι	Δ	Ρ	Έ	Β	Ρ	Τ	Α	Α	Μ	Φ	Ό	Α	Ο	Β	Ύ
Ψ	Ί	Ε	Ρ	Μ	Ί	Σ	Η	Ν	Η	Α	Ν	Π	Ν	Ψ	Σ
Ί	Χ	Μ	Έ	Π	Α	Ί	Ι	Β	Σ	Ρ	Α	Σ	Ό	Ο	Η
Χ	Ε	Τ	Η	Ι	Φ	Σ	Ο	Ξ	Ε	Γ	Ε	Τ	Τ	Ο	Ν
Έ	Π	Γ	Μ	Π	Σ	Π	Σ	Ω	Μ	Ω	Κ	Ψ	Ι	Ω	Ψ
Π	Η	Γ	Ι	Ξ	Ι	Υ	Α	Α	Μ	Ε	Ω	Β	Α	Β	Ψ
Ε	Ί	Ξ	Β	Ο	Μ	Ξ	Ι	Γ	Λ	Γ	Ρ	Ο	Έ	Ί	Ξ
Ξ	Μ	Σ	Δ	Ν	Η	Λ	Ό	Π	Ω	Ά	Ρ	Ρ	Ο	Β	Ψ
Ε	Β	Χ	Ώ	Ρ	Α	Χ	Ά	Ρ	Τ	Η	Θ	Π	Η	Π	Δ

ΥΨΌΜΕΤΡΟ
ΆΤΛΑΝΤΑ
ΠΌΛΗ
ΉΠΕΙΡΟΣ
ΗΜΙΣΦΑΊΡΙΟ
ΠΟΤΑΜΌΣ
ΝΗΣΊ
ΓΕΩΓΡΑΦΙΚΌ
ΧΆΡΤΗ
ΘΆΛΑΣΣΑ
ΜΕΣΗΜΒΡΙΝΌ
ΚΌΣΜΟ
ΒΟΥΝΌ
ΒΟΡΡΆ
ΩΚΕΑΝΌΣ
ΔΎΣΗ
ΧΏΡΑ
ΠΕΡΙΟΧΉ
ΝΌΤΙΑ
ΈΔΑΦΟΣ

68 - Cibo #1

Χ	Υ	Κ	Μ	Τ	Δ	Κ	Α	Ε	Γ	Η	Α	Τ	Ν	Έ	Μ
Ο	Τ	Ό	Ρ	Α	Κ	Έ	Ρ	Σ	Ο	Ρ	Χ	Έ	Ί	Τ	Ι
Τ	Φ	Δ	Ν	Ε	Β	Ι	Έ	Έ	Γ	Α	Λ	Έ	Ν	Α	Κ
Έ	Ό	Ρ	Η	Ω	Μ	Κ	Ψ	Ρ	Γ	Χ	Ά	Ο	Ο	Χ	Ά
Λ	Γ	Ν	Ά	Β	Γ	Μ	Ξ	Ν	Ύ	Ά	Δ	Λ	Ρ	Ο	Ν
Τ	Ι	Ψ	Ο	Ο	Έ	Ο	Ύ	Τ	Λ	Ζ	Ι	Δ	Χ	Π	Α
Χ	Ί	Ο	Η	Σ	Υ	Η	Ρ	Δ	Ι	Ξ	Ρ	Σ	Π	Β	Π
Η	Έ	Β	Γ	Α	Α	Λ	Ο	Τ	Ι	Ψ	Ά	Α	Β	Σ	Σ
Χ	Ω	Β	Ά	Έ	Λ	Τ	Α	Ν	Ν	Υ	Θ	Λ	Σ	Ν	Τ
Η	Α	Ω	Λ	Ρ	Ά	Τ	Ρ	Ξ	Ό	Α	Ι	Ά	Ί	Ξ	Λ
Ρ	Χ	Η	Α	Κ	Τ	Γ	Β	Β	Μ	Λ	Ρ	Τ	Χ	Η	Δ
Χ	Υ	Μ	Ό	Σ	Ι	Ο	Α	Ω	Ε	Ι	Κ	Α	Γ	Ε	Ρ
Ρ	Σ	Η	Ξ	Ν	Έ	Δ	Υ	Έ	Λ	Ν	Μ	Σ	Λ	Γ	Ξ
Β	Α	Σ	Ι	Λ	Ι	Κ	Ο	Ύ	Σ	Κ	Ό	Ρ	Δ	Ο	Ι
Λ	Ε	Ε	Ν	Γ	Δ	Χ	Ε	Σ	Ξ	Π	Β	Σ	Σ	Ί	Ψ
Ε	Λ	Ρ	Ε	Χ	Ω	Ο	Έ	Τ	Χ	Ί	Α	Ε	Γ	Μ	Β

ΣΚΌΡΔΟ
ΒΑΣΙΛΙΚΟΎ
ΚΑΝΈΛΑ
ΚΡΈΑΣ
ΚΑΡΌΤΟ
ΚΡΕΜΜΎΔΙ
ΦΡΆΟΥΛΑ
ΣΑΛΆΤΑ
ΓΆΛΑ
ΛΕΜΌΝΙ
ΜΈΝΤΑ
ΚΡΙΘΆΡΙ
ΑΧΛΆΔΙ
ΓΟΓΓΎΛΙ
ΑΛΆΤΙ
ΣΠΑΝΆΚΙ
ΧΥΜΌΣ
ΤΌΝΟΣ
ΚΈΙΚ
ΖΆΧΑΡΗ

69 - Etica

Σ	Υ	Ν	Ε	Ρ	Γ	Α	Σ	Ί	Α	Ξ	Α	Η	Α	Α	Κ
Ι	Α	Τ	Π	Ψ	Υ	Ί	Α	Ω	Δ	Ψ	Τ	Σ	Ξ	Κ	Α
Ί	Τ	Ο	Η	Τ	Σ	Φ	Ί	Ψ	Ω	Α	Ο	Α	Ι	Ε	Λ
Ο	Η	Η	Δ	Ε	Ί	Ο	Γ	Λ	Ί	Ν	Μ	Λ	Ο	Ρ	Ο
Δ	Τ	Α	Ο	Ι	Ρ	Σ	Ε	Δ	Α	Ξ	Ι	Τ	Π	Α	Σ
Ρ	Ό	Ρ	Ε	Α	Λ	Ι	Σ	Μ	Ο	Σ	Κ	Ρ	Ρ	Ι	Ύ
Β	Κ	Σ	Υ	Μ	Π	Ό	Ν	Ι	Α	Δ	Ι	Ο	Έ	Ό	Ν
Δ	Ι	Π	Λ	Ω	Μ	Α	Τ	Ι	Κ	Ό	Σ	Υ	Π	Τ	Η
Ψ	Τ	Τ	Έ	Ί	Χ	Ο	Ί	Ξ	Ί	Ί	Μ	Ι	Ε	Η	Ο
Μ	Κ	Ξ	Μ	Ι	Δ	Α	Η	Φ	Χ	Ί	Ό	Σ	Ι	Τ	Η
Λ	Ε	Π	Β	Ω	Ο	Ε	Ξ	Ε	Ο	Ν	Σ	Μ	Α	Α	Ε
Ή	Ν	Ο	Μ	Ο	Π	Υ	Ύ	Ι	Ψ	Σ	Τ	Ό	Δ	Ψ	Χ
Ν	Α	Α	Λ	Δ	Τ	Έ	Ρ	Λ	Ε	Έ	Ο	Σ	Ω	Δ	Ί
Ν	Υ	Ί	Ξ	Υ	Ε	Ψ	Ν	Η	Ο	Σ	Έ	Λ	Χ	Ο	Τ
Λ	Ο	Γ	Ι	Κ	Ό	Τ	Η	Τ	Α	Γ	Η	Τ	Ι	Σ	Η
Α	Ν	Θ	Ρ	Ω	Π	Ό	Τ	Η	Τ	Α	Ο	Ρ	Τ	Φ	Γ

ΑΛΤΡΟΥΙΣΜΌΣ
ΣΥΜΠΌΝΙΑ
ΣΥΝΕΡΓΑΣΊΑ
ΑΞΙΟΠΡΈΠΕΙΑ
ΔΙΠΛΩΜΑΤΙΚΌ
ΦΙΛΟΣΟΦΊΑ
ΚΑΛΟΣΎΝΗ
ΑΤΟΜΙΚΙΣΜΌΣ
ΑΚΕΡΑΙΌΤΗΤΑ
ΥΠΟΜΟΝΉ
ΈΥΛΟΓΟ
ΛΟΓΙΚΌΤΗΤΑ
ΡΕΑΛΙΣΜΟΣ
ΣΟΦΊΑ
ΑΝΕΚΤΙΚΌΤΗΤΑ
ΑΝΘΡΩΠΌΤΗΤΑ
ΑΞΙΕΣ

70 - Aeroplani

Ο	Σ	Ί	Ψ	Ψ	Β	Κ	Σ	Ο	Ί	Ε	Χ	Έ	Κ	Π	Μ
Γ	Υ	Χ	Ι	Ξ	Ω	Σ	Α	Ρ	Έ	Α	Σ	Ψ	Α	Ι	Π
Δ	Β	Ρ	Έ	Υ	Χ	Λ	Ι	Τ	Σ	Γ	Έ	Ο	Ύ	Λ	Α
Έ	Π	Ρ	Α	Δ	Γ	Χ	Ε	Ε	Α	Η	Η	Ψ	Σ	Ο	Λ
Α	Σ	Η	Ί	Ν	Ι	Σ	Τ	Μ	Λ	Γ	Σ	Ο	Ι	Τ	Ό
Ε	Τ	Δ	Δ	Έ	Ό	Ο	Έ	Ό	Ή	Σ	Ω	Σ	Μ	Ι	Ν
Χ	Γ	Ω	Η	Ι	Τ	Σ	Π	Ψ	Χ	Ρ	Ί	Γ	Ο	Κ	Ι
Π	Λ	Ή	Ρ	Ω	Μ	Α	Ι	Υ	Α	Υ	Ε	Γ	Ή	Ή	Χ
Η	Ο	Ξ	Α	Ί	Υ	Χ	Ρ	Δ	Ρ	Ω	Γ	Ο	Υ	Ί	Σ
Υ	Ν	Ί	Ν	Β	Α	Ξ	Ε	Η	Α	Ν	Σ	Έ	Ε	Α	Ο
Μ	Ό	Ί	Ν	Τ	Ξ	Α	Π	Η	Τ	Π	Ο	Δ	Κ	Χ	Ι
Η	Γ	Ε	Π	Ι	Β	Ά	Τ	Η	Α	Χ	Ρ	Ο	Σ	Γ	Η
Χ	Ο	Υ	Λ	Ψ	Β	Δ	Δ	Η	Ν	Ν	Π	Ω	Α	Λ	Ψ
Α	Ρ	Ι	Α	Φ	Σ	Ό	Μ	Τ	Α	Ί	Ρ	Ο	Τ	Σ	Ι
Ν	Δ	Β	Ί	Σ	Η	Έ	Μ	Υ	Ψ	Ο	Σ	Χ	Α	Ε	Χ
Ή	Υ	Τ	Χ	Η	Σ	Ν	Υ	Θ	Ύ	Ε	Τ	Α	Κ	Ε	Έ

ΥΨΟΣ
ΥΨΌΜΕΤΡΟ
ΑΈΡΑΣ
ΑΤΜΌΣΦΑΙΡΑ
ΠΡΟΣΓΕΊΩΣΗ
ΠΕΡΙΠΈΤΕΙΑ
ΚΑΎΣΙΜΟ
ΟΥΡΑΝΌΣ
ΚΑΤΑΣΚΕΥΉ
ΣΧΈΔΙΟ
ΚΑΤΕΎΘΥΝΣΗ
ΚΑΤΑΓΩΓΉ
ΠΛΉΡΩΜΑ
ΥΔΡΟΓΌΝΟ
ΜΗΧΑΝΉ
ΜΠΑΛΌΝΙ
ΕΠΙΒΆΤΗ
ΠΙΛΟΤΙΚΉ
ΙΣΤΟΡΊΑ
ΑΝΑΤΑΡΑΧΉ

71 - Governo

Σ	Υ	Ζ	Ή	Τ	Η	Σ	Η	Π	Ε	Ρ	Ι	Ο	Χ	Ή	Λ
Α	Τ	Η	Τ	Ό	Σ	Ι	Ξ	Α	Δ	Α	Δ	Ξ	Χ	Η	Α
Ι	Ω	Ι	Λ	Ψ	Μ	Π	Χ	Ι	Χ	Δ	Α	Σ	Π	Χ	Ι
Ε	Κ	Ο	Έ	Β	Τ	Σ	Σ	Ή	Κ	Ι	Τ	Ι	Λ	Ο	Π
Ν	Λ	Α	Ί	Ν	Ω	Φ	Α	Ι	Δ	Κ	Σ	Δ	Α	Η	Δ
Έ	Ν	Ε	Τ	Λ	Ι	Ε	Σ	Έ	Τ	Α	Ύ	Σ	Ν	Δ	Ι
Γ	Ν	Ι	Υ	Ά	Α	Δ	Μ	Τ	Γ	Ι	Ν	Ο	Ε	Ι	Κ
Α	Γ	Λ	Λ	Θ	Σ	Ο	Ν	Θ	Έ	Ώ	Τ	Λ	Ξ	Κ	Α
Θ	Ε	Λ	Ι	Γ	Ε	Τ	Η	Έ	Π	Μ	Α	Η	Α	Α	Ι
Ι	Δ	Ο	Γ	Ψ	Ε	Ρ	Α	Α	Α	Α	Γ	Σ	Ρ	Σ	Ο
Ί	Α	Ί	Λ	Ι	Μ	Ο	Ί	Σ	Λ	Τ	Μ	Ύ	Τ	Τ	Σ
Δ	Γ	Ε	Κ	Υ	Τ	Έ	Ρ	Α	Η	Α	Α	Μ	Η	Ι	Ύ
Γ	Χ	Μ	Έ	Α	Δ	Η	Μ	Ό	Σ	Ι	Α	Β	Σ	Κ	Ν
Ι	Ο	Η	Ω	Π	Ι	Π	Ξ	Ί	Ι	Η	Α	Ο	Ί	Ή	Η
Ψ	Ε	Ν	Β	Υ	Η	Ο	Μ	Ν	Ω	Ί	Ί	Λ	Α	Υ	Ω
Δ	Η	Μ	Ο	Κ	Ρ	Α	Τ	Ί	Α	Λ	Ο	Ο	Μ	Γ	Σ

ΙΘΑΓΈΝΕΙΑ
ΔΗΜΌΣΙΑ
ΣΎΝΤΑΓΜΑ
ΔΗΜΟΚΡΑΤΊΑ
ΔΙΚΑΙΏΜΑΤΑ
ΟΜΙΛΊΑ
ΣΥΖΉΤΗΣΗ
ΔΙΑΦΩΝΊΑ
ΔΙΚΑΣΤΙΚΉ
ΔΙΚΑΙΟΣΎΝΗ
ΑΝΕΞΑΡΤΗΣΊΑ
ΔΊΚΑΙΟ
ΕΛΕΥΘΕΡΊΑ
ΜΝΗΜΕΊΟ
ΈΘΝΟΣ
ΠΟΛΙΤΙΚΉ
ΠΕΡΙΟΧΉ
ΣΎΜΒΟΛΟ
ΚΑΤΆΣΤΑΣΗ
ΙΣΌΤΗΤΑ

72 - Bellezza

Ο	Σ	Γ	Τ	Κ	Ψ	Μ	Λ	Π	Ω	Η	Ό	Η	Ρ	Μ	Μ
Υ	Τ	Ρ	Δ	Α	Χ	Α	Τ	Η	Τ	Ό	Ψ	Μ	Ο	Κ	Ά
Ι	Υ	Δ	Υ	Λ	Ψ	Ά	Λ	Ι	Έ	Ν	Μ	Ρ	Ί	Ω	Σ
Ω	Λ	Ρ	Ο	Λ	Τ	Ι	Ρ	Ί	Λ	Ψ	Ο	Μ	Η	Ε	Κ
Η	Ί	Ί	Ξ	Υ	Λ	Έ	Η	Η	Δ	Π	Κ	Ψ	Π	Ί	Α
Α	Σ	Ψ	Ο	Ν	Ι	Χ	Ί	Ν	Ό	Ι	Γ	Α	Ρ	Κ	Ρ
Λ	Τ	Σ	Η	Τ	Φ	Ε	Ρ	Θ	Α	Κ	Η	Μ	Μ	Δ	Α
Φ	Α	Ε	Γ	Ι	Ε	Υ	Τ	Π	Υ	Υ	Α	Ω	Υ	Ξ	Μ
Ω	Σ	Λ	Π	Κ	Ι	Ω	Ε	Β	Ψ	Ο	Ί	Ρ	Α	Ξ	Ώ
Τ	Λ	Κ	Ν	Ά	Υ	Ο	Π	Μ	Α	Σ	Σ	Ά	Δ	Ν	Ρ
Ο	Χ	Ύ	Ο	Μ	Α	Λ	Ή	Χ	Ι	Π	Ε	Ω	Λ	Τ	Χ
Γ	Γ	Ο	Μ	Ε	Ο	Ω	Γ	Δ	Α	Μ	Ρ	Έ	Δ	Η	Ρ
Ε	Ί	Π	Ξ	Ί	Ε	Ρ	Γ	Β	Λ	Έ	Η	Ο	Δ	Π	Α
Ν	Τ	Μ	Ρ	Ε	Ρ	Ο	Ξ	Π	Έ	Ι	Π	Β	Ϊ	Υ	Λ
Η	Υ	Μ	Σ	Μ	Γ	Ι	Μ	Π	Έ	Ξ	Υ	Ι	Ε	Ό	Ρ
Σ	Γ	Ο	Η	Τ	Ε	Ί	Α	Χ	Π	Π	Έ	Β	Λ	Έ	Ν

ΧΡΏΜΑ
ΚΑΛΛΥΝΤΙΚΆ
ΚΟΜΨΌ
ΚΟΜΨΌΤΗΤΑ
ΓΟΗΤΕΊΑ
ΨΑΛΊΔΙ
ΦΩΤΟΓΕΝΗΣ
ΆΡΩΜΑ
ΧΆΡΗ
ΟΜΑΛΉ
ΜΆΣΚΑΡΑ
ΈΛΑΙΑ
ΔΈΡΜΑ
ΠΡΟΪΌΝ
ΜΠΟΎΚΛΕΣ
ΚΡΑΓΙΌΝ
ΥΠΗΡΕΣΊΑ
ΣΑΜΠΟΥΆΝ
ΚΑΘΡΕΦΤΗΣ
ΣΤΥΛΊΣΤΑΣ

73 - Avventura

Α	Τ	Ω	Ε	Ο	Ι	Γ	Ό	Λ	Ο	Μ	Ο	Ρ	Δ	Δ	Η
Σ	Ω	Δ	Ί	Ν	Ι	Η	Σ	Ι	Ξ	Μ	Ί	Ω	Ν	Ψ	Λ
Φ	Σ	Ο	Ψ	Μ	Θ	Σ	Ω	Α	Ί	Λ	Ο	Κ	Σ	Υ	Δ
Ά	Ρ	Α	Χ	Σ	Π	Ο	Ψ	Ε	Ι	Δ	Ι	Ρ	Χ	Λ	Η
Λ	Σ	Σ	Ν	Ι	Ξ	Ω	Υ	Τ	Έ	Π	Χ	Ν	Φ	Λ	Μ
Ε	Π	Ι	Τ	Β	Χ	Α	Γ	Σ	Δ	Φ	Ύ	Σ	Η	Ι	Ω
Ι	Π	Λ	Ο	Ή	Γ	Η	Σ	Η	Ι	Δ	Δ	Έ	Λ	Ο	Ά
Α	Ί	Ρ	Ι	Α	Κ	Υ	Ε	Η	Γ	Α	Π	Ι	Ω	Λ	Ε
Γ	Ε	Ν	Ν	Α	Ι	Ό	Τ	Η	Τ	Α	Σ	Ν	Ί	Ί	Β
Έ	Ω	Ε	Π	Ι	Κ	Ί	Ν	Δ	Υ	Ν	Ο	Μ	Ν	Φ	Γ
Δ	Ρ	Α	Σ	Τ	Η	Ρ	Ι	Ό	Τ	Η	Τ	Α	Ό	Έ	Ξ
Τ	Ν	Π	Ρ	Ο	Ο	Ρ	Ι	Σ	Μ	Ό	Σ	Λ	Ω	Σ	Α
Ε	Κ	Δ	Ρ	Ο	Μ	Ή	Υ	Ε	Κ	Σ	Α	Ρ	Α	Π	Ε
Β	Ι	Ρ	Α	Σ	Υ	Ν	Ή	Θ	Ι	Σ	Τ	Ο	Μ	Τ	Α
Ν	Τ	Α	Ξ	Ί	Δ	Ι	Ο	Ε	Ν	Τ	Σ	Α	Ν	Ν	Ρ
Ψ	Ί	Γ	Α	Ί	Λ	Γ	Ο	Έ	Γ	Τ	Α	Ί	Ξ	Δ	Σ

ΦΊΛΟΙ
ΔΡΑΣΤΗΡΙΌΤΗΤΑ
ΟΜΟΡΦΙΆ
ΕΥΚΑΙΡΊΑ
ΓΕΝΝΑΙΌΤΗΤΑ
ΠΡΟΟΡΙΣΜΌΣ
ΔΥΣΚΟΛΊΑ
ΕΝΘΟΥΣΙΑΣΜΌΣ
ΕΚΔΡΟΜΉ
ΧΑΡΆ
ΑΣΥΝΉΘΙΣΤΟ
ΔΡΟΜΟΛΌΓΙΟ
ΦΎΣΗ
ΠΛΟΉΓΗΣΗ
ΝΈΑ
ΕΠΙΚΊΝΔΥΝΟ
ΠΑΡΑΣΚΕΥΉ
ΑΣΦΆΛΕΙΑ
ΤΑΞΊΔΙ

74 - Forme

Ο	Έ	Υ	Τ	Γ	Έ	Ι	Μ	Λ	Ο	Κ	Γ	Γ	Λ	Π	Τ
Έ	Ξ	Τ	Ε	Σ	Σ	Π	Έ	Λ	Α	Ώ	Π	Ω	Ω	Υ	Ρ
Ε	Έ	Ω	Ε	Β	Ί	Ω	Β	Έ	Ή	Ν	Η	Η	Ρ	Ρ	Ι
Ε	Ω	Ο	Ί	Ο	Ν	Ω	Γ	Ύ	Λ	Ο	Π	Ψ	Σ	Α	Γ
Σ	Φ	Α	Ί	Ρ	Α	Ι	Ν	Δ	Ο	Σ	Τ	Ι	Ω	Μ	Ώ
Κ	Α	Ω	Τ	Ο	Α	Β	Υ	Δ	Β	Ν	Ο	Ε	Ψ	Ί	Ν
Ψ	Ύ	Π	Η	Β	Γ	Ι	Γ	Π	Ρ	Π	Ρ	Λ	Ψ	Δ	Ο
Ε	Ι	Λ	Ω	Ά	Ί	Σ	Ω	Κ	Ε	Σ	Β	Λ	Κ	Α	Υ
Χ	Χ	Β	Ι	Λ	Χ	Π	Υ	Ύ	Π	Ω	Π	Έ	Έ	Ύ	Υ
Ν	Ω	Ξ	Ξ	Ν	Σ	Α	Γ	Β	Υ	Χ	Ι	Γ	Ι	Η	Κ
Υ	Ξ	Μ	Η	Χ	Δ	Ί	Σ	Ο	Π	Λ	Ε	Υ	Ρ	Ά	Η
Ά	Κ	Ρ	Η	Δ	Σ	Ρ	Ν	Σ	Κ	Α	Μ	Π	Ύ	Λ	Η
Γ	Ρ	Α	Μ	Μ	Ή	Η	Ο	Π	Ψ	Σ	Ί	Ρ	Ω	Γ	Ε
Ξ	Ο	Β	Ω	Ρ	Έ	Α	Μ	Σ	Ί	Ρ	Π	Ν	Β	Σ	Λ
Π	Λ	Α	Τ	Ε	Ί	Α	Τ	Γ	Χ	Χ	Η	Ν	Ω	Λ	Ο
Τ	Ό	Ξ	Ο	Ι	Ν	Ώ	Γ	Ο	Θ	Ρ	Ο	Μ	Σ	Γ	Α

ΓΩΝΊΑ
ΤΌΞΟ
ΆΚΡΗ
ΚΎΚΛΟΣ
ΚΎΛΙΝΔΡΟΣ
ΚΏΝΟΣ
ΚΎΒΟΣ
ΚΑΜΠΎΛΗ
ΈΛΛΕΙΨΗ
ΥΠΕΡΒΟΛΉ

ΠΛΕΥΡΆ
ΓΡΑΜΜΉ
ΟΒΆΛ
ΠΥΡΑΜΊΔΑ
ΠΟΛΎΓΩΝΟ
ΠΡΊΣΜΑ
ΠΛΑΤΕΊΑ
ΟΡΘΟΓΏΝΙΟ
ΣΦΑΊΡΑ
ΤΡΙΓΏΝΟΥ

75 - Oceano

Ε	Σ	Φ	Ο	Υ	Γ	Γ	Ά	Ρ	Ι	Ι	Λ	Ο	Δ	Β	Ω
Γ	Δ	Λ	Ρ	Έ	Μ	Ω	Λ	Ψ	Ο	Ο	Ν	Γ	Δ	Ά	Ν
Ί	Α	Ι	Ο	Ρ	Ρ	Ί	Λ	Α	Π	Ξ	Ε	Δ	Π	Ρ	Υ
Ω	Η	Ρ	Π	Έ	Ξ	Έ	Ρ	Α	Έ	Π	Π	Ε	Ο	Κ	Σ
Γ	Ω	Γ	Ί	Ο	Λ	Γ	Λ	Η	Ω	Λ	Σ	Ι	Ι	Α	Τ
Χ	Ο	Α	Α	Δ	Κ	Α	Ρ	Χ	Α	Ρ	Ί	Α	Σ	Δ	Ρ
Ί	Ί	Λ	Ο	Α	Α	Β	Ν	Υ	Έ	Τ	Η	Ω	Ε	Ί	Ε
Υ	Ε	Ά	Τ	Δ	Ω	Ο	Μ	Ι	Α	Σ	Ο	Χ	Σ	Γ	Ί
Χ	Ξ	Τ	Λ	Α	Ω	Υ	Ί	Ρ	Α	Ε	Α	Έ	Υ	Ι	Δ
Η	Τ	Ι	Γ	Σ	Ψ	Ί	Β	Ύ	Ψ	Λ	Ψ	Λ	Ο	Α	Ι
Σ	Χ	Α	Ψ	Ο	Ά	Π	Χ	Ο	Δ	Χ	Ά	Ι	Δ	Τ	Λ
Α	Η	Π	Π	Ν	Ρ	Ξ	Ε	Β	Χ	Π	Ρ	Φ	Έ	Α	Λ
Ω	Ξ	Ε	Ξ	Ό	Ι	Σ	Λ	Α	Ε	Δ	Τ	Υ	Μ	Κ	Ά
Ο	Χ	Ι	Λ	Τ	Δ	Ι	Ώ	Κ	Κ	Ύ	Μ	Α	Τ	Α	Ρ
Ψ	Ω	Ψ	Ι	Τ	Ψ	Ι	Ν	Ί	Φ	Λ	Ε	Δ	Γ	Έ	Ο
Ι	Έ	Ξ	Α	Γ	Γ	Χ	Α	Ε	Τ	Ι	Ν	Ο	Ε	Τ	Κ

ΧΈΛΙ
ΦΆΛΑΙΝΑ
ΒΆΡΚΑ
ΚΟΡΆΛΛΙ
ΔΕΛΦΊΝΙ
ΓΑΡΊΔΑ
ΚΑΒΟΎΡΙ
ΠΑΛΊΡΡΟΙΑ
ΜΈΔΟΥΣΕΣ
ΚΎΜΑΤΑ
ΣΤΡΕΊΔΙ
ΨΆΡΙ
ΧΤΑΠΌΔΙ
ΑΛΆΤΙ
ΞΈΡΑ
ΣΦΟΥΓΓΆΡΙ
ΚΑΡΧΑΡΊΑΣ
ΧΕΛΏΝΑ
ΚΑΤΑΙΓΊΔΑ
ΤΌΝΟΣ

76 - Famiglia

Ο	Έ	Ξ	Ω	Χ	Γ	Ψ	Η	Π	Μ	Δ	Δ	Λ	Ε	Ο	Α
Ν	Η	Η	Β	Π	Ί	Δ	Ι	Α	Π	Η	Ί	Ω	Ξ	Ξ	Ν
Π	Ρ	Ό	Γ	Ο	Ν	Ο	Σ	Π	Ξ	Β	Τ	Έ	Έ	Ν	Δ
Ε	Ό	Έ	Ω	Λ	Ο	Μ	Ο	Π	Γ	Α	Ο	Έ	Μ	Ψ	Ε
Ι	Κ	Π	Υ	Λ	Έ	Η	Φ	Ο	Α	Ο	Δ	Ψ	Ρ	Υ	Α
Η	Τ	Τ	Χ	Β	Ν	Ί	Λ	Ύ	Δ	Π	Π	Έ	Α	Α	Έ
Ρ	Ί	Ί	Τ	Δ	Δ	Λ	Ε	Σ	Ε	Η	Χ	Έ	Ρ	Λ	Υ
Λ	Ν	Ο	Σ	Δ	Ο	Ι	Δ	Τ	Λ	Ρ	Χ	Ξ	Ι	Φ	Ο
Υ	Τ	Ρ	Λ	Υ	Τ	Ω	Α	Χ	Φ	Θ	Ε	Ί	Ο	Σ	Η
Ί	Τ	Χ	Ρ	Χ	Έ	Η	Ψ	Γ	Ή	Κ	Ι	Ρ	Τ	Α	Π
Π	Α	Τ	Έ	Ρ	Α	Σ	Ο	Γ	Υ	Ζ	Ύ	Σ	Σ	Κ	Ι
Π	Π	Μ	Η	Ω	Ι	Μ	Η	Τ	Ρ	Ι	Κ	Ή	Χ	Ί	Υ
Γ	Ι	Α	Γ	Ι	Ά	Ι	Ψ	Ι	Ν	Α	Ρ	Λ	Ψ	Α	Ν
Υ	Ν	Β	Ί	Τ	Έ	Υ	Δ	Ί	Δ	Υ	Μ	Α	Π	Ν	Λ
Ο	Ξ	Α	Σ	Ε	Τ	Ξ	Ρ	Μ	Ψ	Ρ	Γ	Ο	Γ	Υ	Χ
Λ	Η	Ν	Ω	Α	Θ	Β	Α	Π	Λ	Υ	Ω	Υ	Λ	Γ	Ο

ΠΡΌΓΟΝΟΣ
ΠΑΙΔΊ
ΞΑΔΈΡΦΗ
ΚΌΡΗ
ΑΔΕΛΦΟΣ
ΔΊΔΥΜΑ
ΜΗΤΈΡΑ
ΣΎΖΥΓΟΣ
ΜΗΤΡΙΚΉ
ΓΥΝΑΊΚΑ
ΑΝΙΨΙΆ
ΓΙΑΓΙΆ
ΠΑΠΠΟΎΣ
ΠΑΤΈΡΑΣ
ΠΑΤΡΙΚΉ
ΑΔΕΛΦΉ
ΘΕΊΑ
ΘΕΊΟΣ

77 - Creatività

Έ	Σ	Σ	Σ	Π	Γ	Η	Ω	Η	Σ	Φ	Ί	Α	Γ	Π	Α
Μ	Κ	Α	Υ	Η	Σ	Η	Θ	Σ	Ί	Α	Τ	Υ	Ξ	Υ	Υ
Π	Α	Τ	Φ	Ν	Χ	Μ	Α	Α	Τ	Ν	Α	Θ	Π	Ρ	Θ
Ν	Λ	Η	Λ	Ή	Α	Σ	Α	Τ	Χ	Τ	Η	Ό	Ε	Ε	Ε
Ε	Λ	Τ	Ε	Β	Ν	Ι	Ψ	Ν	Λ	Α	Σ	Ρ	Ι	Υ	Ν
Υ	Ι	Ό	Ξ	Φ	Γ	Ε	Σ	Έ	Ψ	Σ	Η	Μ	Κ	Σ	Τ
Σ	Τ	Ι	Ι	Β	Ε	Ρ	Ι	Θ	Η	Ί	Θ	Η	Ό	Τ	Ι
Η	Ε	Ξ	Β	Η	Χ	Υ	Μ	Α	Ή	Α	Σ	Τ	Ν	Ό	Κ
Σ	Χ	Ε	Ι	Δ	Έ	Α	Ρ	Σ	Κ	Μ	Ί	Η	Α	Τ	Ό
Ω	Ν	Δ	Η	Ω	Η	Τ	Υ	Ε	Ι	Π	Α	Ί	Η	Η	Τ
Π	Ι	Ι	Β	Ξ	Ω	Α	Ρ	Υ	Τ	Ρ	Ι	Τ	Σ	Τ	Η
Ύ	Κ	Π	Ν	Μ	Ί	Μ	Ί	Ε	Α	Ι	Δ	Α	Α	Α	Τ
Τ	Ή	Ε	Ε	Έ	Ί	Ά	Π	Δ	Μ	Χ	Κ	Ξ	Ρ	Σ	Α
Ν	Υ	Σ	Ί	Τ	Ν	Ρ	Ί	Υ	Α	Ρ	Λ	Ή	Φ	Ν	Χ
Ε	Π	Ί	Ξ	Ω	Υ	Ο	Ξ	Λ	Ρ	Ί	Ί	Λ	Κ	Η	Π
Ε	Ρ	Α	Α	Γ	Ν	Λ	Ξ	Β	Δ	Λ	Η	Λ	Έ	Ν	Η

ΕΠΙΔΕΞΙΌΤΗΤΑ
ΚΑΛΛΙΤΕΧΝΙΚΉ
ΑΥΘΕΝΤΙΚΌΤΗΤΑ
ΣΑΦΉΝΕΙΑ
ΔΡΑΜΑΤΙΚΉ
ΣΥΝΑΙΣΘΉΜΑΤΑ
ΈΚΦΡΑΣΗ
ΡΕΥΣΤΌΤΗΤΑ
ΙΔΈΑ
ΦΑΝΤΑΣΊΑ
ΕΙΚΌΝΑ
ΕΝΤΎΠΩΣΗ
ΈΝΤΑΣΗ
ΔΙΑΊΣΘΗΣΗ
ΕΦΕΥΡΕΤΙΚΉ
ΈΜΠΝΕΥΣΗ
ΑΊΣΘΗΣΗ
ΑΥΘΌΡΜΗΤΗ
ΟΡΆΜΑΤΑ

78 - Veicoli

Π	Ο	Ρ	Θ	Μ	Ε	Ί	Ο	Μ	Ί	Λ	Μ	Λ	Τ	Π	Ο
Μ	Ρ	Ή	Ν	Α	Χ	Η	Μ	Ί	Ρ	Ο	Ί	Ε	Ρ	Ο	Τ
Η	Ό	Ι	Τ	Φ	Υ	Ν	Β	Ρ	Δ	Γ	Ό	Ω	Ο	Δ	Ν
Ο	Φ	Ψ	Ν	Ο	Ο	Τ	Ο	Ψ	Ι	Α	Ρ	Φ	Χ	Ή	Ε
Ι	Ο	Υ	Μ	Ι	Ρ	Ρ	Ο	Ν	Έ	Ρ	Τ	Ο	Ό	Λ	Ξ
Η	Ν	Ι	Ο	Χ	Υ	Α	Τ	Κ	Π	Χ	Ε	Ρ	Σ	Α	Ψ
Μ	Ε	Β	Ν	Ύ	Υ	Α	Ω	Η	Ί	Ξ	Μ	Ε	Π	Τ	Ε
Ρ	Θ	Β	Ά	Ρ	Κ	Α	Ξ	Γ	Γ	Ν	Τ	Ί	Ι	Ο	Ψ
Π	Σ	Ε	Λ	Β	Έ	Έ	Ο	Η	Η	Ό	Η	Ο	Τ	Β	Μ
Τ	Α	Σ	Π	Ο	Υ	Τ	Έ	Μ	Σ	Ι	Δ	Τ	Ο	Ξ	Ο
Γ	Χ	Π	Ο	Π	Ί	Ρ	Κ	Δ	Ξ	Μ	Χ	Έ	Ο	Υ	Ρ
Ο	Υ	Ο	Ρ	Υ	Β	Ί	Ν	Α	Χ	Ι	Τ	Σ	Ά	Λ	Ν
Ί	Β	Λ	Ε	Υ	Μ	Β	Τ	Ψ	Ρ	Ε	Τ	Ύ	Ο	Κ	Σ
Ω	Ψ	Υ	Α	Τ	Α	Ξ	Ί	Ο	Ε	Τ	Σ	Ι	Δ	Ε	Π
Ε	Λ	Ι	Κ	Ό	Π	Τ	Ε	Ρ	Ο	Ί	Ν	Υ	Χ	Ξ	Ο
Ψ	Ε	Σ	Ρ	Ο	Υ	Κ	Έ	Τ	Α	Σ	Χ	Ε	Δ	Ί	Α

ΑΕΡΟΠΛΆΝΟ
ΑΣΘΕΝΟΦΌΡΟ
ΑΥΤΟΚΊΝΗΤΟ
ΛΕΩΦΟΡΕΊΟ
ΒΆΡΚΑ
ΠΟΔΉΛΑΤΟ
ΦΟΡΤΗΓΌ
ΤΡΟΧΌΣΠΙΤΟ
ΕΛΙΚΌΠΤΕΡΟ
ΜΕΤΡΌ

ΜΗΧΑΝΉ
ΛΆΣΤΙΧΑ
ΡΟΥΚΈΤΑ
ΣΚΟΎΤΕΡ
ΥΠΟΒΡΎΧΙΟ
ΤΑΞΊ
ΠΟΡΘΜΕΊΟ
ΤΡΑΚΤΈΡ
ΤΡΈΝΟ
ΣΧΕΔΊΑ

79 - Emozioni

Α	Ο	Ο	Έ	Λ	Ε	Ε	Υ	Δ	Α	Ι	Μ	Ο	Ν	Ί	Α
Ξ	Ν	Γ	Λ	Λ	Η	Υ	Η	Ρ	Ε	Μ	Ί	Α	Ν	Δ	Τ
Η	Ε	Α	Έ	Η	Π	Ά	Γ	Α	Ε	Ί	Ι	Ι	Λ	Μ	Ρ
Φ	Μ	Μ	Κ	Χ	Έ	Δ	Η	Ν	Ύ	Σ	Ο	Λ	Α	Κ	Υ
Ν	Ό	Υ	Ψ	Ο	Υ	Ο	Ν	Χ	Ώ	Έ	Γ	Ί	Σ	Λ	Φ
Ρ	Χ	Β	Α	Π	Ύ	Δ	Ή	Β	Π	Μ	Β	Η	Θ	Ί	Ε
Α	Ε	Έ	Ο	Σ	Ί	Φ	Ρ	Λ	Ε	Λ	Ω	Λ	Υ	Α	Ρ
Ψ	Ι	Δ	Ρ	Σ	Ω	Ο	Ι	Π	Α	Τ	Η	Ν	Μ	Χ	Ό
Ι	Ρ	Τ	Ν	Ξ	Μ	Ρ	Ε	Σ	Ξ	Γ	Ψ	Β	Ό	Ξ	Τ
Ι	Ε	Μ	Ω	Ψ	Π	Σ	Λ	Ο	Η	Ο	Ί	Ρ	Σ	Ξ	Η
Α	Π	Ψ	Ω	Μ	Ξ	Σ	Έ	Η	Ξ	Η	Λ	Π	Κ	Έ	Τ
Ρ	Ε	Ω	Ξ	Π	Ί	Ι	Ρ	Ι	Ή	Τ	Θ	Ε	Α	Ψ	Α
Χ	Α	Λ	Α	Ρ	Ή	Π	Ξ	Ξ	Λ	Ο	Υ	Υ	Ι	Χ	Έ
Ί	Ψ	Γ	Σ	Α	Σ	Η	Ί	Ο	Π	Ο	Ν	Α	Κ	Ι	Ψ
Τ	Ν	Χ	Α	Ρ	Ά	Ν	Β	Π	Ξ	Ρ	Ν	Ρ	Ξ	Μ	Ξ
Σ	Υ	Μ	Π	Ό	Ν	Ι	Α	Η	Ν	Μ	Λ	Ί	Α	Ε	Ι

ΑΓΆΠΗ
ΕΥΔΑΙΜΟΝΊΑ
ΗΡΕΜΊΑ
ΠΕΡΙΕΧΌΜΕΝΟ
ΚΑΛΟΣΎΝΗ
ΧΑΡΆ
ΕΥΓΝΏΜΩΝ
ΠΛΉΞΗ
ΕΙΡΉΝΗ
ΦΌΒΟΣ
ΘΥΜΌΣ
ΧΑΛΑΡΉ
ΑΝΑΚΟΎΦΙΣΗ
ΣΥΜΠΌΝΙΑ
ΙΚΑΝΟΠΟΊΗΣΑ
ΈΚΠΛΗΞΗ
ΤΡΥΦΕΡΌΤΗΤΑ
ΘΛΊΨΗ

80 - Natura

Α	Χ	Υ	Ξ	Ά	Ο	Σ	Δ	Ί	Ι	Ά	Ψ	Τ	Γ	Φ	Ε
Ή	Π	Δ	Ί	Γ	Μ	Ύ	Ε	Α	Ο	Ν	Ω	Ε	Α	Ύ	Ε
Κ	Ψ	Η	Τ	Ρ	Ο	Ν	Η	Ώ	Σ	Υ	Ι	Ρ	Λ	Λ	Ψ
Ι	Α	Π	Ε	Ι	Ρ	Ν	Ί	Ζ	Ω	Ο	Έ	Ή	Ή	Λ	Η
Μ	Σ	Τ	Τ	Ο	Φ	Ε	Γ	Σ	Ο	Β	Σ	Μ	Ν	Ω	Π
Α	Χ	Η	Α	Ε	Ι	Φ	Η	Λ	Χ	Ί	Μ	Ο	Ι	Μ	Σ
Ν	Σ	Τ	Σ	Φ	Ά	Α	Ί	Ι	Γ	Ω	Ι	Υ	Ο	Α	Ω
Υ	Α	Χ	Γ	Σ	Ύ	Λ	Ξ	Ε	Α	Σ	Μ	Ε	Π	Ι	Η
Δ	Ρ	Η	Ψ	Γ	Γ	Γ	Δ	Ι	Ξ	Έ	Α	Α	Ρ	Ω	Ί
Ή	Κ	Ι	Π	Ο	Ρ	Τ	Ι	Δ	Β	Α	Δ	Α	Ο	Ό	Ν
Ζ	Τ	Λ	Β	Ψ	Ι	Π	Α	Ο	Π	Ο	Τ	Α	Μ	Ό	Σ
Ω	Ι	Δ	Ι	Ά	Β	Ρ	Ω	Σ	Η	Η	Ι	Ω	Ρ	Ν	Ρ
Τ	Κ	Η	Ω	Η	Ξ	Ν	Ί	Ί	Χ	Δ	Β	Α	Έ	Β	Γ
Ι	Ή	Ν	Λ	Μ	Π	Π	Α	Γ	Ε	Τ	Ώ	Ν	Α	Σ	Ρ
Κ	Ρ	Ί	Ξ	Ν	Ί	Ε	Ν	Α	Μ	Υ	Ω	Ω	Υ	Ί	Ρ
Ή	Ί	Ί	Ψ	Χ	Ί	Ι	Π	Μ	Έ	Λ	Ι	Σ	Σ	Ε	Σ

ΖΏΑ
ΜΈΛΙΣΣΕΣ
ΑΡΚΤΙΚΉ
ΟΜΟΡΦΙΆ
ΕΡΉΜΟΥ
ΔΥΝΑΜΙΚΉ
ΔΙΆΒΡΩΣΗ
ΠΟΤΑΜΌΣ
ΦΎΛΛΩΜΑ
ΔΑΣΟΣ
ΠΑΓΕΤΏΝΑΣ
ΒΟΥΝΆ
ΟΜΊΧΛΗ
ΣΎΝΝΕΦΑ
ΚΑΤΑΦΎΓΙΟ
ΙΕΡΌ
ΆΓΡΙΟ
ΓΑΛΉΝΙΟ
ΤΡΟΠΙΚΉ
ΖΩΤΙΚΉ

81 - Balletto

Χ	Ε	Ι	Ρ	Ο	Ν	Ο	Μ	Ί	Α	Έ	Ν	Τ	Α	Σ	Η
Α	Υ	Ι	Χ	Λ	Τ	Σ	Μ	Ο	Ρ	Ν	Χ	Π	Β	Η	Ω
Π	Ο	Ω	Σ	Ό	Σ	Ί	Υ	Π	Γ	Ψ	Γ	Β	Ό	Έ	Έ
Ρ	Ί	Ν	Ι	Σ	Ί	Τ	Τ	Ν	Α	Ο	Λ	Υ	Ρ	Β	Β
Ί	Ν	Σ	Ύ	Ο	Μ	Θ	Υ	Ρ	Θ	Λ	Τ	Ο	Π	Υ	Ο
Ο	Ρ	Χ	Ή	Σ	Τ	Ρ	Α	Λ	Ο	Έ	Α	Υ	Γ	Σ	Ι
Τ	Ε	Χ	Ν	Ι	Κ	Ή	Β	Η	Β	Δ	Τ	Ρ	Ι	Ν	Ρ
Χ	Ε	Ι	Ρ	Ο	Κ	Ρ	Ό	Τ	Η	Μ	Α	Η	Ί	Σ	Ή
Ε	Π	Ι	Δ	Ε	Ξ	Ι	Ό	Τ	Η	Τ	Α	Χ	Ά	Ν	Τ
Χ	Ο	Ρ	Ο	Γ	Ρ	Α	Φ	Ί	Α	Έ	Ψ	Ο	Σ	Χ	Α
Μ	Ο	Υ	Σ	Ι	Κ	Ή	Έ	Ι	Ξ	Η	Ω	Ρ	Κ	Ψ	Ο
Κ	Α	Λ	Λ	Ι	Τ	Ε	Χ	Ν	Ι	Κ	Ή	Ε	Η	Μ	Ρ
Ε	Κ	Φ	Ρ	Α	Σ	Τ	Ι	Κ	Ή	Μ	Τ	Υ	Σ	Ρ	Κ
Γ	Γ	Π	Έ	Ξ	Ε	Ω	Ε	Λ	Ω	Λ	Υ	Τ	Η	Π	Α
Χ	Γ	Ν	Λ	Η	Π	Ψ	Γ	Δ	Ρ	Ξ	Ψ	Ε	Π	Ε	Ξ
Τ	Έ	Ν	Η	Β	Ν	Χ	Α	Λ	Ψ	Ρ	Ψ	Σ	Γ	Ο	Ω

ΕΠΙΔΕΞΙΌΤΗΤΑ
ΧΕΙΡΟΚΡΌΤΗΜΑ
ΚΑΛΛΙΤΕΧΝΙΚΉ
ΣΌΛΟ
ΜΠΑΛΑΡΊΝΑ
ΧΟΡΕΥΤΕΣ
ΣΥΝΘΈΤΗ
ΧΟΡΟΓΡΑΦΊΑ
ΕΚΦΡΑΣΤΙΚΉ
ΧΕΙΡΟΝΟΜΊΑ
ΈΝΤΑΣΗ
ΜΟΥΣΙΚΉ
ΟΡΧΉΣΤΡΑ
ΆΣΚΗΣΗ
ΠΡΌΒΑ
ΑΚΡΟΑΤΉΡΙΟ
ΡΥΘΜΟΎ
ΣΤΥΛ
ΤΕΧΝΙΚΉ

82 - Paesi #1

Β	Ω	Λ	Ί	Ψ	Χ	Ν	Π	Λ	Π	Δ	Ψ	Α	Ι	Η	Υ
Ε	Μ	Ά	Λ	Ι	Τ	Η	Δ	Α	Ί	Γ	Η	Β	Ρ	Ο	Ν
Ν	Ι	Δ	Α	Ί	Δ	Ν	Α	Λ	Ν	Ι	Φ	Μ	Ι	Β	Ω
Ε	Σ	Ρ	Ο	Υ	Μ	Α	Ν	Ί	Α	Α	Ρ	Β	Χ	Ν	Γ
Ζ	Π	Ο	Κ	Ψ	Ο	Ί	Υ	Γ	Λ	Β	Μ	Ά	Ψ	Χ	Σ
Ο	Α	Β	Ό	Α	Ί	Ν	Α	Μ	Ρ	Ε	Γ	Ά	Κ	Ψ	Ξ
Υ	Ν	Χ	Ρ	Έ	Ξ	Ω	Κ	Α	Μ	Π	Ό	Τ	Ζ	Η	Μ
Έ	Ί	Τ	Α	Ε	Χ	Λ	Ή	Α	Ρ	Σ	Ι	Μ	Δ	Ω	Ρ
Λ	Α	Ί	Μ	Ρ	Μ	Ο	Λ	Σ	Ε	Ν	Ε	Γ	Ά	Λ	Η
Α	Τ	Ξ	Ω	Μ	Δ	Π	Ι	Ι	Σ	Κ	Α	Ν	Α	Δ	Ά
Έ	Σ	Α	Ί	Λ	Ι	Ζ	Α	Ρ	Β	Υ	Η	Ι	Ι	Τ	Ψ
Α	Ί	Γ	Υ	Π	Τ	Ο	Σ	Γ	Σ	Ύ	Ρ	Ν	Ί	Η	Ρ
Β	Ι	Ε	Τ	Ν	Ά	Μ	Ί	Ν	Χ	Χ	Η	Δ	Μ	Σ	Υ
Σ	Β	Ψ	Ε	Α	Ν	Β	Π	Υ	Χ	Έ	Ε	Ί	Γ	Ψ	Υ
Χ	Α	Ρ	Ξ	Μ	Ξ	Λ	Λ	Ξ	Π	Ν	Ω	Α	Ο	Ψ	Ι
Ι	Ω	Λ	Ε	Δ	Ι	Π	Η	Α	Έ	Ο	Μ	Χ	Ε	Τ	Σ

ΒΡΑΖΙΛΊΑ
ΚΑΜΠΌΤΖΗ
ΚΑΝΑΔΆ
ΑΊΓΥΠΤΟΣ
ΦΙΝΛΑΝΔΊΑ
ΓΕΡΜΑΝΊΑ
ΙΝΔΊΑ
ΙΡΆΚ
ΙΣΡΑΉΛ
ΛΙΒΎΗ
ΜΆΛΙ
ΜΑΡΌΚΟ
ΝΟΡΒΗΓΊΑ
ΠΑΝΑΜΆ
ΠΟΛΩΝΊΑ
ΡΟΥΜΑΝΊΑ
ΣΕΝΕΓΆΛΗ
ΙΣΠΑΝΊΑ
ΒΕΝΕΖΟΥΈΛΑ
ΒΙΕΤΝΆΜ

83 - Geometria

Ν	Έ	Α	Ί	Ρ	Τ	Ε	Μ	Μ	Υ	Σ	Δ	Π	Η	Τ	Ρ
Χ	Α	Ψ	Χ	Γ	Χ	Υ	Χ	Σ	Ψ	Σ	Ι	Α	Ε	Ρ	Χ
Τ	Λ	Β	Σ	Α	Π	Γ	Μ	Ο	Ο	Γ	Ά	Ρ	Ξ	Ι	Μ
Τ	Δ	Ι	Λ	Χ	Β	Ψ	Ι	Λ	Σ	Α	Σ	Ά	Ί	Γ	Α
Δ	Ι	Ά	Μ	Ε	Τ	Ρ	Ο	Σ	Ι	Η	Τ	Λ	Σ	Ώ	Ρ
Υ	Π	Ο	Λ	Ο	Γ	Ι	Σ	Μ	Ό	Σ	Α	Λ	Ω	Ν	Ι
Κ	Α	Μ	Π	Ύ	Λ	Η	Τ	Ε	Υ	Ε	Σ	Η	Σ	Ο	Θ
Ε	Δ	Ν	Β	Λ	Ί	Τ	Έ	Υ	Ι	Ο	Η	Λ	Η	Υ	Μ
Π	Χ	Ξ	Π	Ξ	Ε	Ο	Β	Ι	Ξ	Ί	Π	Η	Β	Δ	Ό
Ι	Ο	Ρ	Ι	Ζ	Ό	Ν	Τ	Ι	Α	Ί	Ρ	Ω	Ε	Θ	Σ
Φ	Η	Λ	Έ	Ι	Τ	Κ	Λ	Κ	Β	Ί	Ξ	Χ	Π	Ο	Μ
Ά	Ι	Έ	Γ	Ξ	Σ	Ύ	Ρ	Ο	Ά	Β	Ν	Ο	Ω	Τ	Έ
Ν	Ε	Ο	Δ	Ξ	Ο	Κ	Υ	Λ	Γ	Θ	Ξ	Ω	Β	Χ	Σ
Ε	Χ	Λ	Ο	Α	Σ	Λ	Σ	Ν	Π	Ι	Ε	Ι	Γ	Δ	Η
Ι	Έ	Λ	Η	Έ	Ο	Ο	Ο	Η	Δ	Χ	Κ	Τ	Ε	Γ	Ο
Α	Μ	Ή	Μ	Τ	Π	Σ	Β	Δ	Ί	Ξ	Γ	Ή	Η	Έ	Ω

ΥΨΟΣ
ΓΩΝΊΑ
ΥΠΟΛΟΓΙΣΜΌΣ
ΚΎΚΛΟΣ
ΚΑΜΠΎΛΗ
ΔΙΆΜΕΤΡΟΣ
ΔΙΆΣΤΑΣΗ
ΕΞΊΣΩΣΗ
ΛΟΓΙΚΉ
ΜΈΣΗ
ΑΡΙΘΜΌΣ
ΟΡΙΖΌΝΤΙΑ
ΠΑΡΆΛΛΗΛΗ
ΠΟΣΟΣΤΌ
ΤΜΉΜΑ
ΣΥΜΜΕΤΡΊΑ
ΕΠΙΦΆΝΕΙΑ
ΘΕΩΡΊΑ
ΤΡΙΓΏΝΟΥ
ΚΆΘΕΤΗ

84 - Foresta Pluviale

Β	Ω	Γ	Τ	Π	Ι	Δ	Ξ	Ρ	Ο	Ε	Χ	Β	Β	Ξ	Ζ
Σ	Ο	Ο	Ν	Ω	Ί	Ι	Ι	Χ	Ρ	Έ	Γ	Υ	Ι	Τ	Ο
Σ	Ι	Τ	Χ	Ρ	Ι	Ν	Ω	Α	Ύ	Ρ	Β	Β	Ρ	Τ	Ύ
Έ	Γ	Λ	Α	Μ	Ί	Λ	Κ	Ί	Τ	Γ	Ο	Π	Ά	Β	Γ
Β	Ύ	Υ	Φ	Ν	Ί	Ω	Ε	Λ	Ρ	Ή	Τ	Τ	Κ	Τ	Κ
Ο	Φ	Τ	Ε	Ρ	Ι	Γ	Α	Ι	Χ	Ί	Ρ	Υ	Ι	Τ	Λ
Μ	Α	Α	Ν	Ω	Π	Κ	Ρ	Κ	Ρ	Η	Ω	Η	Τ	Α	Α
Α	Ι	Μ	Ν	Ρ	Ί	Δ	Ή	Ι	Ε	Φ	Ψ	Η	Σ	Τ	Μ
Ι	Α	Α	Ύ	Έ	Ο	Α	Ε	Ο	Ξ	Ρ	Ύ	Ι	Α	Η	Ι
Π	Κ	Η	Σ	Ω	Ί	Β	Ι	Π	Ε	Ο	Α	Σ	Λ	Τ	Τ
Α	Π	Ο	Κ	Α	Τ	Ά	Σ	Τ	Α	Σ	Η	Δ	Η	Ό	Ύ
Α	Μ	Φ	Ί	Β	Ι	Α	Ν	Δ	Υ	Μ	Ι	Έ	Θ	Ν	Λ
Η	Ω	Ψ	Γ	Τ	Ι	Ε	Ε	Ί	Χ	Ν	Π	Τ	Χ	Ι	Ο
Ν	Ω	Ξ	Χ	Ε	Ε	Τ	Έ	Σ	Έ	Ά	Ι	Λ	Υ	Ο	Π
Β	Έ	Ν	Τ	Ο	Μ	Α	Ψ	Ω	Ρ	Υ	Ω	Ε	Ψ	Κ	Ν
Σ	Ι	Ψ	Γ	Ε	Ί	Δ	Ο	Σ	Χ	Ο	Ι	Ο	Ω	Η	Π

ΑΜΦΊΒΙΑ
ΒΟΤΑΝΙΚΉ
ΚΛΊΜΑ
ΚΟΙΝΌΤΗΤΑ
ΠΟΙΚΙΛΊΑ
ΖΟΎΓΚΛΑ
ΈΝΤΟΜΑ
ΘΗΛΑΣΤΙΚΆ
ΒΡΎΑ
ΦΎΣΗ
ΣΎΝΝΕΦΑ
ΔΙΑΤΉΡΗΣΗ
ΠΟΛΎΤΙΜΑ
ΑΠΟΚΑΤΆΣΤΑΣΗ
ΚΑΤΑΦΎΓΙΟ
ΣΈΒΟΜΑΙ
ΕΠΙΒΊΩΣΗ
ΕΊΔΟΣ
ΠΟΥΛΙΆ

85 - Edifici

Ν	Μ	Ο	Ψ	Δ	Ξ	Ω	Ε	Γ	Ω	Π	Ν	Υ	Ι	Σ	Υ
Π	Λ	Ί	Β	Ο	Ί	Ε	Μ	Ο	Κ	Ο	Σ	Ο	Ν	Τ	Ψ
Έ	Η	Χ	Π	Σ	Ρ	Ή	Ν	Η	Κ	Σ	Μ	Λ	Ρ	Ά	Ί
Ω	Ω	Α	Υ	Π	Ν	Ν	Κ	Ώ	Ψ	Ξ	Υ	Ρ	Ι	Δ	Σ
Τ	Τ	Τ	Υ	Χ	Ί	Ν	Ψ	Ά	Ν	Ε	Γ	Ι	Χ	Ι	Τ
Θ	Έ	Α	Τ	Ρ	Ο	Ψ	Ξ	Ν	Σ	Α	Ί	Χ	Α	Ο	Ν
Σ	Ο	Γ	Ρ	Ύ	Π	Ο	Ι	Σ	Ά	Τ	Σ	Ο	Γ	Ρ	Ε
Κ	Χ	Ψ	Ω	Ν	Α	Μ	Η	Τ	Κ	Ό	Ρ	Γ	Α	Μ	Ω
Α	Π	Ο	Λ	Π	Ω	Ο	Ί	Ε	Χ	Ο	Δ	Ο	Ν	Ε	Ξ
Μ	Ρ	Σ	Λ	Υ	Ψ	Χ	Β	Κ	Ρ	Γ	Τ	Ω	Η	Ί	Σ
Π	Ε	Χ	Ω	Ε	Α	Ν	Ώ	Ρ	Υ	Χ	Α	Γ	Γ	Υ	Σ
Ί	Σ	Τ	Ί	Γ	Ί	Ι	Τ	Ά	Σ	Ω	Έ	Ν	Τ	Ψ	Έ
Ν	Β	Υ	Ψ	Ι	Γ	Ο	Β	Μ	Ψ	Ί	Ο	Α	Σ	Η	Ψ
Α	Ε	Γ	Π	Α	Ρ	Α	Τ	Η	Ρ	Η	Τ	Ή	Ρ	Ι	Ο
Ν	Ί	Ω	Ξ	Υ	Μ	Ο	Υ	Σ	Ε	Ί	Ο	Υ	Ε	Ξ	Ε
Έ	Α	Ί	Ί	Ε	Ρ	Γ	Α	Σ	Τ	Ή	Ρ	Ι	Ο	Γ	Λ

ΠΡΕΣΒΕΊΑ
ΚΑΜΠΊΝΑ
ΚΆΣΤΡΟ
ΕΡΓΟΣΤΆΣΙΟ
ΑΓΡΌΚΤΗΜΑ
ΑΧΥΡΏΝΑ
ΞΕΝΟΔΟΧΕΊΟ
ΕΡΓΑΣΤΉΡΙΟ
ΜΟΥΣΕΊΟ
ΝΟΣΟΚΟΜΕΊΟ
ΠΑΡΑΤΗΡΗΤΉΡΙΟ
ΞΕΝΏΝΑΣ
ΣΧΟΛΕΊΟ
ΣΤΆΔΙΟ
ΜΆΡΚΕΤ
ΘΈΑΤΡΟ
ΣΚΗΝΉ
ΠΎΡΓΟΣ

86 - Malattia

Α	Χ	Δ	Ψ	Ρ	Τ	Ή	Κ	Ϊ	Υ	Φ	Σ	Ο	Ξ	Λ	Φ
Ν	Ρ	Γ	Έ	Ε	Ό	Κ	Ι	Τ	Ο	Δ	Α	Τ	Ε	Μ	Λ
Α	Ό	Χ	Ξ	Α	Ρ	Ι	Χ	Ο	Υ	Κ	Κ	Μ	Β	Β	Ε
Π	Ν	Υ	Λ	Γ	Ο	Ν	Ο	Ξ	Δ	Α	Λ	Α	Ώ	Η	Γ
Ν	Ι	Α	Ν	Ό	Γ	Ο	Θ	Α	Π	Ρ	Η	Σ	Α	Σ	Μ
Ε	Ο	Σ	Ε	Ο	Ψ	Μ	Ρ	Λ	Ν	Δ	Ρ	Υ	Λ	Δ	Ο
Υ	Σ	Έ	Υ	Σ	Έ	Υ	Ι	Σ	Δ	Ι	Ο	Λ	Λ	Ι	Ν
Σ	Ω	Μ	Ρ	Ε	Ύ	Ε	Δ	Δ	Ι	Α	Ν	Ί	Ε	Ό	Ή
Τ	Ε	Ω	Ο	Έ	Ω	Ν	Ψ	Ρ	Ε	Ρ	Ο	Α	Ρ	Ψ	Κ
Ι	Ν	Α	Π	Α	Σ	Π	Δ	Ί	Ί	Λ	Μ	Α	Γ	Ν	Ι
Κ	Υ	Γ	Ά	Τ	Σ	Ο	Α	Ρ	Τ	Υ	Ι	Μ	Ί	Χ	Τ
Ή	Ε	Η	Θ	Υ	Β	Ξ	Β	Ο	Ο	Ο	Κ	Υ	Α	Π	Ε
Ί	Σ	Ψ	Ε	Υ	Μ	Υ	Ξ	Ξ	Α	Μ	Ή	Γ	Ν	Σ	Ν
Δ	Έ	Ο	Ι	Η	Ν	Ν	Ο	Τ	Έ	Ε	Ο	Ε	Μ	Τ	Ε
Ε	Ή	Κ	Α	Ι	Λ	Ι	Ο	Κ	Μ	Τ	Υ	Ί	Ί	Ε	Γ
Έ	Έ	Ε	Ε	Υ	Ε	Ξ	Ί	Α	Ί	Ε	Π	Α	Ρ	Ε	Θ

ΚΟΙΛΙΑΚΉ
ΑΛΛΕΡΓΊΑ
ΕΥΕΞΊΑ
ΜΕΤΑΔΟΤΙΚΌ
ΣΏΜΑ
ΧΡΌΝΙΟΣ
ΚΑΡΔΙΆ
ΚΛΗΡΟΝΟΜΙΚΉ
ΓΕΝΕΤΙΚΉ
ΑΣΥΛΊΑ
ΦΛΕΓΜΟΝΉ
ΟΣΦΥΪΚΉ
ΝΕΥΡΟΠΆΘΕΙΑ
ΟΣΤΆ
ΠΑΘΟΓΌΝΑ
ΠΝΕΥΜΟΝΙΚΉ
ΑΝΑΠΝΕΥΣΤΙΚΉ
ΥΓΕΊΑ
ΣΎΝΔΡΟΜΟ
ΘΕΡΑΠΕΊΑ

87 - Paesi #2

Ν	Ί	Γ	Ε	Ρ	Τ	Υ	Π	Μ	Ψ	Π	Ν	Ο	Χ	Ι	Α
Υ	Ν	Υ	Π	Έ	Έ	Η	Ψ	Τ	Ε	Έ	Ι	Ρ	Σ	Ρ	Ω
Τ	Ω	Γ	Ο	Υ	Ω	Π	Δ	Μ	Υ	Ξ	Λ	Ν	Χ	Λ	Σ
Σ	Π	Α	Τ	Ν	Ά	Κ	Γ	Υ	Ο	Ξ	Ι	Ο	Α	Α	Έ
Τ	Ζ	Α	Μ	Ά	Ι	Κ	Α	Α	Ϊ	Τ	Ή	Κ	Τ	Ν	Ω
Σ	Ξ	Ί	Ί	Τ	Π	Σ	Δ	Ί	Ο	Λ	Α	Χ	Ό	Δ	Γ
Χ	Ι	Ν	Τ	Σ	Δ	Δ	Ά	Ρ	Υ	Ά	Έ	Σ	Υ	Ί	Λ
Α	Ν	Ω	Έ	Ι	Ω	Υ	Λ	Ε	Κ	Ο	Χ	Ψ	Ψ	Α	Ρ
Ι	Δ	Π	Ω	Κ	Ε	Ρ	Λ	Β	Ρ	Σ	Π	Σ	Α	Ο	Υ
Θ	Ο	Α	Ξ	Α	Ί	Ξ	Ε	Ι	Α	Ί	Ν	Α	Β	Λ	Α
Ι	Ν	Ι	Ί	Π	Μ	Ψ	Η	Λ	Ν	Σ	Ο	Υ	Δ	Ά	Ν
Ο	Η	Έ	Β	Ν	Τ	Χ	Λ	Ά	Ί	Ί	Ε	Ί	Ο	Λ	Π
Π	Σ	Έ	Δ	Π	Α	Ε	Ρ	Π	Α	Ί	Ρ	Η	Γ	Ι	Ν
Ί	Ί	Υ	Ν	Ρ	Γ	Δ	Λ	Ε	Σ	Ν	Ω	Ω	Δ	Ρ	Ί
Α	Α	Ί	Ρ	Υ	Σ	Ψ	Ε	Ν	Ρ	Χ	Ρ	Ξ	Ξ	Μ	Χ
Σ	Υ	Ρ	Τ	Π	Π	Ο	Δ	Μ	Ρ	Η	Ι	Έ	Λ	Γ	Ι

ΑΛΒΑΝΊΑ
ΔΑΝΊΑ
ΑΙΘΙΟΠΊΑ
ΤΖΑΜΆΙΚΑ
ΙΑΠΩΝΊΑ
ΕΛΛΆΔΑ
ΑΪΤΉ
ΙΝΔΟΝΗΣΊΑ
ΙΡΛΑΝΔΊΑ
ΛΆΟΣ
ΛΙΒΕΡΊΑ
ΜΕΞΙΚΌ
ΝΕΠΆΛ
ΝΙΓΗΡΊΑ
ΠΑΚΙΣΤΆΝ
ΡΩΣΊΑ
ΣΥΡΊΑ
ΣΟΥΔΆΝ
ΟΥΚΡΑΝΊΑ
ΟΥΓΚΆΝΤΑ

88 - Tipi di Capelli

Α	Ρ	Έ	Χ	Ν	Ι	Υ	Σ	Δ	Λ	Ο	Σ	Ο	Β	Ο	Τ
Χ	Σ	Ε	Λ	Κ	Ύ	Ο	Π	Μ	Α	Μ	Α	Π	Ά	Ν	Δ
Δ	Δ	Η	Η	Ι	Γ	Ι	Ύ	Κ	Μ	Α	Τ	Ρ	Ρ	Ψ	Έ
Ω	Τ	Ρ	Μ	Ί	Ο	Β	Ρ	Ο	Π	Λ	Λ	Ε	Υ	Κ	Ό
Έ	Ξ	Υ	Π	Έ	Φ	Α	Κ	Ν	Ε	Ή	Έ	Δ	Ο	Ο	Ρ
Μ	Σ	Ω	Ψ	Μ	Ν	Λ	Α	Τ	Ρ	Τ	Ή	Ι	Γ	Υ	Η
Ξ	Α	Δ	Ί	Ί	Δ	Ι	Μ	Ό	Ά	Π	Λ	Δ	Σ	Ρ	Ξ
Β	Α	Λ	Π	Ψ	Μ	Ρ	Ο	Μ	Τ	Ε	Η	Ρ	Μ	Δ	Ω
Ε	Έ	Ν	Α	Δ	Ο	Κ	Έ	Σ	Ο	Λ	Δ	Τ	Ω	Π	Α
Ι	Ψ	Ξ	Θ	Κ	Ι	Γ	Φ	Α	Λ	Α	Κ	Ρ	Ό	Σ	Π
Ρ	Δ	Α	Ω	Ά	Ό	Ι	Π	Λ	Ε	Γ	Μ	Έ	Ν	Ο	Α
Ρ	Π	Λ	Ε	Ξ	Ο	Ύ	Δ	Ε	Σ	Ο	Ρ	Σ	Ρ	Β	Χ
Ν	Σ	Β	Ω	Η	Α	Δ	Τ	Γ	Λ	Π	Λ	Β	Π	Έ	Ύ
Υ	Α	Σ	Ι	Γ	Ο	Ν	Λ	Τ	Δ	Η	Δ	Χ	Ν	Η	Ω
Ν	Υ	Ο	Σ	Έ	Χ	Δ	Α	Ω	Η	Ε	Ν	Ν	Χ	Σ	Β
Μ	Α	Ύ	Ρ	Ο	Β	Ν	Ι	Γ	Λ	Λ	Β	Ξ	Δ	Η	Μ

ΑΣΗΜΈΝΙΟ
ΞΗΡΌ
ΛΕΥΚΌ
ΞΑΝΘΆ
ΚΟΝΤΌ
ΦΑΛΑΚΡΌΣ
ΓΚΡΙ
ΠΛΕΓΜΈΝΟ
ΟΜΑΛΉ
ΛΑΜΠΕΡΆ
ΜΑΚΡΎ
ΚΑΦΈ
ΜΑΛΑΚΌ
ΜΑΎΡΟ
ΣΓΟΥΡΆ
ΜΠΟΎΚΛΕΣ
ΥΓΙΉ
ΛΕΠΤΉ
ΠΑΧΎ
ΠΛΕΞΟΎΔΕΣ

89 - Vestiti

Σ	Έ	Α	Η	Ξ	Λ	Π	Λ	Ν	Ν	Ι	Λ	Φ	Ψ	Ί	Ω
Λ	Α	Τ	Σ	Ύ	Ο	Φ	Ο	Η	Ψ	Η	Ν	Ό	Χ	Ι	Χ
Β	Μ	Ν	Μ	Ό	Δ	Α	Π	Υ	Ε	Ω	Σ	Ρ	Λ	Κ	Ρ
Γ	Ά	Ι	Δ	Κ	Ο	Λ	Ι	Έ	Λ	Ε	Ρ	Ε	Α	Α	Ξ
Β	Ζ	Ζ	Ι	Ά	Δ	Ο	Β	Ε	Ω	Ό	Χ	Μ	Ψ	Σ	Η
Ρ	Τ	Τ	Η	Ο	Λ	Έ	Π	Α	Κ	Γ	Β	Α	Ι	Κ	Ν
Α	Ι	Τ	Ν	Ά	Γ	Ι	Ξ	Η	Τ	Δ	Π	Ε	Ε	Ό	Λ
Χ	Π	Χ	Ώ	Λ	Γ	Κ	Α	Ι	Ί	Ί	Ξ	Ί	Ρ	Λ	Δ
Ι	Π	Ξ	Ζ	Υ	Υ	Ά	Π	Α	Ν	Τ	Ε	Λ	Ό	Ν	Ι
Ό	Ο	Ψ	Ί	Έ	Π	Κ	Μ	Π	Λ	Ο	Ύ	Ζ	Α	Χ	Τ
Λ	Ί	Π	Ν	Ω	Ε	Α	Π	Ο	Υ	Κ	Ά	Μ	Ι	Σ	Ο
Ι	Ν	Ο	Α	Α	Α	Σ	Λ	Δ	Λ	Χ	Δ	Ρ	Ω	Σ	Γ
Δ	Υ	Δ	Ψ	Ξ	Λ	Ι	Σ	Τ	Ύ	Ο	Π	Α	Π	Β	Η
Ο	Π	Ι	Ι	Χ	Γ	Υ	Σ	Β	Ό	Π	Π	Τ	Υ	Γ	Χ
Π	Ρ	Ά	Σ	Ο	Ο	Ξ	Υ	Μ	Μ	Λ	Υ	Χ	Σ	Ψ	Λ
Ρ	Ψ	Μ	Σ	Τ	Μ	Α	Α	Ν	Ο	Μ	Έ	Μ	Ι	Χ	Έ

ΦΌΡΕΜΑ
ΒΡΑΧΙΌΛΙ
ΜΠΛΟΎΖΑ
ΠΟΥΚΆΜΙΣΟ
ΚΑΠΈΛΟ
ΠΑΛΤΌ
ΖΏΝΗ
ΚΟΛΙΈ
ΣΑΚΆΚΙ
ΦΟΎΣΤΑ
ΠΟΔΙΆ
ΓΆΝΤΙΑ
ΤΖΙΝ
ΠΟΥΛΌΒΕΡ
ΜΌΔΑ
ΠΑΝΤΕΛΌΝΙ
ΠΙΤΖΆΜΑ
ΣΑΝΔΆΛΙΑ
ΠΑΠΟΎΤΣΙ
ΚΑΣΚΌΛ

90 - Attività e Tempo Libero

Β	Έ	Υ	Έ	Δ	Έ	Ι	Σ	Ρ	Η	Μ	Ξ	Έ	Ί	Ω	Γ
Η	Ό	Κ	Ι	Τ	Ω	Ρ	Α	Λ	Α	Χ	Ε	Έ	Ι	Χ	Κ
Κ	Ο	Λ	Μ	Π	Έ	Ι	Ζ	Μ	Π	Ο	Λ	Η	Ί	Ω	Ο
Γ	Ψ	Έ	Ε	Ζ	Έ	Η	Σ	Η	Β	Μ	Ύ	Λ	Ο	Κ	Λ
Ν	Ω	Δ	Ξ	Ϊ	Ω	Τ	Έ	Χ	Ν	Η	Τ	Λ	Ρ	Π	Φ
Ι	Δ	Ί	Ξ	Α	Τ	Γ	Υ	Ξ	Έ	Ε	Π	Ψ	Ι	Χ	Ν
Π	Ψ	Ρ	Γ	Η	Έ	Χ	Ρ	Υ	Μ	Ρ	Α	Ά	Α	Δ	Τ
Μ	Π	Ά	Σ	Κ	Ε	Τ	Τ	Α	Ξ	Έ	Τ	Ρ	Φ	Ω	Έ
Ά	Α	Έ	Α	Σ	Δ	Μ	Α	Σ	Φ	Ρ	Γ	Ε	Σ	Ε	Ν
Κ	Η	Π	Ο	Υ	Ρ	Ι	Κ	Ή	Μ	Ι	Π	Μ	Ό	Χ	Ι
Ρ	Υ	Α	Ί	Σ	Σ	Έ	Ξ	Ε	Ψ	Π	Κ	Α	Δ	Γ	Σ
Α	Α	Ρ	Ε	Λ	Ξ	Λ	Ω	Ω	Β	Ο	Ο	Ή	Ο	Ω	Ψ
Κ	Α	Τ	Α	Δ	Ύ	Σ	Ε	Ι	Σ	Χ	Ι	Ξ	Π	Γ	Ν
Π	Ω	Ι	Τ	Π	Α	Ί	Σ	Έ	Ρ	Φ	Ι	Ν	Γ	Κ	Ε
Π	Ε	Ζ	Ο	Π	Ο	Ρ	Ί	Α	Ω	Π	Λ	Δ	Ρ	Ξ	Χ
Τ	Ο	Ψ	Δ	Α	Γ	Γ	Σ	Η	Ρ	Γ	Ω	Ν	Υ	Μ	Ρ

Τ'ΕΧΝΗ
ΜΠ'ΕΙΖΜΠΟΛ
ΜΠ'ΑΣΚΕΤ
ΜΠΟΞ
ΠΟΔ'ΟΣΦΑΙΡΟ
Κ'ΑΜΠΙΝΓΚ
ΠΕΖΟΠΟΡ'ΙΑ
ΚΗΠΟΥΡΙΚ'Η
ΓΚΟΛΦ
Χ'ΟΜΠΙ
ΚΑΤΑΔ'ΥΣΕΙΣ
ΚΟΛ'ΥΜΒΗΣΗ
Β'ΟΛΕΪ
Ψ'ΑΡΕΜΑ
ΖΩΓΡΑΦΙΚ'Η
ΧΑΛΑΡΩΤΙΚ'Ο
Σ'ΕΡΦΙΝΓΚ
Τ'ΕΝΙΣ
ΤΑΞ'ΙΔΙ

91 - Meteo

Ξ	Δ	Μ	Ξ	Η	Ρ	Ό	Ψ	Τ	Β	Τ	Σ	Ο	Θ	Έ	Α
Ο	Τ	Ο	Τ	Α	Ρ	Π	Ο	Λ	Ι	Κ	Ή	Μ	Ε	Ο	Ε
Λ	Η	Υ	Ε	Ρ	Δ	Έ	Η	Σ	Λ	Ρ	Τ	Ί	Ρ	Υ	Ρ
Π	Έ	Σ	Λ	Ι	Ο	Ή	Χ	Α	Δ	Δ	Ν	Χ	Μ	Ρ	Ά
Π	Π	Ώ	Ν	Α	Ί	Π	Ξ	Ν	Π	Ί	Ο	Λ	Ο	Α	Κ
Ψ	Λ	Ν	Έ	Φ	Λ	Α	Ι	Α	Β	Δ	Ρ	Η	Κ	Ν	Ι
Ε	Α	Α	Λ	Σ	Ρ	Ρ	Κ	Κ	Ω	Η	Β	Β	Ρ	Ό	Η
Σ	Σ	Σ	Λ	Ό	Λ	Τ	Α	Ι	Ή	Ρ	Τ	Χ	Α	Σ	Ι
Ω	Ύ	Ξ	Δ	Μ	Π	Σ	Τ	Ρ	Η	Ψ	Σ	Τ	Σ	Ο	Έ
Ψ	Σ	Ν	Χ	Τ	Έ	Α	Α	Υ	Μ	Ρ	Α	Μ	Ί	Μ	Ί
Α	Ι	Η	Ν	Α	Μ	Ξ	Ι	Ο	Ε	Υ	Ε	Λ	Α	Ε	Π
Γ	Ψ	Η	Ε	Ε	Ε	Ο	Γ	Ι	Ί	Ί	Ν	Μ	Υ	Ν	Ω
Π	Ά	Γ	Ο	Σ	Φ	Υ	Ί	Χ	Ε	Υ	Έ	Ι	Ί	Ά	Η
Κ	Λ	Ί	Μ	Α	Σ	Ο	Δ	Λ	Ι	Ν	Τ	Α	Υ	Α	Σ
Ψ	Υ	Ω	Ι	Μ	Γ	Σ	Α	Ί	Σ	Α	Ρ	Η	Ξ	Α	Ω
Ο	Υ	Ρ	Ά	Ν	Ι	Ο	Τ	Ό	Ξ	Ο	Η	Ν	Ω	Μ	Τ

ΟΥΡΆΝΙΟ ΤΌΞΟ
ΞΗΡΌ
ΑΤΜΌΣΦΑΙΡΑ
ΑΕΡΆΚΙ
ΗΡΕΜΊΑ
ΟΥΡΑΝΌΣ
ΚΛΊΜΑ
ΑΣΤΡΑΠΉ
ΠΆΓΟΣ
ΜΟΥΣΏΝΑΣ
ΟΜΊΧΛΗ
ΣΎΝΝΕΦΟ
ΠΟΛΙΚΉ
ΞΗΡΑΣΊΑ
ΘΕΡΜΟΚΡΑΣΊΑ
ΚΑΤΑΙΓΊΔΑ
ΤΡΟΠΙΚΉ
ΒΡΟΝΤΉ
ΧΙΟΥΡΙΚΑΝΑΣ
ΆΝΕΜΟΣ

92 - Corpo Umano

Σ	Α	Κ	Ο	Ν	Β	Ν	Τ	Σ	Ρ	Σ	Α	Σ	Ν	Ν	Σ
Σ	Γ	Ε	Ο	Ο	Μ	Ξ	Σ	Σ	Σ	Α	Η	Μ	Δ	Ψ	Τ
Σ	Κ	Φ	Π	Ν	Ν	Γ	Ο	Τ	Α	Ν	Ό	Γ	Ν	Ν	Ο
Χ	Ώ	Ά	Ο	Ξ	Ω	Ω	Μ	Π	Έ	Μ	Ω	Λ	Έ	Ι	Μ
Μ	Ν	Λ	Β	Χ	Η	Α	Ώ	Δ	Ω	Η	Ω	Λ	Ι	Ω	Ά
Ά	Α	Ι	Ψ	Ω	Ξ	Η	Λ	Ν	Έ	Σ	Τ	Ό	Μ	Α	Χ
Τ	Α	Υ	Τ	Ί	Η	Ά	Α	Έ	Ψ	Ο	Ό	Χ	Χ	Μ	Ι
Ι	Χ	Μ	Χ	Έ	Ρ	Ι	Ι	Ψ	Ψ	Λ	Έ	Ρ	Η	Ί	Ν
Χ	Χ	Γ	Ρ	Β	Σ	Δ	Μ	Η	Ι	Α	Ω	Δ	Π	Α	Ύ
Ψ	Μ	Γ	Ρ	Έ	Μ	Ρ	Ό	Σ	Ν	Γ	Ο	Ά	Σ	Ν	Ο
Λ	Χ	Δ	Ψ	Ε	Δ	Α	Σ	Δ	Α	Ά	Α	Χ	Σ	Τ	Γ
Ο	Ξ	Ξ	Ε	Ι	Υ	Κ	Ο	Μ	Ν	Ρ	Η	Τ	Ύ	Μ	Η
Ί	Υ	Ε	Χ	Ξ	Γ	Α	Π	Π	Τ	Τ	Γ	Υ	Ο	Τ	Π
Ρ	Ε	Μ	Έ	Σ	Τ	Λ	Α	Ό	Γ	Σ	Γ	Λ	Ρ	Ρ	Α
Μ	Υ	Α	Λ	Ό	Π	Έ	Ν	Ξ	Δ	Α	Ψ	Ο	Β	Ε	Α
Σ	Ν	Ο	Π	Ω	Α	Η	Ν	Χ	Λ	Ι	Ο	Β	Ω	Β	Ν

ΣΤΌΜΑ
ΑΣΤΡΆΓΑΛΟΣ
ΜΥΑΛΌ
ΛΑΙΜΌΣ
ΚΑΡΔΙΆ
ΔΆΧΤΥΛΟ
ΠΡΌΣΩΠΟ
ΠΌΔΙ
ΓΌΝΑΤΟ
ΑΓΚΏΝΑ

ΧΈΡΙ
ΠΗΓΟΎΝΙ
ΜΎΤΗ
ΜΆΤΙ
ΑΥΤΊ
ΔΈΡΜΑ
ΑΊΜΑ
ΏΜΟΣ
ΣΤΟΜΆΧΙ
ΚΕΦΆΛΙ

93 - Mammiferi

Η	Υ	Χ	Τ	Έ	Ι	Ω	Ν	Τ	Ε	Έ	Η	Ά	Β	Ι	Υ
Λ	Ύ	Κ	Ο	Σ	Λ	Φ	Χ	Ο	Λ	Β	Ω	Λ	Β	Ξ	Π
Α	Ν	Έ	Γ	Χ	Ξ	Ά	Ρ	Δ	Έ	Τ	Ί	Ο	Μ	Λ	Σ
Δ	Ε	Υ	Ν	Α	Α	Λ	Η	Α	Φ	Ε	Τ	Γ	Τ	Ρ	Υ
Ρ	Ι	Ύ	Ο	Μ	Ϊ	Α	Μ	Ρ	Α	Ω	Λ	Ο	Ω	Δ	Υ
Ά	Η	Σ	Τ	Χ	Λ	Ι	Κ	Κ	Ν	Ι	Ο	Ά	Μ	Τ	Β
Π	Π	Έ	Α	Ί	Ι	Ν	Ο	Ο	Τ	Σ	Π	Λ	Φ	Ό	Π
Ο	Ω	Σ	Β	Ξ	Ο	Α	Υ	Ύ	Α	Ί	Σ	Η	Α	Ι	Α
Λ	Κ	Τ	Ό	Γ	Ν	Τ	Ν	Δ	Σ	Γ	Ί	Π	Ί	Γ	Λ
Η	Α	Ι	Ρ	Ο	Τ	Ά	Έ	Α	Ε	Γ	Ί	Ξ	Ι	Ο	Ε
Μ	Γ	Τ	Π	Ψ	Ά	Γ	Λ	Δ	Ρ	Ρ	Η	Υ	Ξ	Κ	Π
Α	Κ	Ζ	Α	Π	Ρ	Ο	Ι	Δ	Ε	Λ	Φ	Ί	Ν	Ι	Ο
Κ	Ο	Ν	Έ	Ύ	Ι	Ξ	Γ	Ο	Ρ	Ί	Λ	Α	Σ	Λ	Ύ
Ι	Υ	Έ	Ρ	Β	Ρ	Σ	Κ	Ύ	Λ	Ο	Σ	Χ	Π	Ι	Υ
Ψ	Ρ	Ί	Ρ	Ί	Ρ	Ο	Σ	Β	Η	Ο	Ι	Ψ	Ι	Τ	Γ
Γ	Ό	Ο	Ο	Ω	Ρ	Α	Σ	Λ	Ν	Μ	Μ	Ί	Β	Δ	Β

ΦΆΛΑΙΝΑ
ΣΚΎΛΟΣ
ΚΑΓΚΟΥΡΌ
ΆΛΟΓΟ
ΕΛΆΦΙ
ΚΟΥΝΈΛΙ
ΚΟΓΙΌΤ
ΔΕΛΦΊΝΙ
ΕΛΈΦΑΝΤΑΣ
ΓΆΤΑ
ΚΑΜΗΛΟΠΆΡΔΑΛΗ
ΓΟΡΊΛΑΣ
ΛΙΟΝΤΆΡΙ
ΛΎΚΟΣ
ΑΡΚΟΎΔΑ
ΠΡΌΒΑΤΟ
ΜΑΪΜΟΎ
ΤΑΎΡΟΣ
ΑΛΕΠΟΎ
ΖΈΒΡΑ

94 - Giardinaggio

Ω	Λ	Π	Σ	Ο	Σ	Α	Μ	Η	Π	Η	Ξ	Π	Ε	Ξ	Φ
Ε	Π	Ο	Χ	Ι	Α	Κ	Ή	Έ	Ν	Ξ	Ί	Ε	Ί	Τ	Ύ
Ν	Ε	Μ	Σ	Ω	Ι	Ο	Ξ	Ι	Η	Γ	Ε	Ρ	Δ	Ν	Λ
Ρ	Γ	Ε	Ξ	Τ	Χ	Σ	Λ	Υ	Έ	Π	Ρ	Ι	Ο	Α	Λ
Ο	Λ	Υ	Ρ	Ξ	Μ	Π	Ί	Β	Ρ	Τ	Έ	Β	Σ	Λ	Ω
Ή	Β	Ρ	Ώ	Σ	Ι	Μ	Α	Ρ	Β	Ί	Έ	Ό	Λ	Λ	Μ
Κ	Ψ	Ξ	Α	Μ	Ω	Χ	Ό	Ρ	Π	Ο	Κ	Λ	Τ	Ν	Α
Ι	Σ	Σ	Π	Ό	Ρ	Ο	Ι	Ν	Λ	Τ	Η	Ι	Ι	Β	Ι
Ν	Ο	Ω	Χ	Ω	Ρ	Λ	Ά	Λ	Χ	Έ	Ί	Σ	Η	Ι	Α
Α	Ε	Σ	Λ	Ψ	Γ	Λ	Π	Ν	Ό	Κ	Ι	Τ	Ω	Ξ	Ε
Τ	Μ	Ρ	Α	Ή	Ι	Ύ	Β	Ο	Θ	Υ	Τ	Ω	Ξ	Γ	Μ
Ο	Σ	Ν	Ό	Ν	Ν	Φ	Μ	Τ	Ί	Ο	Ί	Ε	Χ	Ο	Δ
Β	Ρ	Έ	Ν	Ω	Π	Α	Τ	Ψ	Δ	Π	Σ	Π	Έ	Ε	Β
Υ	Γ	Ρ	Α	Σ	Ί	Α	Ο	Υ	Α	Μ	Ί	Λ	Κ	Ο	Τ
Λ	Ο	Υ	Λ	Ο	Υ	Δ	Ι	Ώ	Ν	Β	Ρ	Ω	Μ	Ι	Ά
Ί	Δ	Α	Ψ	Ω	Ψ	Ξ	Ρ	Χ	Ί	Ε	Ί	Ψ	Η	Η	Υ

ΝΕΡΌ
ΒΟΤΑΝΙΚΉ
ΚΛΊΜΑ
ΒΡΏΣΙΜΑ
ΚΟΠΡΌΧΩΜΑ
ΔΟΧΕΊΟ
ΕΞΩΤΙΚΌ
ΆΝΘΟΣ
ΛΟΥΛΟΥΔΙΏΝ
ΦΎΛΛΟ
ΦΎΛΛΩΜΑ
ΠΕΡΙΒΌΛΙ
ΜΠΟΥΚΈΤΟ
ΣΠΌΡΟΙ
ΕΊΔΟΣ
ΒΡΩΜΙΆ
ΕΠΟΧΙΑΚΉ
ΣΩΛΉΝΑ
ΥΓΡΑΣΊΑ

95 - Universo

Ι	Ρ	Β	Μ	Α	Α	Η	Υ	Α	Ρ	Ε	Ο	Ν	Π	Ι	Π
Ω	Ψ	Ί	Έ	Η	Σ	Ο	Μ	Ό	Ν	Ο	Ρ	Τ	Σ	Α	Γ
Υ	Ε	Γ	Γ	Ε	Σ	Ή	Δ	Ι	Ε	Ο	Ρ	Ε	Τ	Σ	Α
Ν	Λ	Ξ	Ε	Ν	Τ	Η	Π	Χ	Σ	Ί	Α	Ψ	Σ	Ω	Τ
Ι	Σ	Η	Μ	Ε	Ρ	Ι	Ν	Ό	Σ	Φ	Ε	Γ	Ό	Υ	Ν
Γ	Ε	Ω	Γ	Ρ	Α	Φ	Ι	Κ	Ό	Δ	Α	Σ	Ν	Ρ	Ο
Η	Ψ	Τ	Η	Λ	Ε	Σ	Κ	Ό	Π	Ι	Ο	Ί	Α	Γ	Ζ
Σ	Κ	Ο	Τ	Ά	Δ	Ι	Ή	Κ	Α	Ι	Λ	Η	Ρ	Ά	Ί
Α	Ψ	Σ	Ο	Ρ	Α	Τ	Ή	Φ	Ο	Ε	Χ	Χ	Υ	Ι	Ρ
Ί	Ζ	Ώ	Δ	Ι	Ο	Ρ	Ψ	Ε	Ε	Σ	Β	Ρ	Ο	Χ	Ο
Ξ	Έ	Β	Ί	Λ	Σ	Β	Ρ	Π	Τ	Γ	Μ	Ω	Ο	Ο	Ι
Α	Σ	Τ	Ρ	Ο	Ν	Ο	Μ	Ί	Α	Χ	Γ	Ι	Έ	Ρ	Ν
Λ	Η	Λ	Ι	Ο	Σ	Τ	Ά	Σ	Ι	Ο	Ω	Ά	Κ	Τ	Ά
Α	Ψ	Ι	Ψ	Χ	Ψ	Π	Ν	Η	Ψ	Ω	Σ	Ψ	Ρ	Ή	Ρ
Γ	Ω	Υ	Ε	Τ	Ο	Α	Σ	Ρ	Ξ	Ν	Έ	Ο	Χ	Ι	Υ
Α	Τ	Μ	Ό	Σ	Φ	Α	Ι	Ρ	Α	Γ	Α	Χ	Δ	Υ	Ο

ΑΣΤΕΡΟΕΙΔΉΣ
ΑΣΤΡΟΝΟΜΊΑ
ΑΣΤΡΟΝΌΜΟΣ
ΑΤΜΌΣΦΑΙΡΑ
ΣΚΟΤΆΔΙ
ΟΥΡΆΝΙΟ
ΟΥΡΑΝΌΣ
ΚΟΣΜΙΚΉ
ΗΜΙΣΦΑΊΡΙΟ
ΙΣΗΜΕΡΙΝΌΣ
ΓΑΛΑΞΊΑΣ
ΓΕΩΓΡΑΦΙΚΌ
ΦΕΓΓΆΡΙ
ΤΡΟΧΙΆ
ΟΡΊΖΟΝΤΑ
ΗΛΙΑΚΉ
ΗΛΙΟΣΤΆΣΙΟ
ΤΗΛΕΣΚΌΠΙΟ
ΟΡΑΤΉ
ΖΏΔΙΟ

96 - Jazz

Μ	Η	Τ	Ψ	Ρ	Ψ	Τ	Ο	Η	Μ	Χ	Ό	Ξ	Σ	Μ	Ω
Υ	Α	Ί	Λ	Υ	Α	Ν	Υ	Σ	Ρ	Υ	Γ	Ι	Σ	Ν	Ψ
Ο	Η	Τ	Έ	Θ	Ν	Υ	Σ	Λ	Μ	Π	Ι	Π	Λ	Έ	Ο
Π	Ρ	Γ	Η	Μ	Η	Σ	Ά	Ι	Δ	Ι	Ι	Ρ	Τ	Α	Η
Μ	Π	Χ	Γ	Ο	Τ	Τ	Έ	Λ	Ρ	Μ	Μ	Χ	Ρ	Ν	Π
Λ	Ψ	Ι	Ή	Ύ	Υ	Α	Α	Β	Γ	Σ	Ρ	Ε	Α	Έ	Ί
Ά	Σ	Ε	Κ	Σ	Α	Ί	Λ	Υ	Τ	Σ	Τ	Ι	Γ	Μ	Σ
Χ	Ι	Τ	Ι	Δ	Τ	Ω	Η	Έ	Α	Έ	Σ	Ρ	Ο	Η	Ύ
Ι	Ξ	Μ	Σ	Σ	Α	Ρ	Σ	Ε	Ν	Η	Γ	Ο	Ύ	Π	Ν
Ξ	Γ	Ρ	Υ	Ω	Ν	Α	Α	Ί	Α	Τ	Π	Κ	Δ	Α	Θ
Γ	Ρ	Η	Ο	Έ	Έ	Τ	Φ	Δ	Π	Ε	Ο	Ρ	Ι	Γ	Ε
Ψ	Α	Υ	Μ	Ξ	Β	Τ	Μ	Ο	Μ	Έ	Ξ	Ό	Χ	Α	Σ
Λ	Α	Ε	Τ	Γ	Π	Γ	Έ	Σ	Ύ	Ξ	Γ	Τ	Τ	Ί	Η
Σ	Η	Α	Ή	Κ	Ι	Ν	Χ	Ε	Τ	Ε	Ί	Η	Β	Έ	Τ
Τ	Ξ	Σ	Σ	Ο	Ο	Ε	Υ	Ε	Η	Β	Ρ	Μ	Ο	Δ	Έ
Σ	Λ	Ξ	Σ	Η	Ν	Χ	Έ	Τ	Ι	Λ	Λ	Α	Κ	Ξ	Λ

ΆΛΜΠΟΥΜ
ΧΕΙΡΟΚΡΌΤΗΜΑ
ΚΑΛΛΙΤΈΧΝΗΣ
ΤΎΜΠΑΝΑ
ΤΡΑΓΟΎΔΙ
ΣΥΝΘΈΤΗ
ΣΎΝΘΕΣΗ
ΣΥΝΑΥΛΊΑ
ΈΜΦΑΣΗ
ΔΙΆΣΗΜΗ
ΕΊΔΟΣ
ΜΟΥΣΙΚΉ
ΝΈΑ
ΟΡΧΉΣΤΡΑ
ΑΓΑΠΗΜΈΝΑ
ΡΥΘΜΟΎ
ΣΤΥΛ
ΤΑΛΈΝΤΟ
ΤΕΧΝΙΚΉ
ΠΑΛΙΌ

97 - Vacanze #2

Ρ	Τ	Έ	Ι	Ι	Η	Γ	Ψ	Α	Τ	Σ	Κ	Ι	Τ	Υ	Τ
Α	Ε	Ρ	Ο	Δ	Ρ	Ό	Μ	Ι	Ο	Τ	Ά	Ν	Υ	Ο	Β
Χ	Μ	Μ	Θ	Ά	Λ	Α	Σ	Σ	Α	Ρ	Μ	Π	Ι	Ξ	Π
Ξ	Έ	Ν	Ο	Ρ	Τ	Ε	Ί	Τ	Ω	Έ	Π	Α	Σ	Π	Ρ
Λ	Ι	Τ	Ο	Ο	Ι	Σ	Σ	Η	Ω	Ν	Ι	Ρ	Σ	Ρ	Ο
Β	Δ	Γ	Η	Φ	Ι	Κ	Η	Τ	Ο	Ο	Ν	Α	Σ	Β	Ο
Ξ	Ω	Υ	Ρ	Α	Ω	Η	Ν	Ρ	Ι	Χ	Γ	Λ	Ν	Τ	Ρ
Ο	Ε	Τ	Σ	Τ	Ω	Ν	Ί	Ά	Ρ	Α	Κ	Ί	Π	Ί	Ι
Α	Λ	Ν	Τ	Ε	Ί	Ή	Ξ	Χ	Ή	Ζ	Τ	Α	Ν	Ω	Σ
Ι	Α	Υ	Ο	Μ	Τ	Ω	Τ	Χ	Τ	Ί	Ψ	Ό	Ψ	Ν	Μ
Ρ	Σ	Ί	Ξ	Δ	Π	Α	Ω	Γ	Α	Β	Ω	Χ	Ρ	Χ	Ό
Ω	Γ	Ι	Η	Ψ	Ο	Π	Ν	Σ	Β	Η	Ε	Π	Ψ	Ι	Σ
Ο	Ί	Ί	Η	Υ	Ί	Χ	Τ	Ε	Α	Λ	Ν	Ί	Ξ	Β	Ο
Α	Ν	Α	Ψ	Υ	Χ	Ή	Ε	Ί	Ι	Δ	Ί	Ξ	Α	Τ	Ψ
Ί	Ψ	Η	Η	Ξ	Ψ	Μ	Ι	Ί	Δ	Ο	Ε	Ξ	Τ	Υ	Η
Β	Ε	Ξ	Ί	Ν	Α	Η	Ί	Λ	Ο	Τ	Α	Ξ	Ί	Τ	Υ

ΑΕΡΟΔΡΌΜΙΟ
ΚΆΜΠΙΝΓΚ
ΠΡΟΟΡΙΣΜΌΣ
ΞΕΝΟΔΟΧΕΊΟ
ΝΗΣΊ
ΧΆΡΤΗ
ΘΆΛΑΣΣΑ
ΒΟΥΝΆ
ΔΙΑΒΑΤΉΡΙΟ
ΕΣΤΙΑΤΌΡΙΟ
ΠΑΡΑΛΊΑ
ΞΈΝΟ
ΤΑΞΊ
ΑΝΑΨΥΧΉ
ΣΚΗΝΉ
ΜΕΤΑΦΟΡΆ
ΤΡΈΝΟ
ΤΑΞΊΔΙ
ΒΊΖΑ

98 - Attività

Υ	Ε	Ψ	Ε	Ν	Χ	Ε	Σ	Μ	Α	Γ	Ε	Ί	Α	Δ	Π
Ε	Π	Ι	Δ	Ε	Ξ	Ι	Ό	Τ	Η	Τ	Α	Ρ	Τ	Π	Α
Ο	Π	Ί	Κ	Σ	Β	Γ	Γ	Σ	Χ	Ω	Ι	Ά	Ν	Ε	Ι
Τ	Μ	Υ	Υ	Η	Σ	Ω	Ν	Γ	Ά	Ν	Α	Ψ	Ο	Ζ	Χ
Κ	Έ	Ν	Μ	Ω	Π	Έ	Ν	Μ	Π	Δ	Ο	Ι	Ρ	Ο	Ν
Ά	Φ	Χ	Ι	Ρ	Υ	Ο	Π	Υ	Ω	Ο	Ν	Μ	Έ	Π	Ί
Μ	Ω	Ν	Ν	Ο	Π	Λ	Υ	Π	Γ	Α	Ε	Ο	Φ	Ο	Δ
Π	Τ	Η	Σ	Η	Τ	Σ	Ί	Ρ	Α	Χ	Υ	Ε	Μ	Ρ	Ι
Ι	Ο	Σ	Κ	Λ	Β	Β	Π	Γ	Ι	Α	Χ	Ω	Υ	Ί	Α
Ν	Γ	Ω	Ί	Ε	Μ	Λ	Τ	Ν	Υ	Κ	Α	Έ	Σ	Α	Α
Γ	Ρ	Ρ	Ο	Ψ	Ρ	Ζ	Β	Ψ	Ν	Ρ	Ή	Υ	Α	Χ	Ν
Κ	Α	Ά	Τ	Ά	Ρ	Α	Ί	Ν	Χ	Ε	Τ	Ο	Ι	Β	Α
Ε	Φ	Λ	Λ	Ρ	Ψ	Π	Μ	Ν	Ξ	Δ	Έ	Έ	Μ	Ε	Ψ
Υ	Ί	Α	Υ	Ε	Χ	Α	Σ	Ι	Γ	Ή	Ν	Υ	Κ	Ν	Υ
Υ	Α	Χ	Χ	Μ	Ν	Υ	Σ	Χ	Κ	Μ	Ψ	Ψ	Ι	Χ	Χ
Ρ	Ρ	Ψ	Ψ	Α	Λ	Π	Μ	Ω	Η	Ή	Ξ	Β	Υ	Ι	Ή

ΕΠΙΔΕΞΙΌΤΗΤΑ
ΤΈΧΝΗ
ΒΙΟΤΕΧΝΊΑ
ΚΥΝΉΓΙ
ΚΆΜΠΙΝΓΚ
ΚΕΡΑΜΙΚΉ
ΡΆΨΙΜΟ
ΠΕΖΟΠΟΡΊΑ
ΦΩΤΟΓΡΑΦΊΑ
ΚΗΠΟΥΡΙΚΉ
ΠΑΙΧΝΊΔΙΑ
ΣΥΜΦΈΡΟΝΤΑ
ΑΝΆΓΝΩΣΗ
ΜΑΓΕΊΑ
ΨΆΡΕΜΑ
ΕΥΧΑΡΊΣΤΗΣΗ
ΠΑΖΛ
ΧΑΛΆΡΩΣΗ
ΑΝΑΨΥΧΉ

99 - Diplomazia

Α	Κ	Ε	Ρ	Α	Ι	Ό	Τ	Η	Τ	Α	Ν	Έ	Ψ	Ί	Η
Α	Σ	Φ	Ά	Λ	Ε	Ι	Α	Ν	Ρ	Α	Γ	Η	Ε	Γ	Ω
Ε	Ψ	Χ	Ί	Έ	Π	Τ	Ψ	Ι	Ι	Λ	Ε	Ψ	Ν	Δ	Α
Ή	Α	Ρ	Λ	Λ	Ρ	Κ	Υ	Β	Έ	Ρ	Ν	Η	Σ	Η	Π
Κ	Ο	Ρ	Ω	Α	Έ	Υ	Α	Β	Π	Π	Τ	Ί	Λ	Ξ	Ρ
Ι	Ο	Ί	Α	Ί	Σ	Α	Γ	Ρ	Ε	Ν	Υ	Σ	Έ	Ν	Ε
Τ	Δ	Ι	Λ	Η	Β	Ξ	Η	Σ	Υ	Ο	Ρ	Κ	Γ	Ύ	Σ
Ι	Π	Ν	Ν	Ο	Η	Σ	Ξ	Σ	Π	Ο	Λ	Ί	Τ	Η	Β
Λ	Ύ	Σ	Η	Ό	Σ	Η	Ξ	Έ	Υ	Π	Ξ	Δ	Π	Σ	Ε
Ο	Π	Η	Σ	Η	Τ	Ή	Ζ	Υ	Σ	Λ	Ο	Λ	Λ	Υ	Ί
Π	Β	Χ	Έ	Ο	Ι	Η	Έ	Μ	Ρ	Β	Ά	Δ	Β	Ν	Α
Ρ	Η	Β	Ο	Α	Τ	Έ	Τ	Ξ	Ε	Τ	Γ	Ν	Έ	Θ	Σ
Σ	Ε	Θ	Τ	Ί	Ω	Γ	Τ	Α	Ι	Ε	Ι	Υ	Α	Ή	Σ
Ω	Έ	Μ	Ι	Δ	Ι	Κ	Α	Ι	Ο	Σ	Ύ	Ν	Η	Κ	Ώ
Δ	Χ	Ο	Ό	Κ	Ι	Τ	Α	Μ	Ω	Λ	Π	Ι	Δ	Η	Λ
Β	Ρ	Ε	Β	Ξ	Ή	Σ	Ύ	Μ	Β	Ο	Υ	Λ	Ο	Σ	Γ

ΠΡΕΣΒΕΊΑ
ΠΡΈΣΒΗΣ
ΠΟΛΊΤΗ
ΚΟΙΝΌΤΗΤΑ
ΣΎΓΚΡΟΥΣΗ
ΣΎΜΒΟΥΛΟΣ
ΣΥΝΕΡΓΑΣΊΑ
ΔΙΠΛΩΜΑΤΙΚΌ
ΣΥΖΉΤΗΣΗ
ΗΘΙΚΉ
ΔΙΚΑΙΟΣΎΝΗ
ΚΥΒΈΡΝΗΣΗ
ΑΚΕΡΑΙΌΤΗΤΑ
ΓΛΏΣΣΑ
ΠΟΛΙΤΙΚΉ
ΑΝΆΛΥΣΗ
ΑΣΦΆΛΕΙΑ
ΛΎΣΗ
ΣΥΝΘΉΚΗ

100 - Misurazioni

Υ	Ρ	Χ	Π	Β	Μ	Έ	Β	Ε	Σ	Ε	Ψ	Ι	Σ	Χ	Π
Π	Τ	Ι	Ο	Λ	Ο	Ι	Ρ	Ά	Μ	Μ	Α	Ρ	Γ	Ι	Ι
Π	Η	Λ	Υ	Α	Λ	Υ	Σ	Ι	Ι	Π	Λ	Σ	Ε	Λ	Χ
Τ	Έ	Ι	Ψ	Β	Π	Τ	Γ	Ξ	Ι	Σ	Τ	Η	Γ	Ι	Ν
Ε	Ν	Ό	Ο	Ρ	Τ	Ί	Λ	Γ	Ο	Ο	Έ	Ξ	Ε	Ό	Τ
Π	Μ	Μ	Σ	Ο	Ν	Ό	Τ	Ρ	Ι	Τ	Ν	Υ	Ι	Γ	Ξ
Η	Ξ	Ε	Λ	Ο	Ι	Φ	Η	Ψ	Ξ	Ά	Τ	Χ	Σ	Ρ	Τ
Ι	Ρ	Τ	Β	Ν	Μ	Ά	Ζ	Α	Ί	Λ	Α	Μ	Χ	Α	Λ
Β	Γ	Ρ	Ζ	Α	Σ	Τ	Ν	Ί	Β	Π	Σ	Δ	Ό	Μ	Τ
Ι	Ι	Ο	Χ	Υ	Θ	Μ	Ή	Κ	Ο	Σ	Η	Δ	Τ	Μ	Λ
Μ	Έ	Τ	Ρ	Ο	Γ	Μ	Έ	Ο	Ν	Β	Μ	Ψ	Π	Ο	Τ
Γ	Υ	Γ	Έ	Ξ	Ξ	Ί	Ό	Κ	Ι	Δ	Α	Κ	Ε	Δ	Ο
Ί	Δ	Ί	Δ	Σ	Έ	Υ	Ζ	Σ	Ο	Θ	Ά	Β	Λ	Ρ	Έ
Ε	Δ	Γ	Ξ	Τ	Τ	Ρ	Ψ	Ω	Α	Η	Δ	Α	Ρ	Ψ	Χ
Ξ	Ι	Η	Τ	Β	Σ	Ρ	Ε	Κ	Α	Τ	Ο	Σ	Τ	Ό	Χ
Β	Ξ	Μ	Σ	Β	Ι	Ε	Τ	Ρ	Ψ	Ψ	Λ	Ε	Λ	Έ	Ω

ΥΨΟΣ
ΨΗΦΙΟΛΕΞΗ
ΕΚΑΤΟΣΤΌ
ΧΙΛΙΌΓΡΑΜΜΟ
ΧΙΛΙΌΜΕΤΡΟ
ΔΕΚΑΔΙΚΌ
ΒΑΘΜΌΣ
ΓΡΑΜΜΆΡΙΟ
ΠΛΆΤΟΣ
ΛΊΤΡΟ

ΜΉΚΟΣ
ΜΆΖΑ
ΜΈΤΡΟ
ΛΕΠΤΌ
ΟΥΓΓΙΆ
ΖΥΓΊΖΩ
ΊΝΤΣΑ
ΒΆΘΟΣ
ΤΌΝΟΣ
ΈΝΤΑΣΗ

1 - Salute e Benessere #2

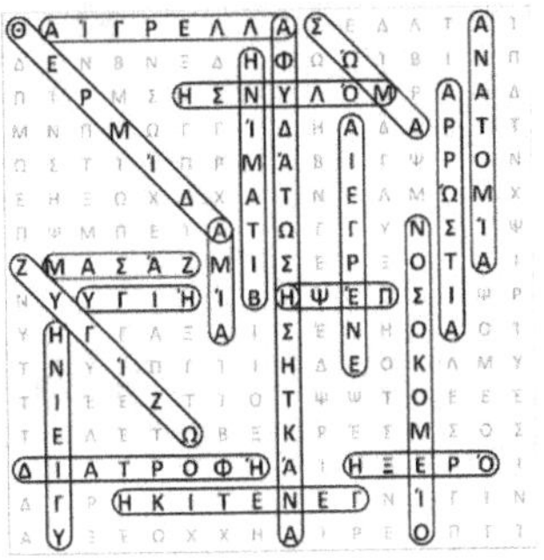

2 - Aggettivi #2

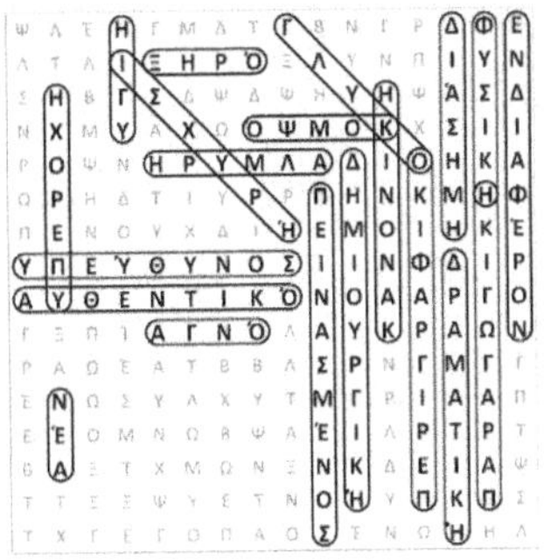

3 - Pesca

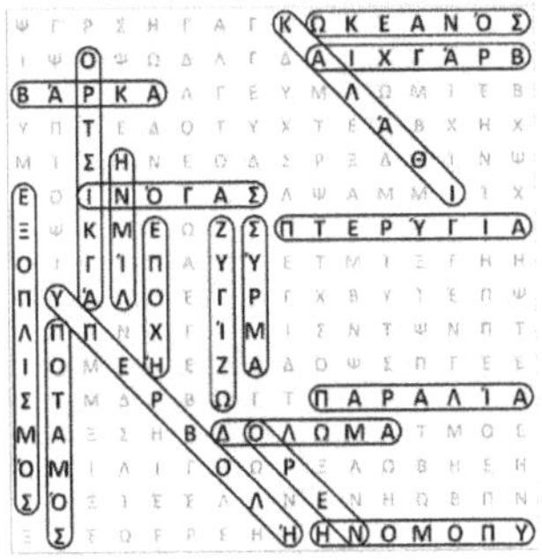

4 - Ingegneria

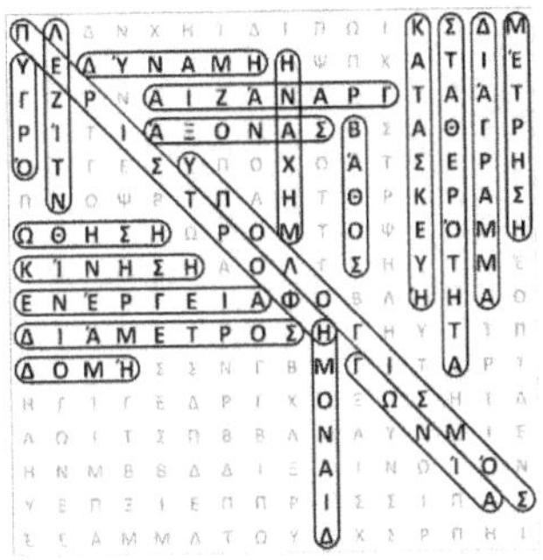

5 - Archeologia

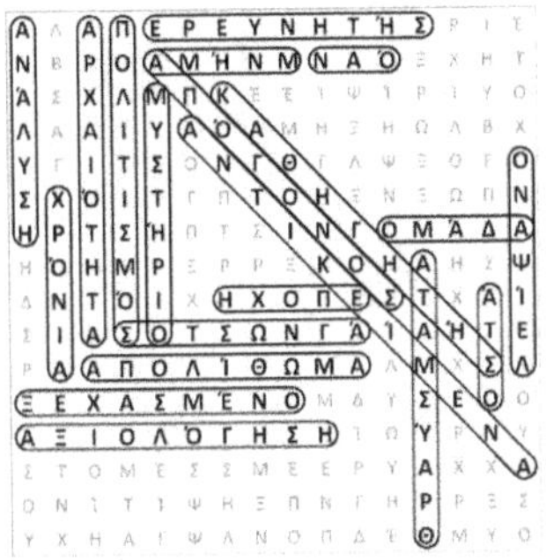

6 - Salute e Benessere #1

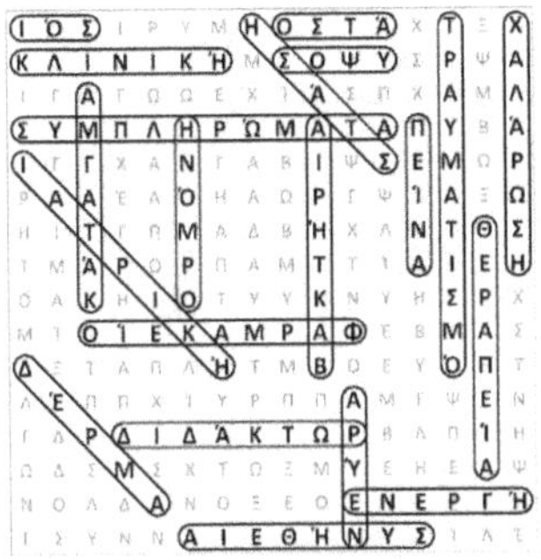

7 - Aggettivi #1

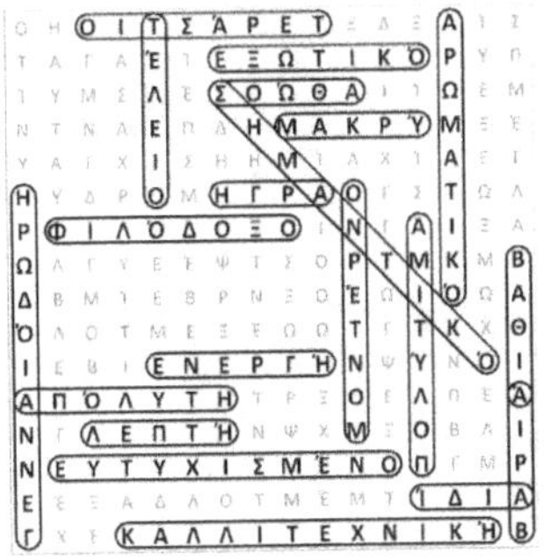

8 - Geologia

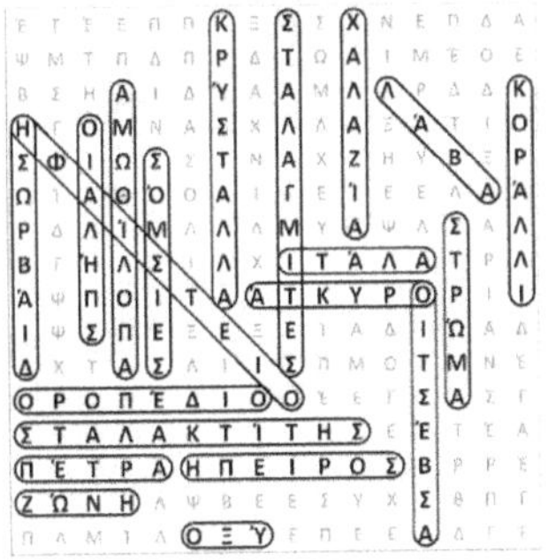

9 - Campeggio

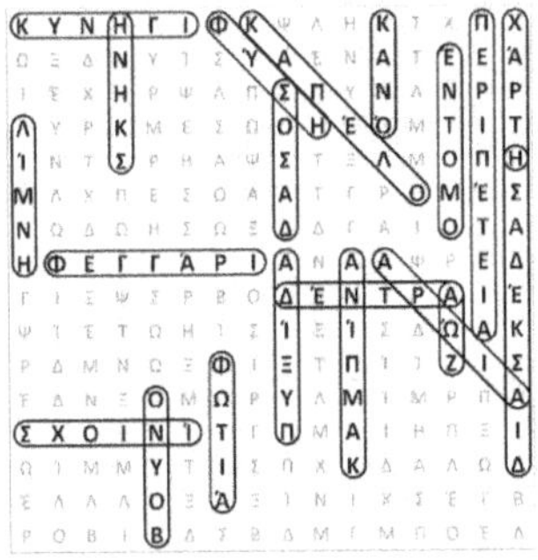

10 - Arti Visive

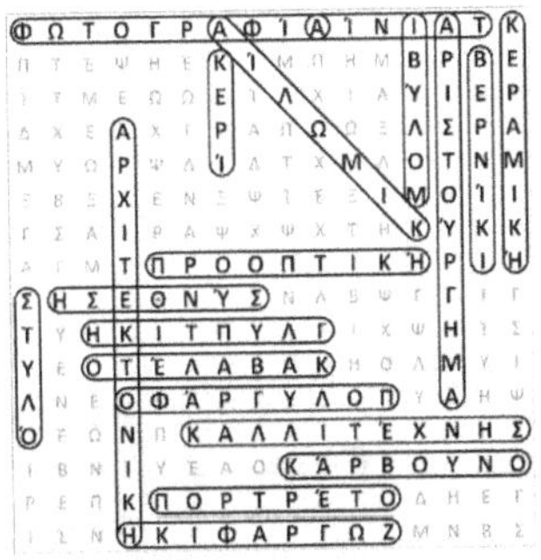

11 - Tempo

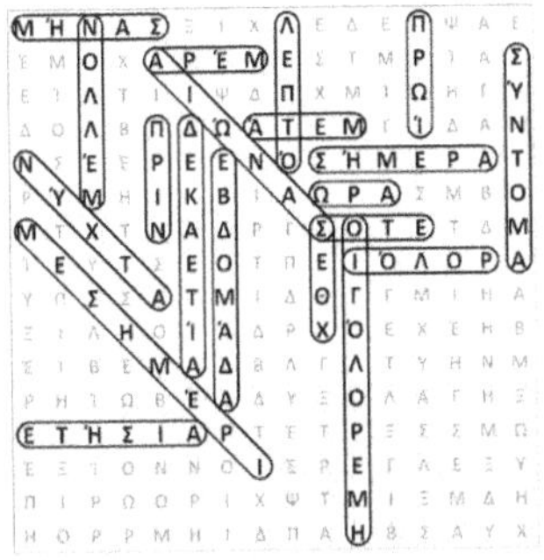

12 - Astronomia

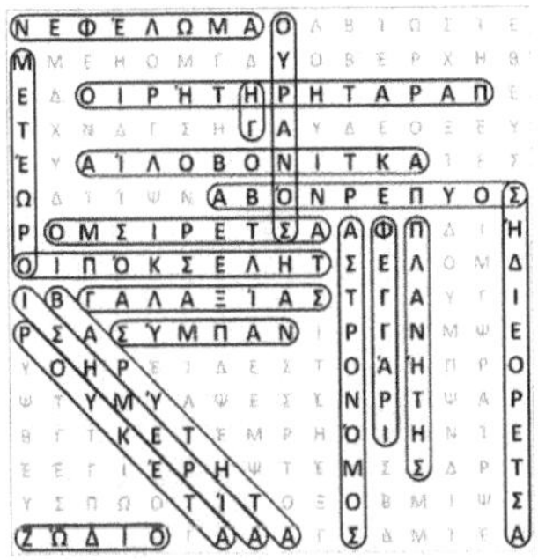

13 - Algebra

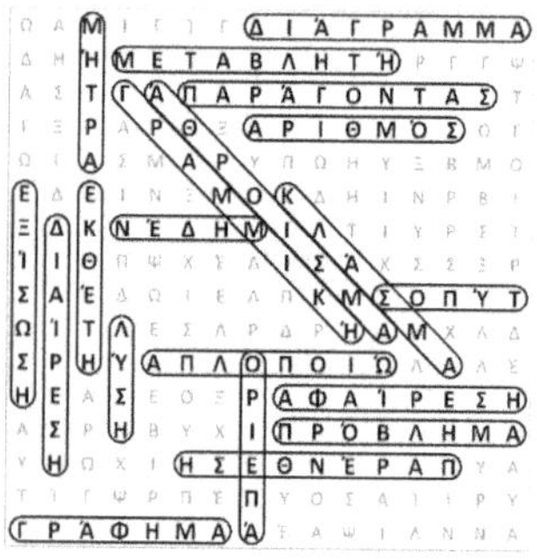

14 - Mitologia

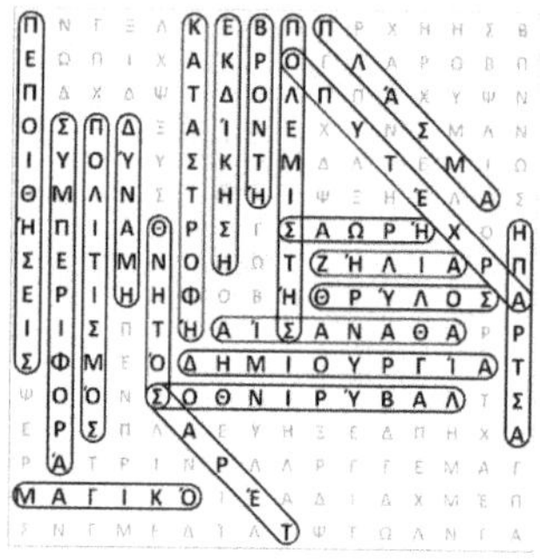

15 - Piante

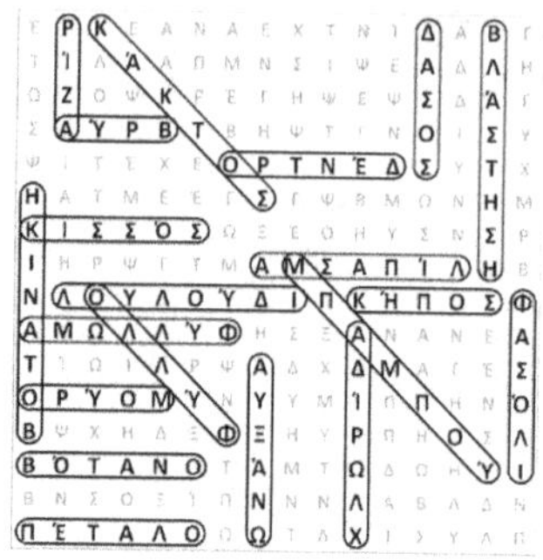

16 - Spezie

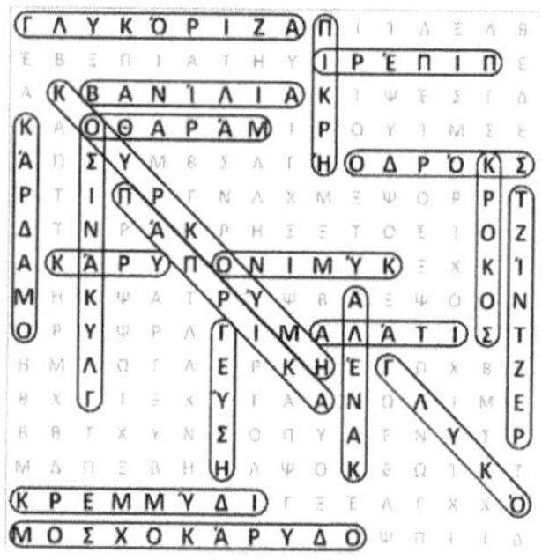

17 - Numeri

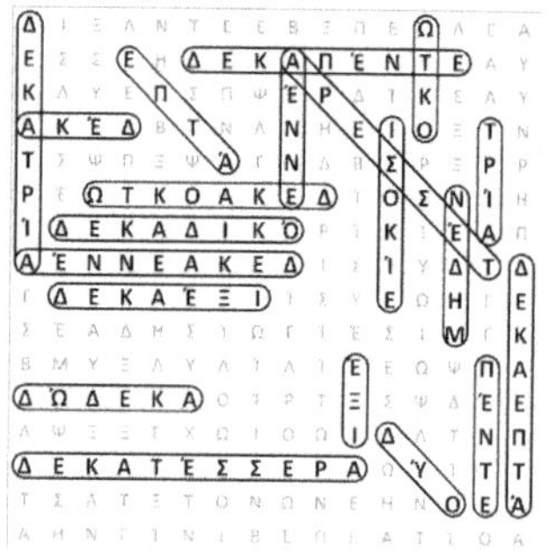

18 - Cioccolato

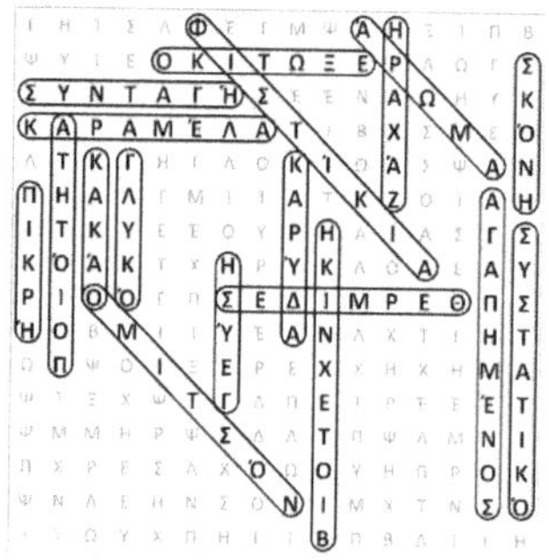

19 - Guida

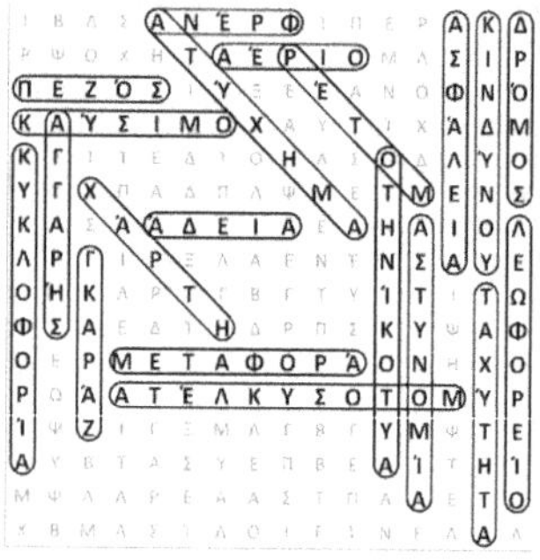

20 - Forza e Gravità

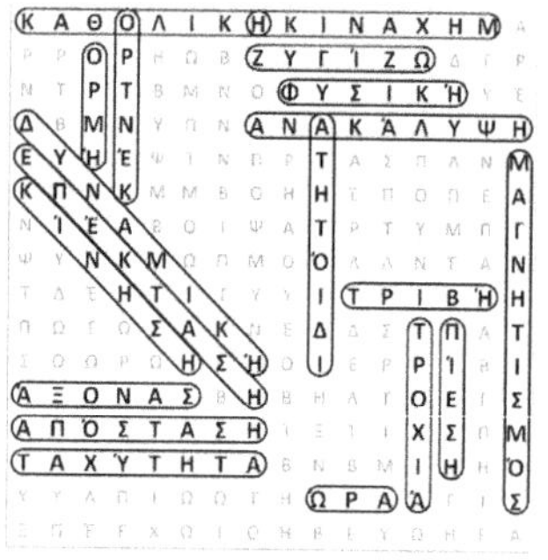

21 - Caffè

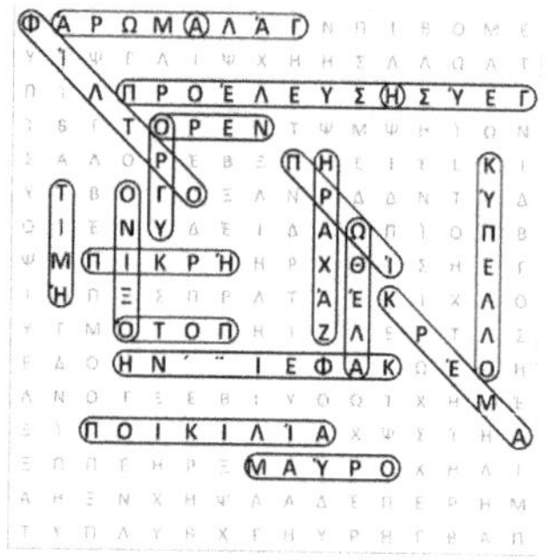

22 - Uccelli

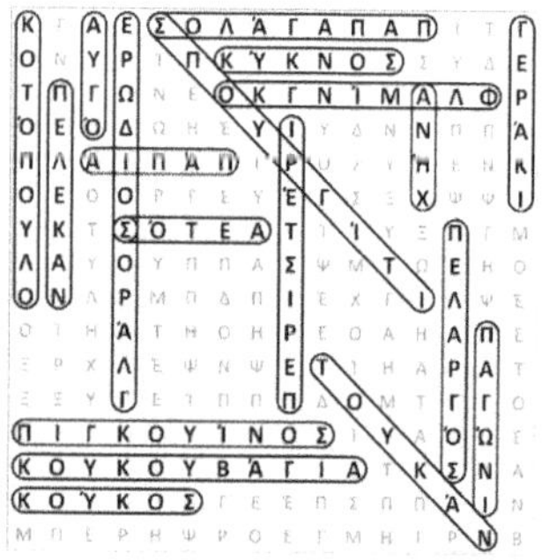

23 - Giorni e Mesi

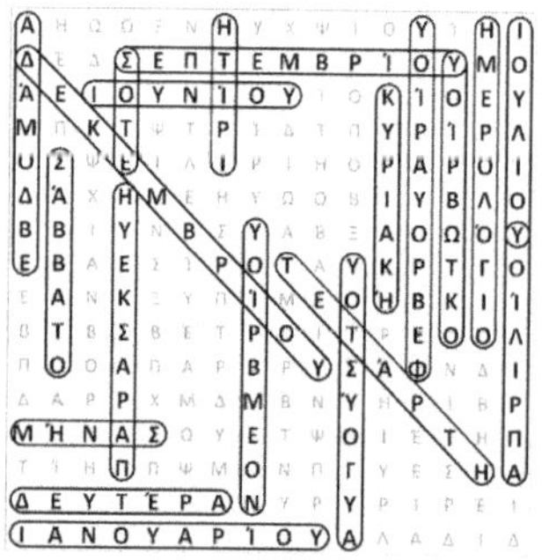

24 - Casa

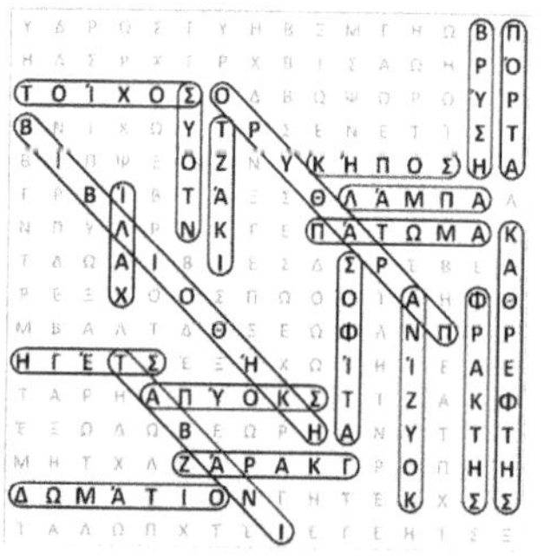

25 - Fantascienza

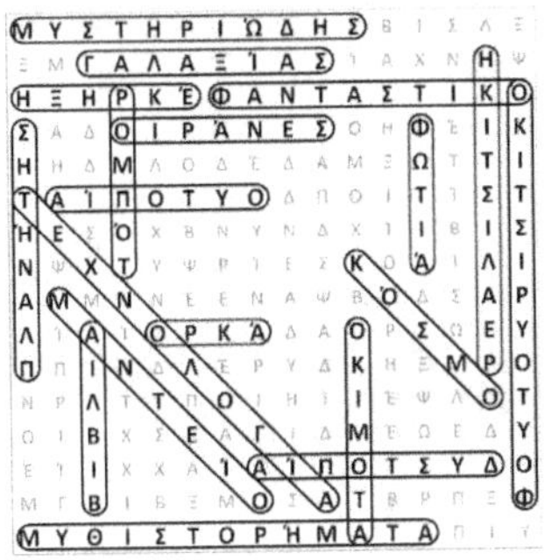

26 - Città

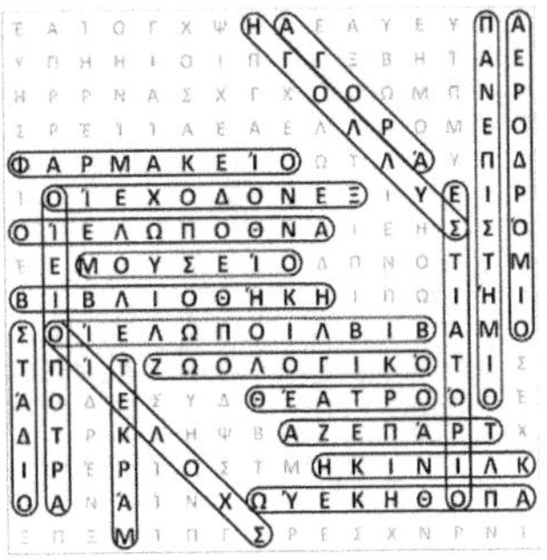

27 - Fattoria #1

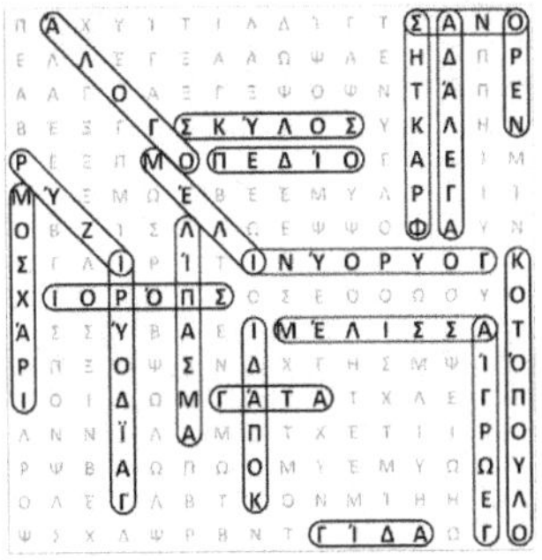

28 - Paesaggi

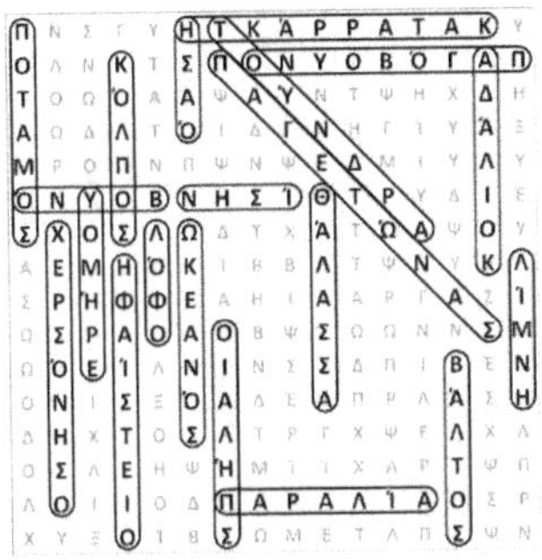

29 - Energia

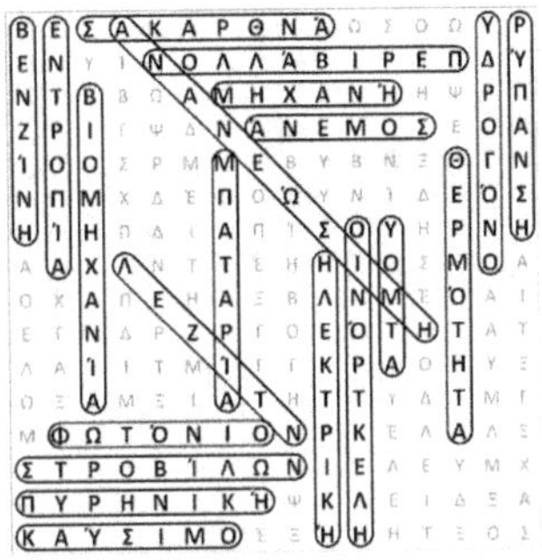

30 - Ristorante #2

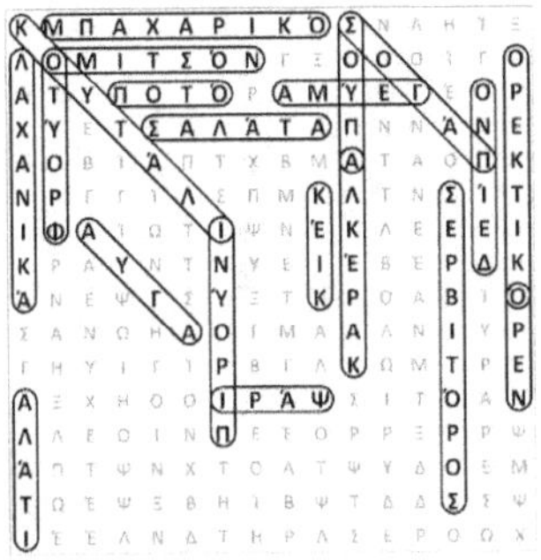

31 - Moda

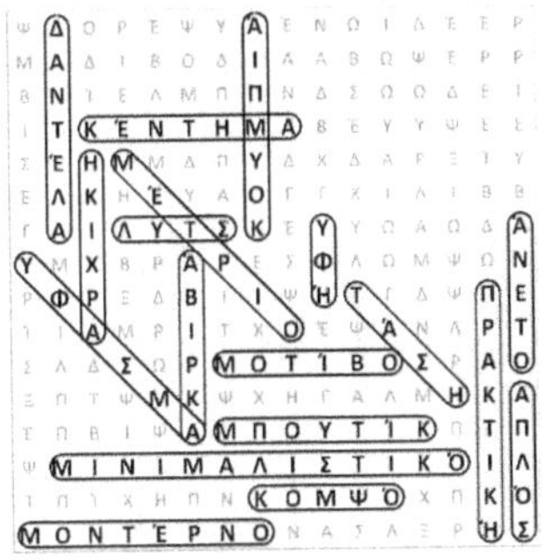

32 - Giardino

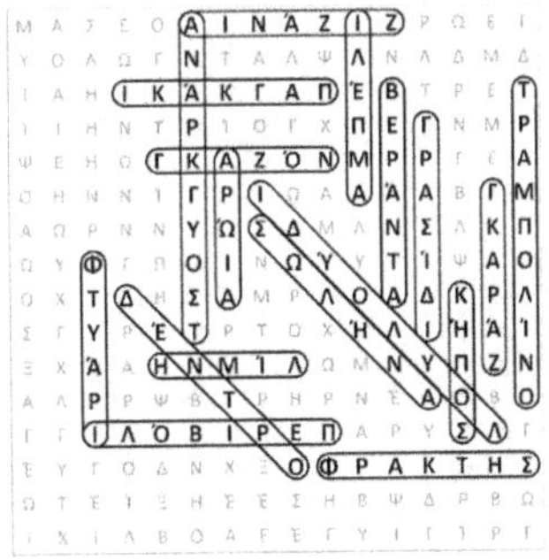

33 - Riscaldamento GI

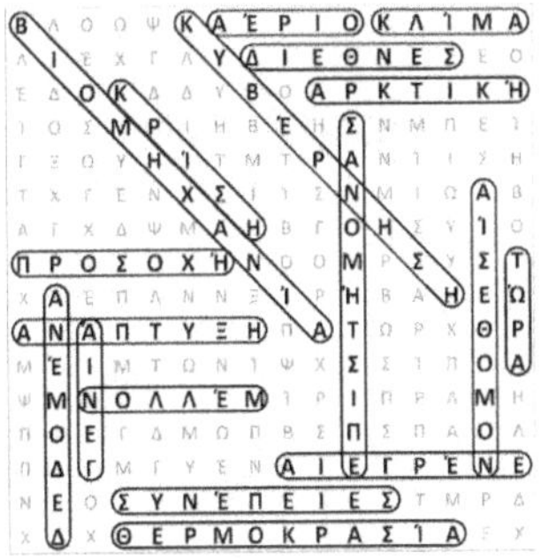

34 - Frutta

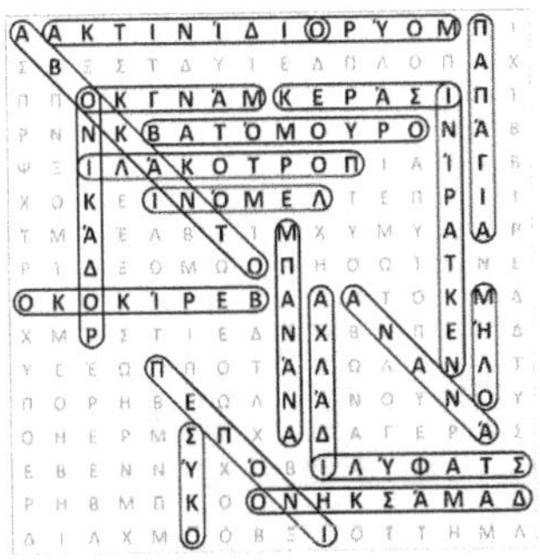

35 - Fattoria #2

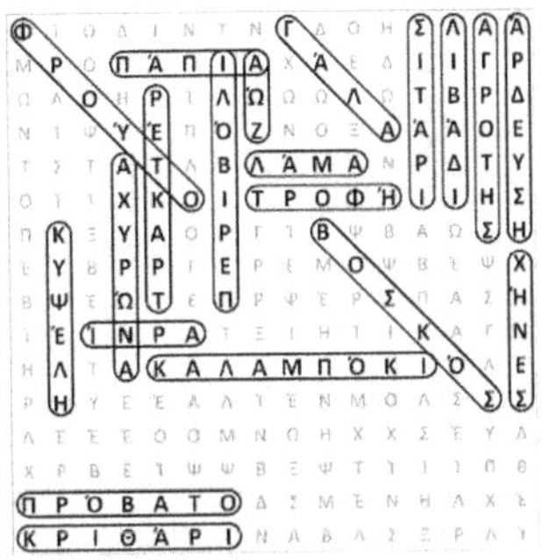

36 - Verdure

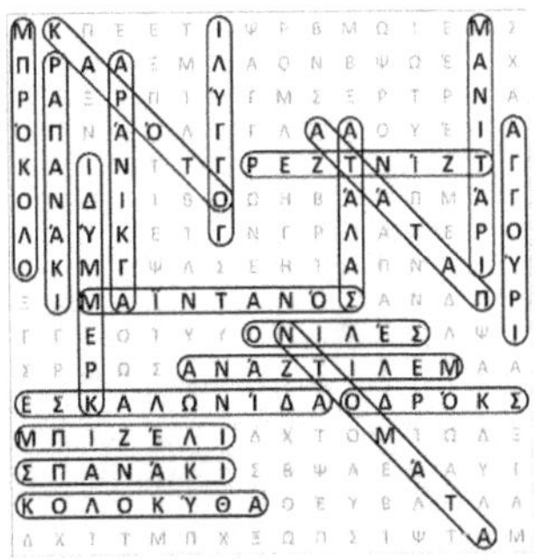

37 - Musica

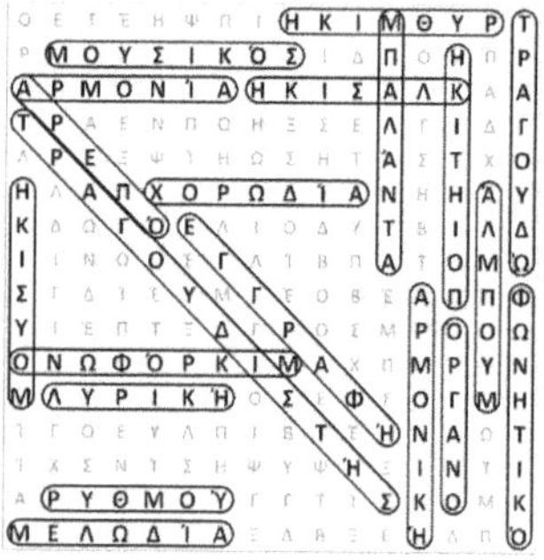

38 - Barbecue

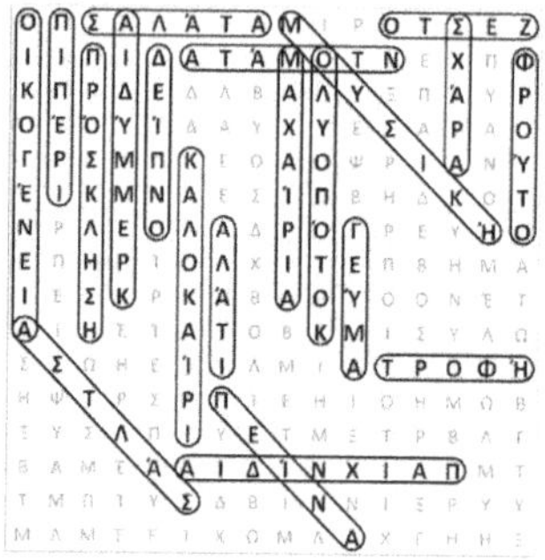

39 - Fisica

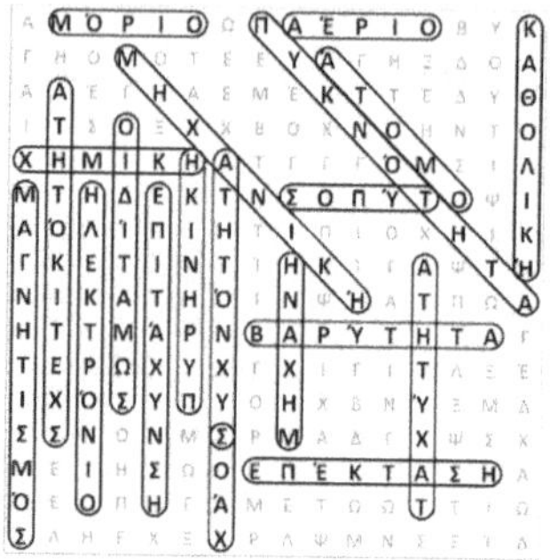

40 - Agronomia

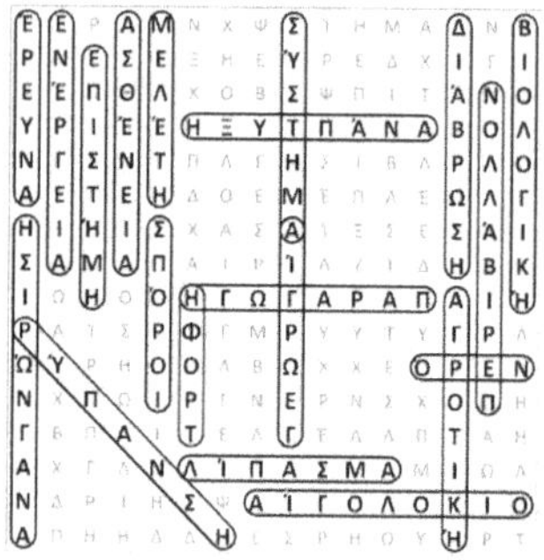

41 - Erboristeria

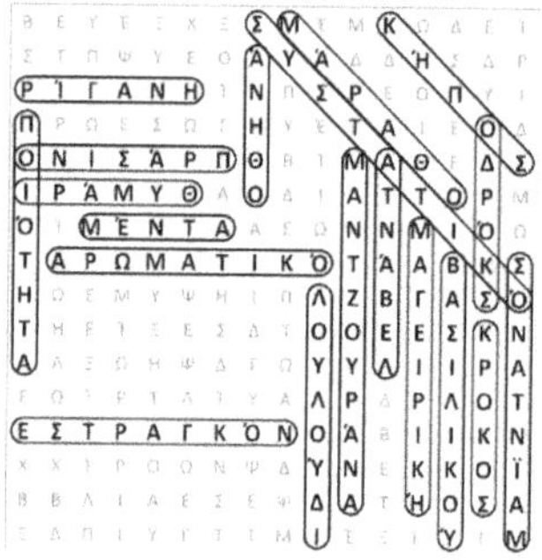

42 - Danza

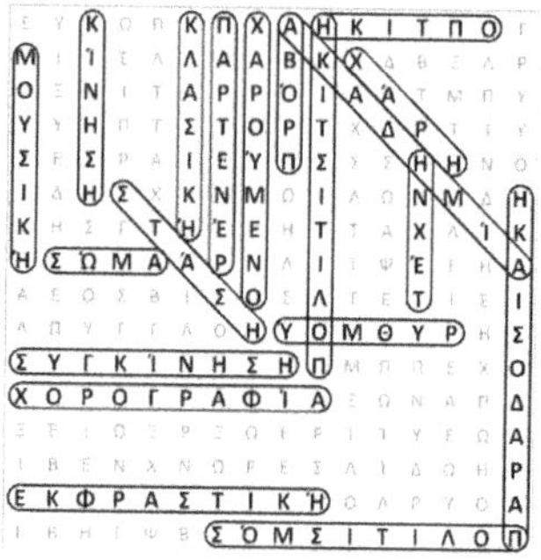

43 - Biologia

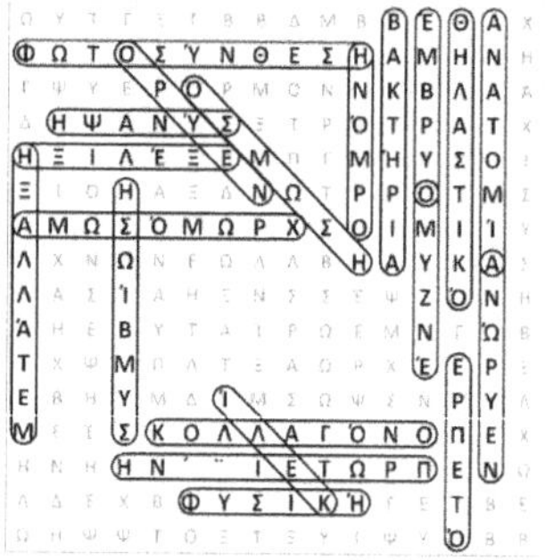

44 - Attività Commerciale

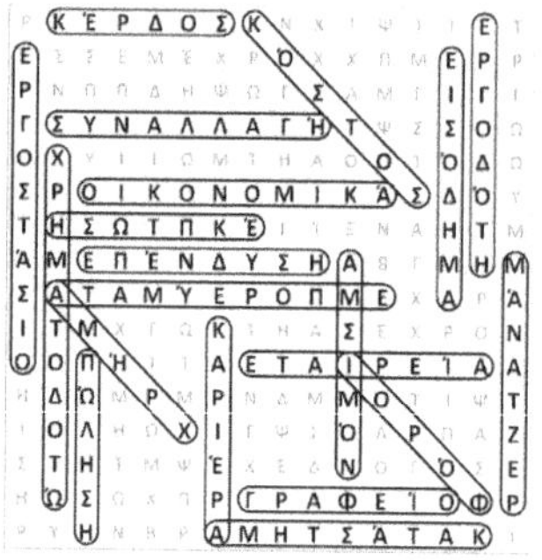

45 - Fiori

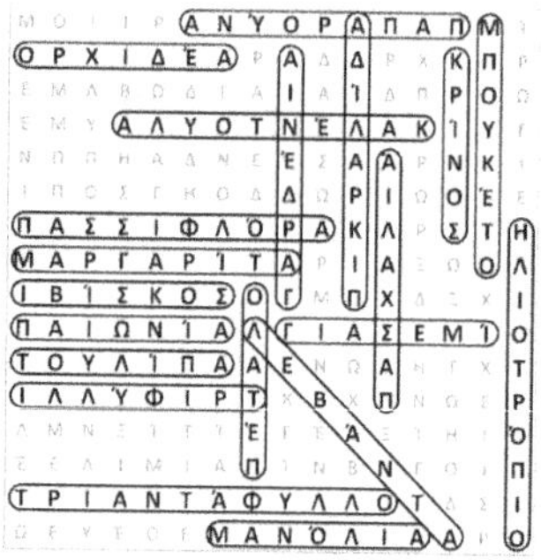

46 - Ecologia

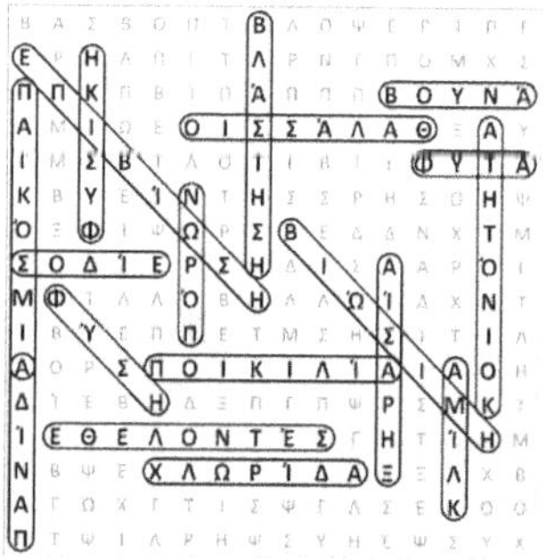

47 - Discipline Scientifiche

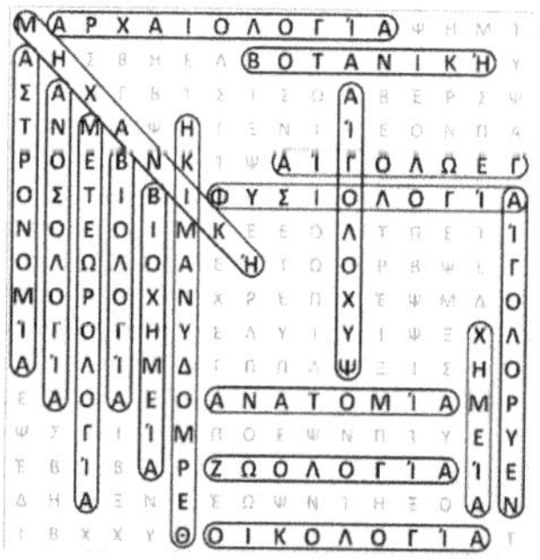

48 - Scienza

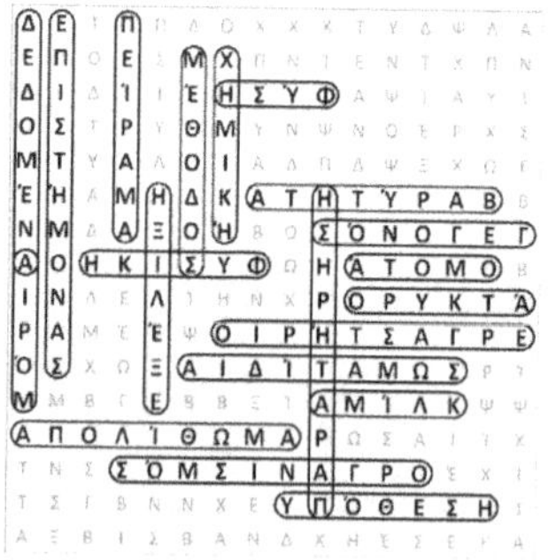

49 - Acqua

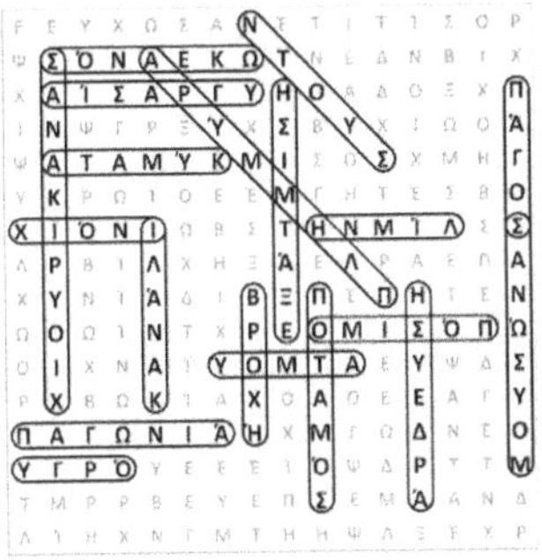

50 - Boxe

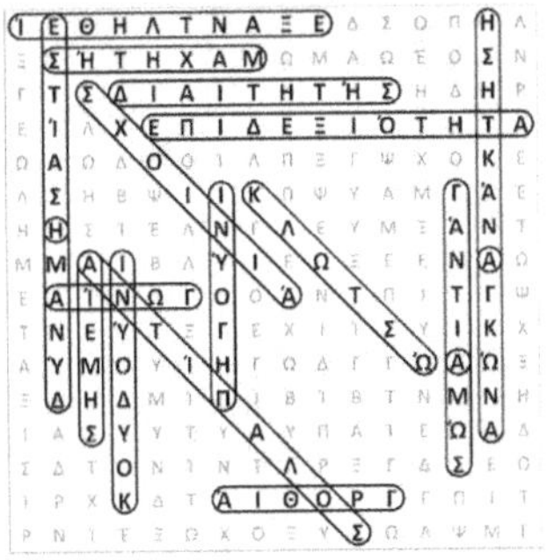

51 - Imbarcazioni

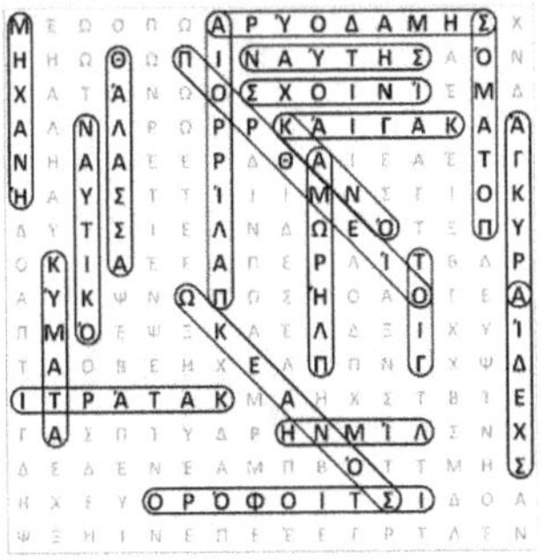

52 - Chimica

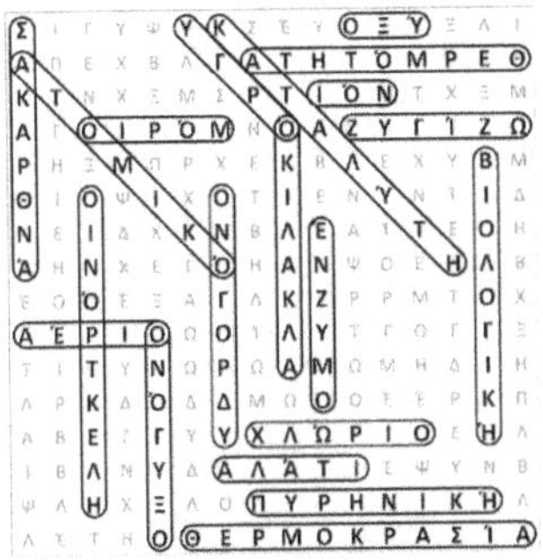

53 - Api

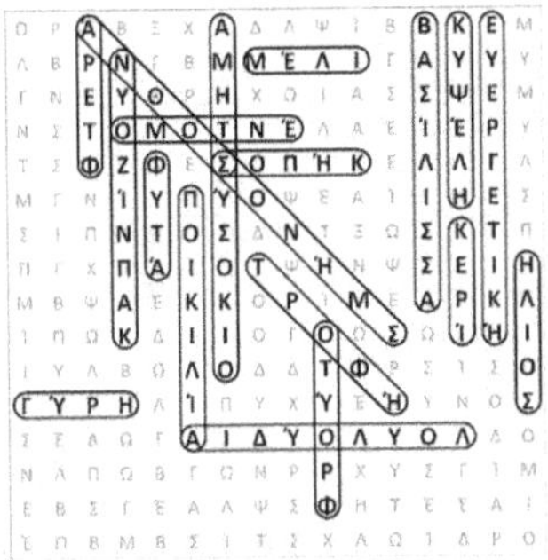

54 - Strumenti Musicali

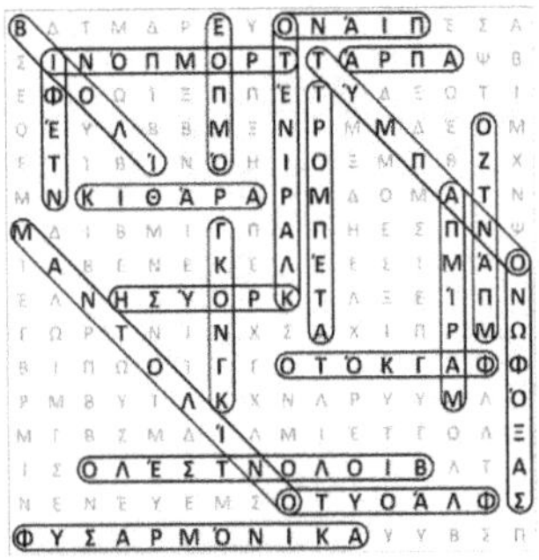

55 - Professioni #2

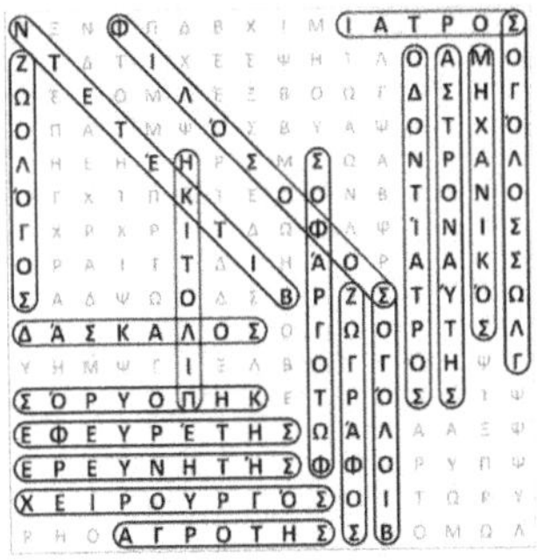

56 - Letteratura

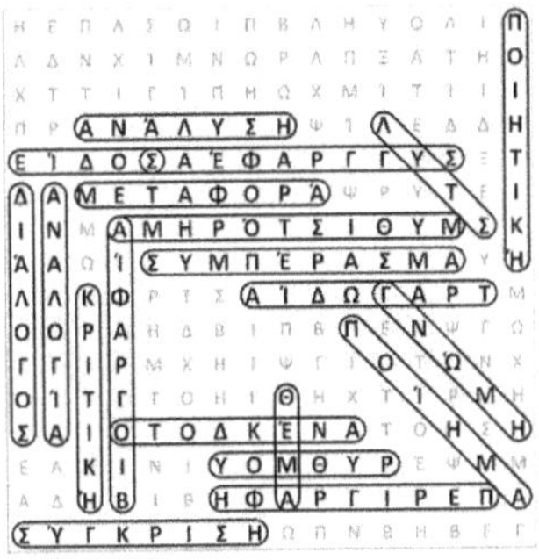

57 - Cibo #2

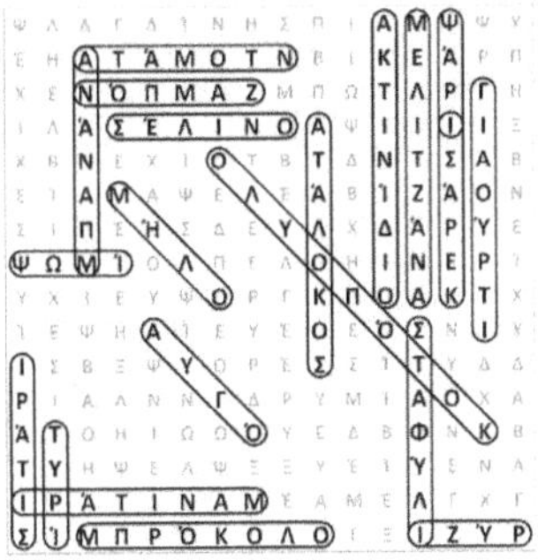

58 - Nutrizione

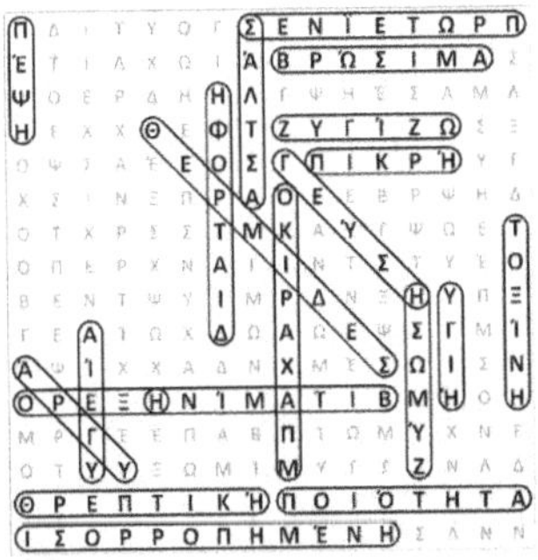

59 - Matematica

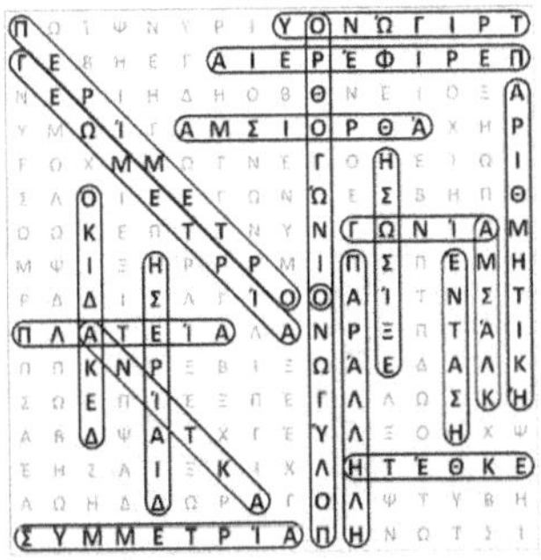

60 - Meditazione

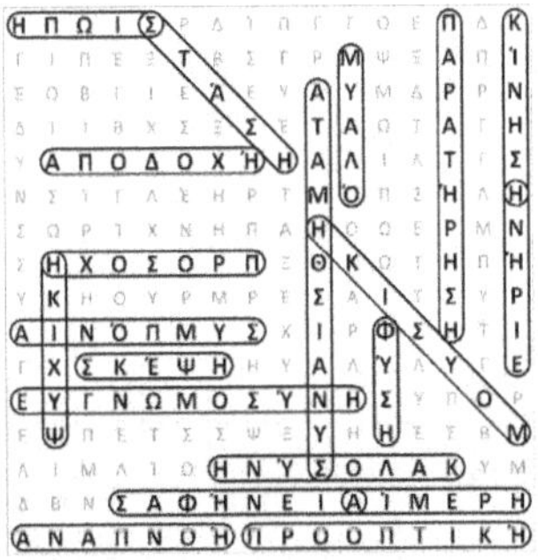

61 - Elettricità

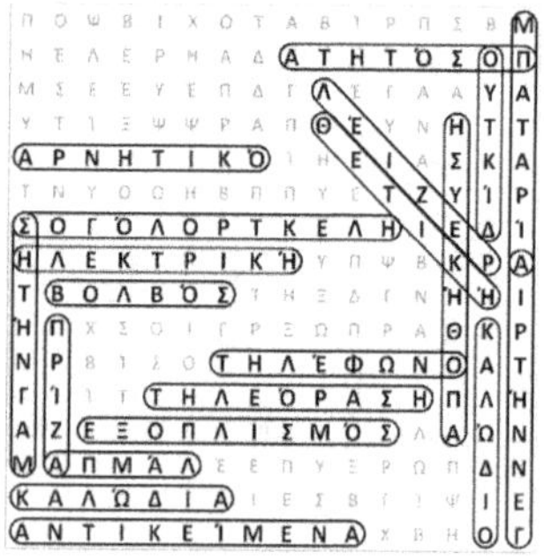

62 - Antiquariato

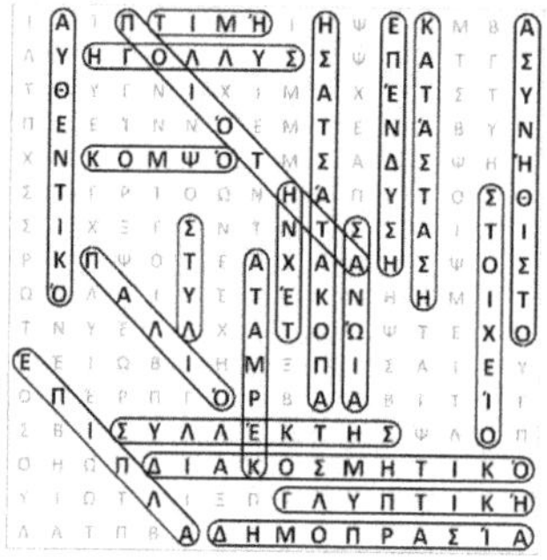

63 - Escursionismo

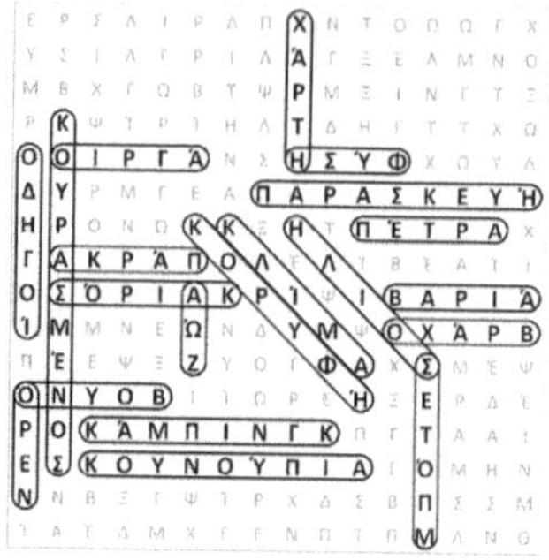

64 - Professioni #1

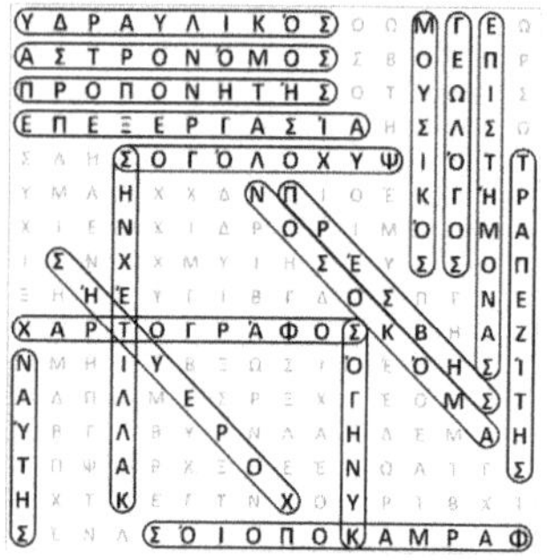

65 - Antartide

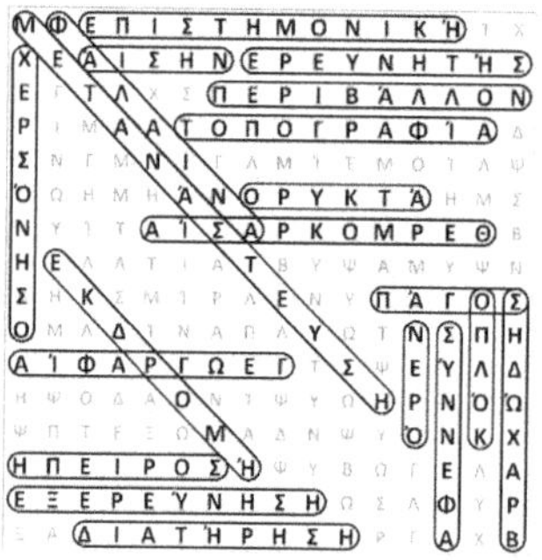

66 - Libri

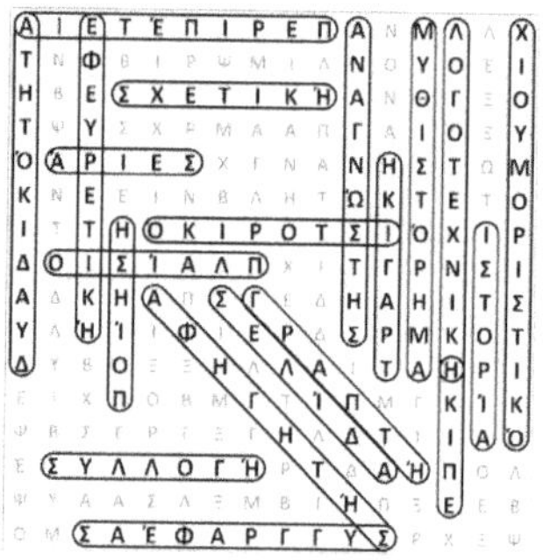

67 - Geografia

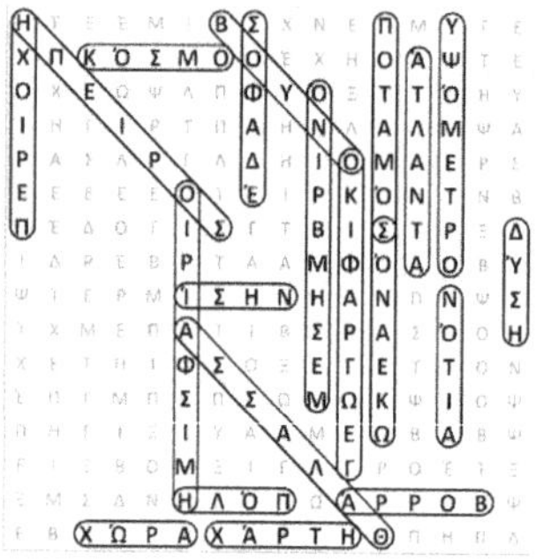

68 - Cibo #1

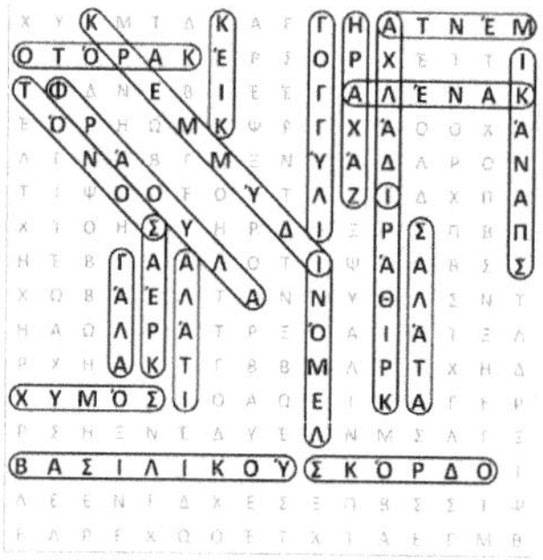

69 - Etica

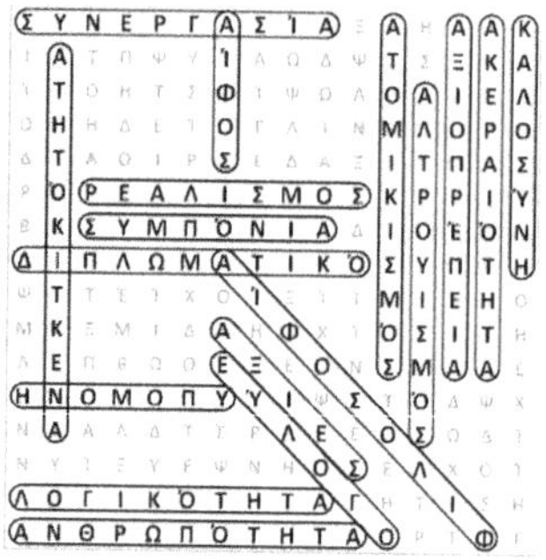

70 - Aeroplani

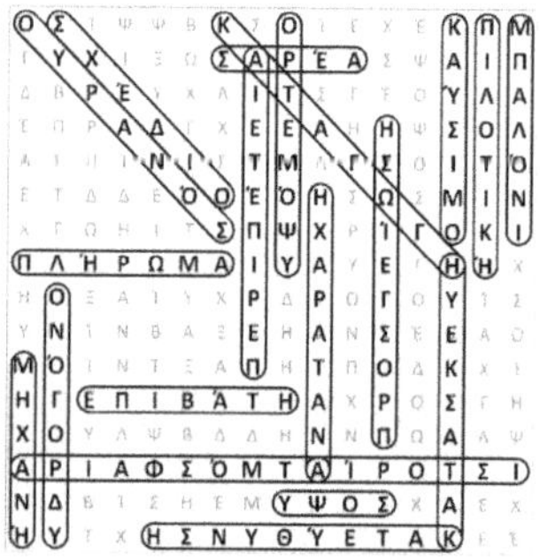

71 - Governo

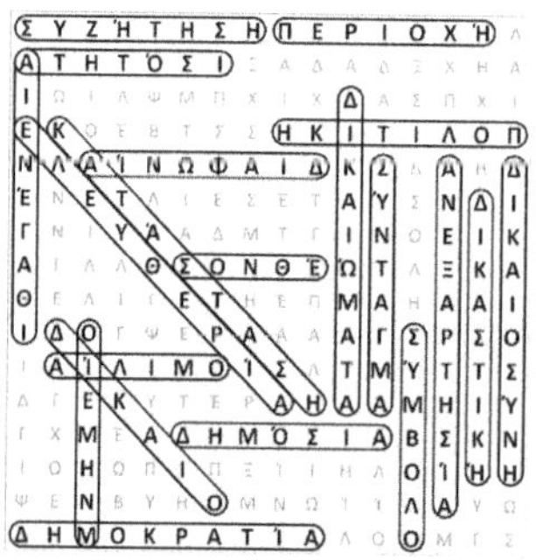

72 - Bellezza

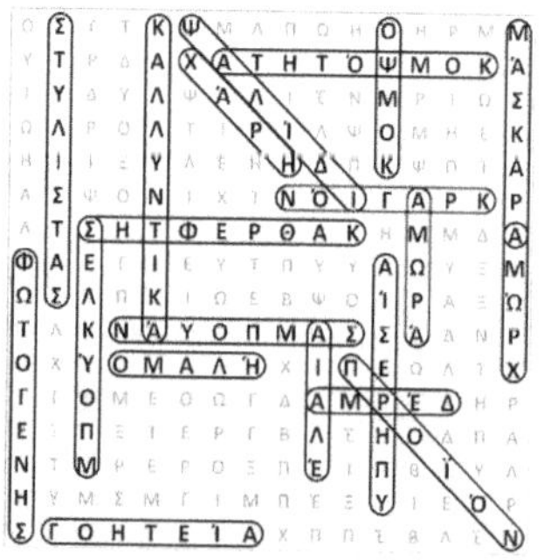

73 - Avventura

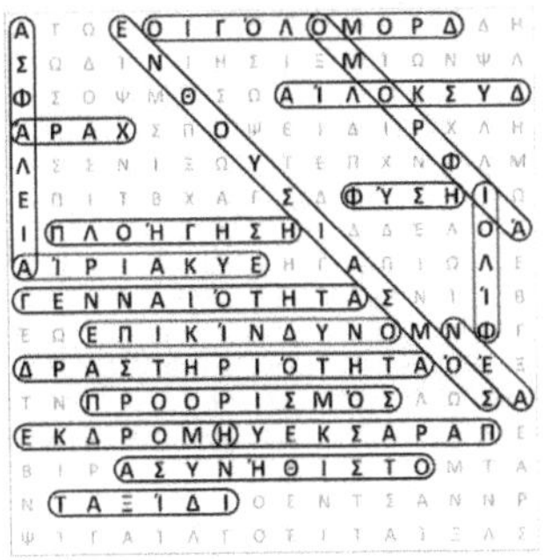

74 - Forme

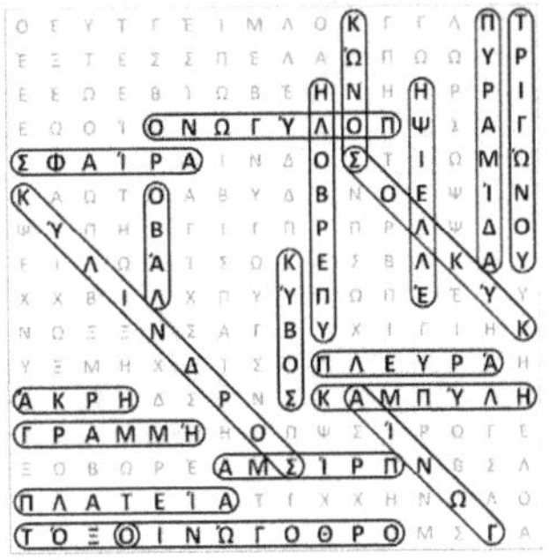

75 - Oceano

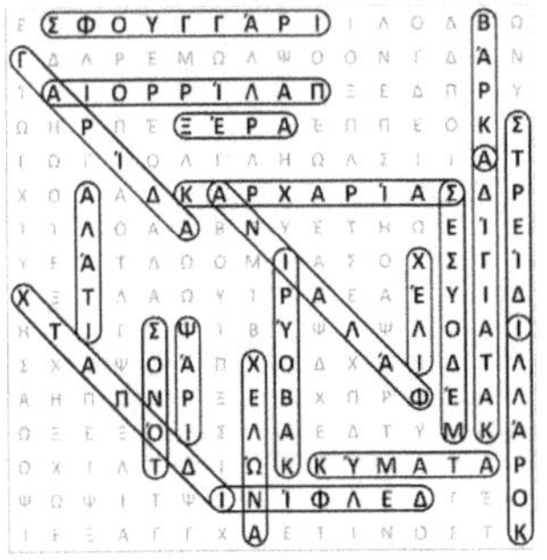

76 - Famiglia

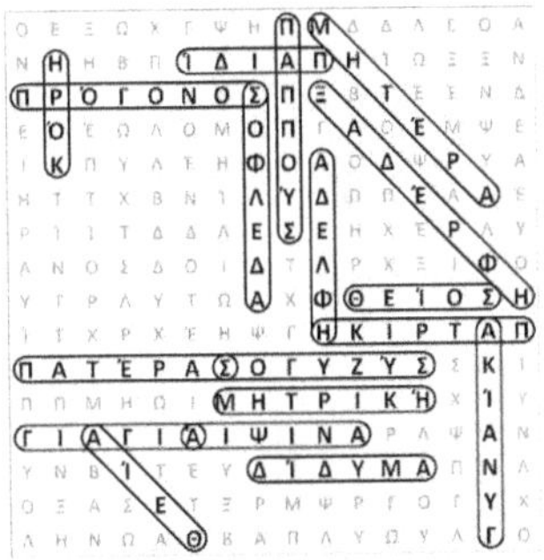

77 - Creatività

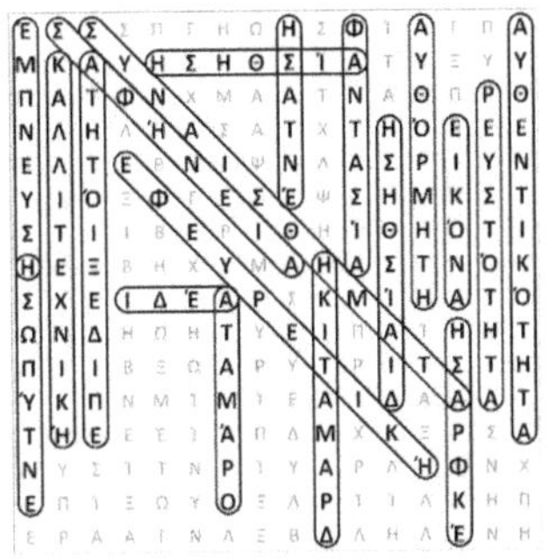

78 - Veicoli

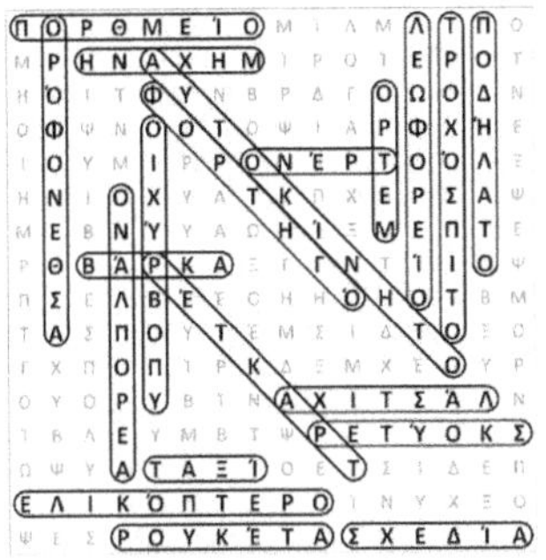

79 - Emozioni

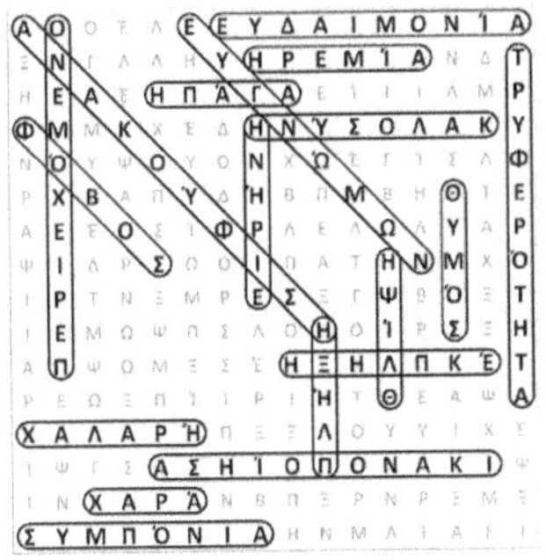

80 - Natura

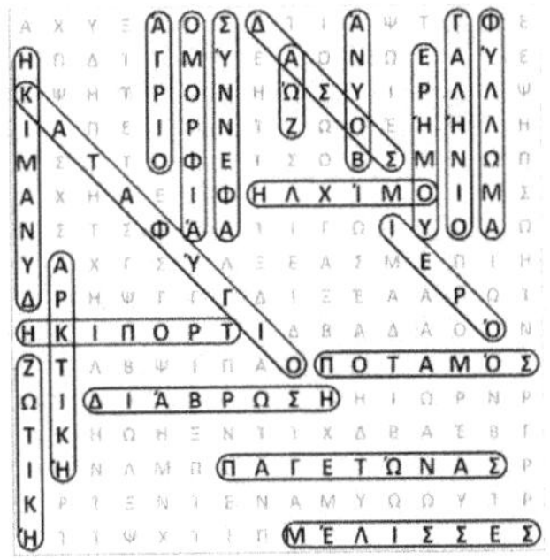

81 - Balletto

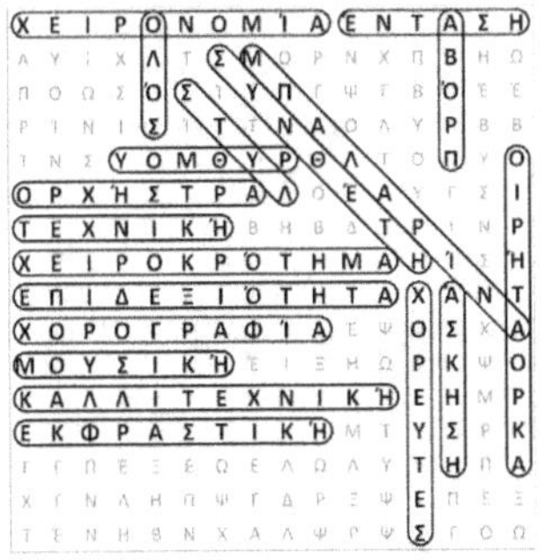

82 - Paesi #1

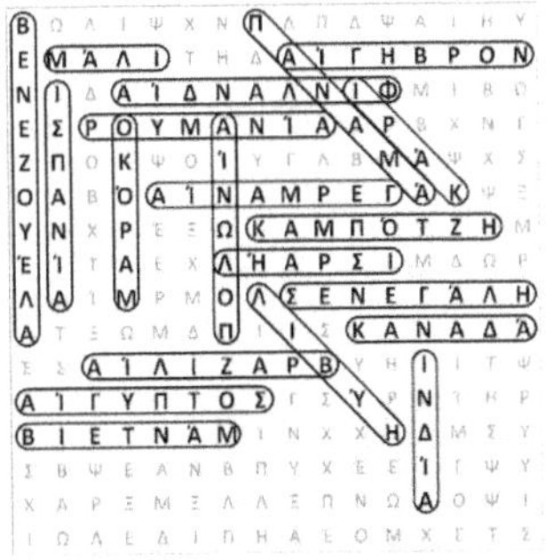

83 - Geometria

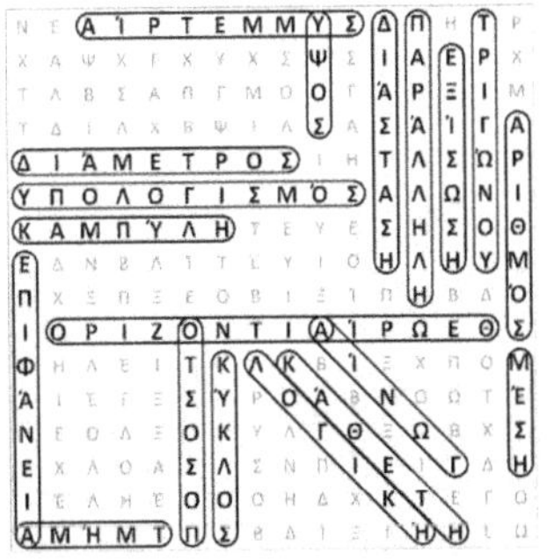

84 - Foresta Pluviale

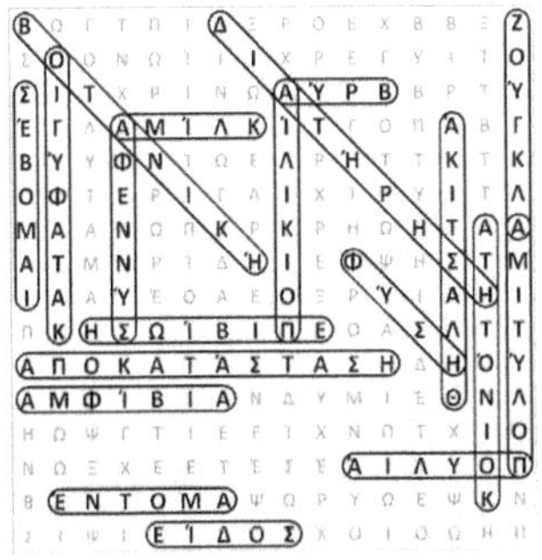

85 - Edifici

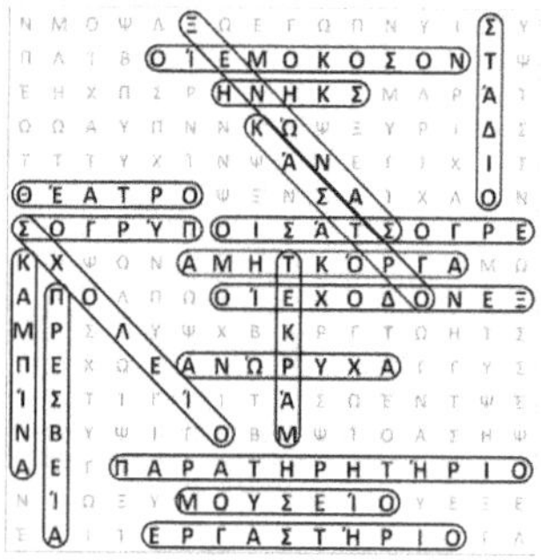

86 - Malattia

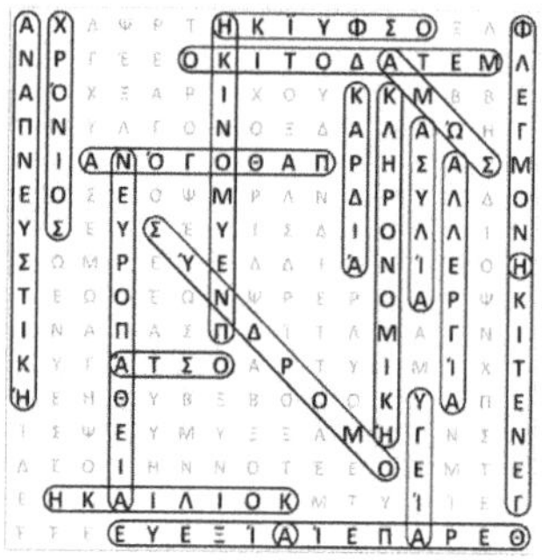

87 - Paesi #2

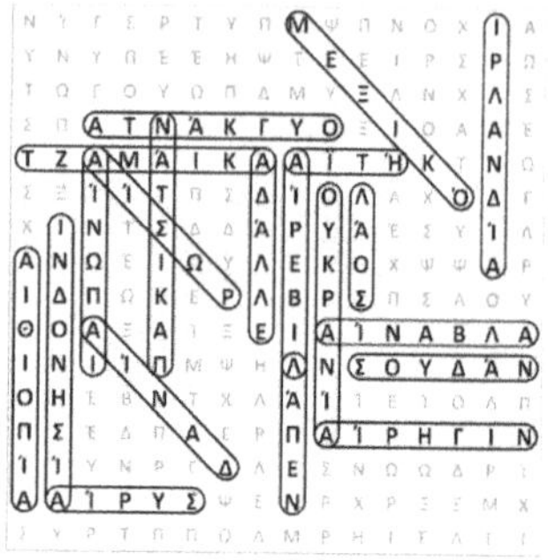

88 - Tipi di Capelli

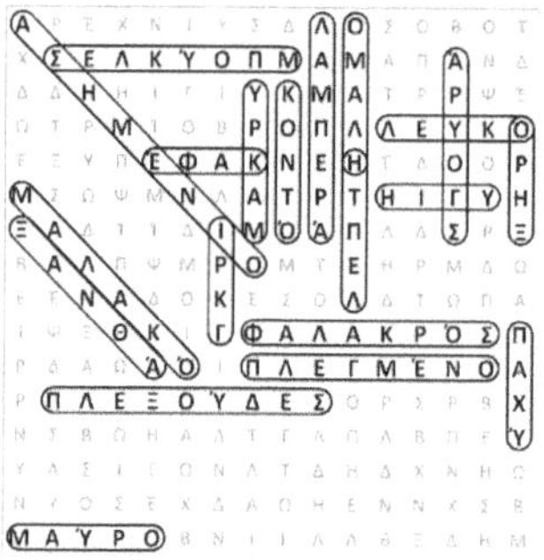

89 - Vestiti

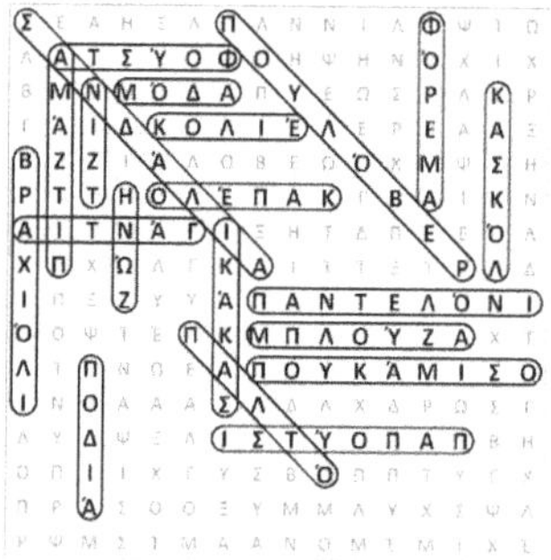

90 - Attività e Tempo Libero

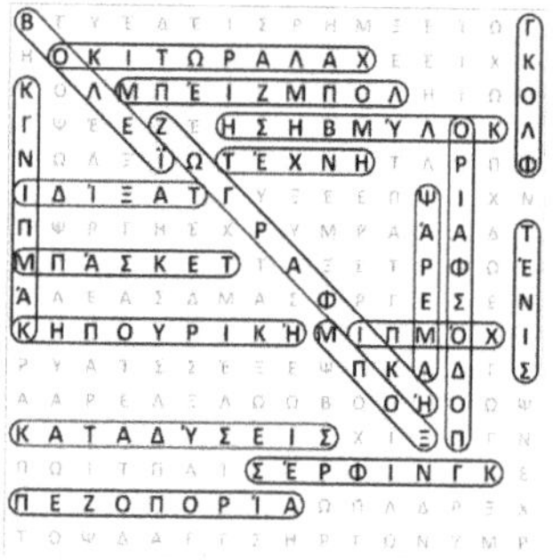

91 - Meteo

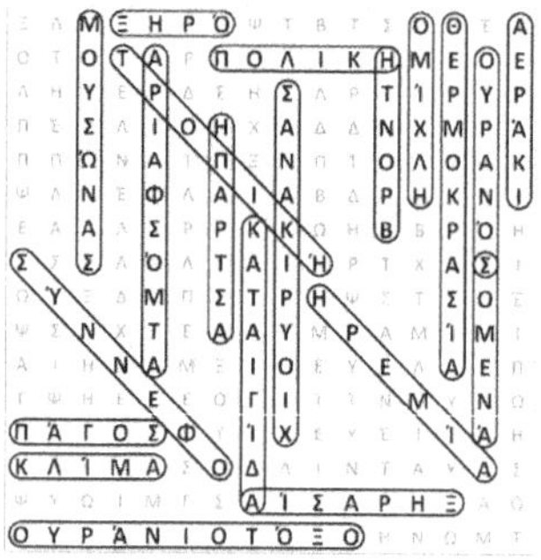

92 - Corpo Umano

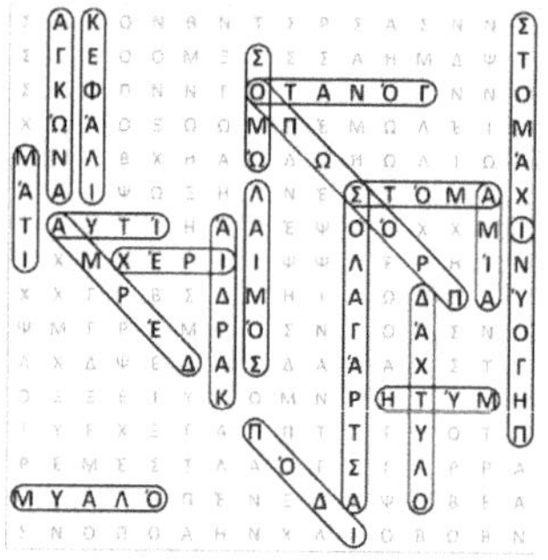

93 - Mammiferi

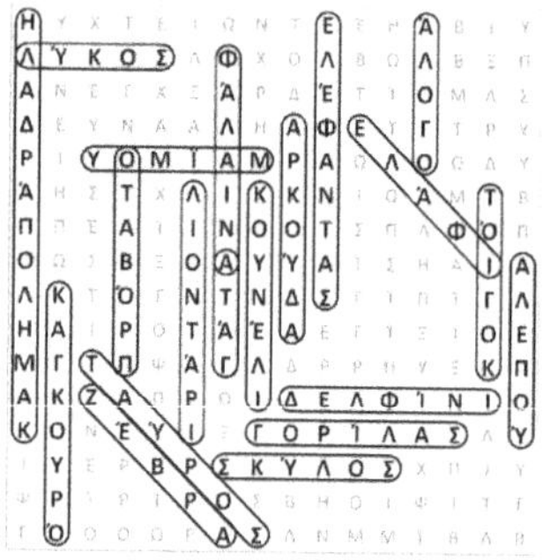

94 - Giardinaggio

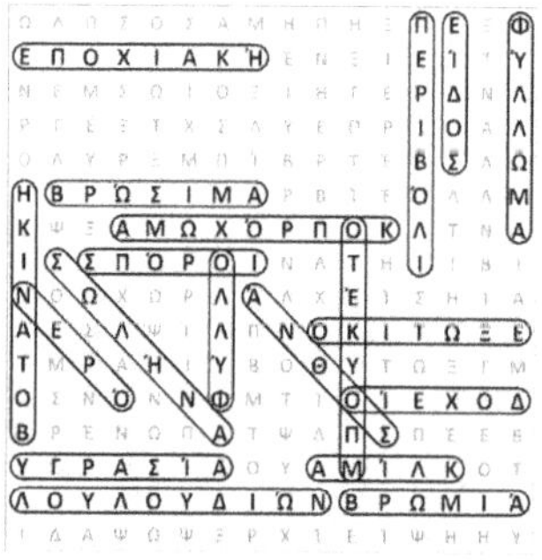

95 - Universo

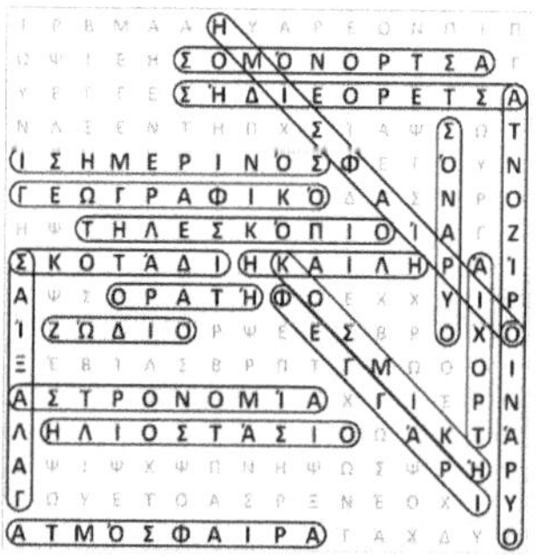

96 - Jazz

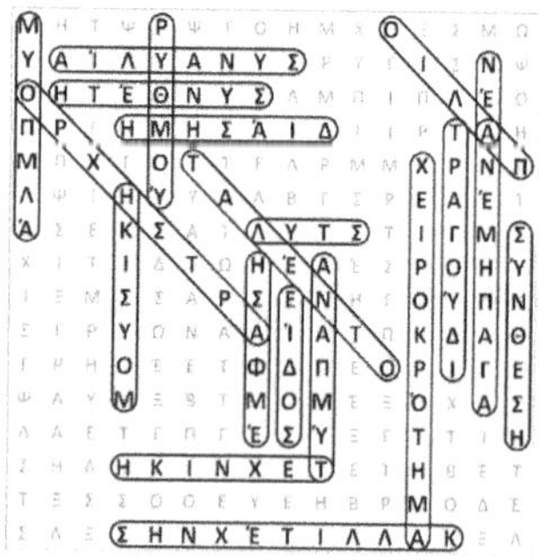

97 - Vacanze #2

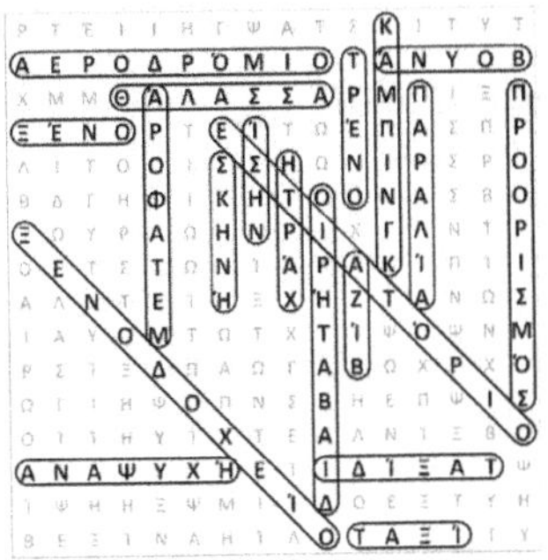

98 - Attività

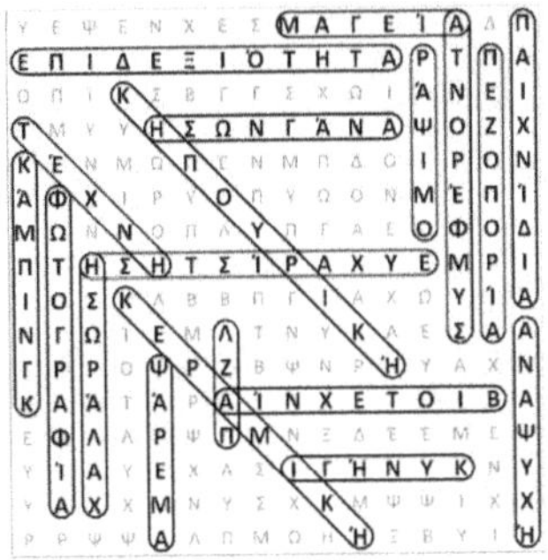

99 - Diplomazia

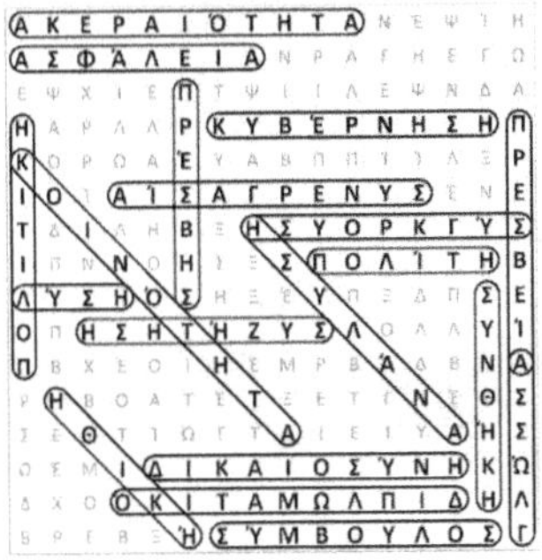

100 - Misurazioni

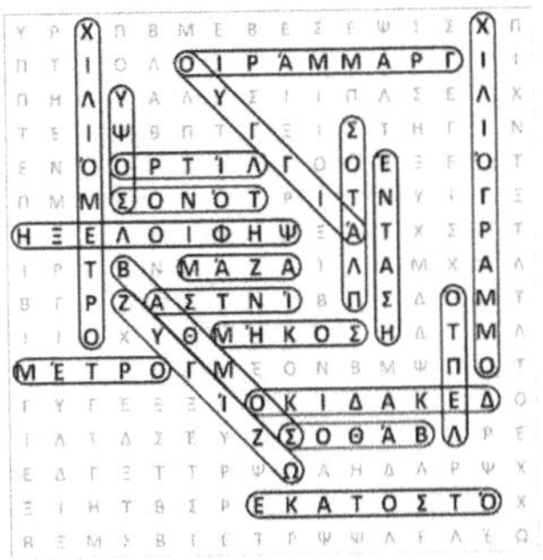

Dizionario

Acqua
Νερό

Alluvione	Πλημμύρα
Canale	Κανάλι
Doccia	Ντουσ
Evaporazione	Εξάτμιση
Fiume	Ποταμόσ
Gelo	Παγωνιά
Ghiaccio	Πάγοσ
Irrigazione	Άρδευση
Lago	Λίμνη
Monsone	Μουσώνασ
Neve	Χιόνι
Oceano	Ωκεανόσ
Onde	Κύματα
Pioggia	Βροχή
Potabile	Πόσιμο
Umidità	Υγρασία
Umido	Υγρό
Uragano	Χιουρικανασ
Vapore	Ατμού

Aeroplani
Αεροπλάνα

Altezza	Υψοσ
Altitudine	Υψόμετρο
Aria	Αέρασ
Atmosfera	Ατμόσφαιρα
Atterraggio	Προσγείωση
Avventura	Περιπέτεια
Carburante	Καύσιμο
Cielo	Ουρανόσ
Costruzione	Κατασκευή
Design	Σχέδιο
Direzione	Κατεύθυνση
Discesa	Καταγωγή
Equipaggio	Πλήρωμα
Idrogeno	Υδρογόνο
Motore	Μηχανή
Palloncino	Μπαλόνι
Passeggero	Επιβάτη
Pilota	Πιλοτική
Storia	Ιστορία
Turbolenza	Αναταραχή

Aggettivi #1
Επίθετα #1

Ambizioso	Φιλόδοξο
Aromatico	Αρωματικό
Artistico	Καλλιτεχνική
Assoluto	Απόλυτη
Attivo	Ενεργή
Enorme	Τεράστιο
Esotico	Εξωτικό
Felice	Ευτυχισμένο
Generoso	Γενναιόδωρη
Identico	Ίδια
Importante	Σημαντικό
Innocente	Αθώοσ
Lento	Αργή
Lungo	Μακρύ
Moderno	Μοντέρνο
Perfetto	Τέλειο
Pesante	Βαριά
Prezioso	Πολύτιμα
Profondo	Βαθιά
Sottile	Λεπτή

Aggettivi #2
Επίθετα #2

Affamato	Πεινασμένοσ
Asciutto	Ξηρό
Autentico	Αυθεντικό
Creativo	Δημιουργική
Descrittivo	Περιγραφικό
Dolce	Γλυκό
Drammatico	Δραματική
Elegante	Κομψό
Famoso	Διάσημη
Forte	Ισχυρή
Interessante	Ενδιαφέρον
Naturale	Φυσική
Normale	Κανονική
Nuovo	Νέα
Orgoglioso	Υπεροχη
Produttivo	Παραγωγική
Puro	Αγνύ
Responsabile	Υπεύθυνοσ
Salato	Αλμυρή
Sano	Υγιή

Agronomia
Αγρονομία

Acqua	Νερό
Agricoltura	Γεωργία
Ambiente	Περιβάλλον
Cibo	Τροφή
Crescita	Ανάπτυξη
Ecologia	Οικολογία
Energia	Ενέργεια
Erosione	Διάβρωση
Fertilizzante	Λίπασμα
Identificazione	Αναγνώριση
Inquinamento	Ρύπανση
Malattie	Ασθένεια
Organico	Βιολογική
Produzione	Παραγωγή
Ricerca	Έρευνα
Rurale	Αγροτική
Scienza	Επιστήμη
Semi	Σπόροι
Sistemi	Σύστημα
Studio	Μελέτη

Algebra
Άλγεβρα

Diagramma	Διάγραμμα
Divisione	Διαίρεση
Equazione	Εξίσωση
Esponente	Εκθέτη
Fattore	Παράγοντασ
Formula	Τύποσ
Frazione	Κλάσμα
Grafico	Γράφημα
Infinito	Άπειρο
Lineare	Γραμμική
Matrice	Μήτρα
Numero	Αριθμόσ
Parentesi	Παρένθεση
Problema	Πρόβλημα
Semplificare	Απλοποιώ
Soluzione	Λύση
Somma	Άθροισμα
Sottrazione	Αφαίρεση
Variabile	Μεταβλητή
Zero	Μηδέν

Antartide
Ανταρκτική

Acqua	Νερό
Ambiente	Περιβάλλον
Baia	Κόλπο
Balene	Φάλαινα
Conservazione	Διατήρηση
Continente	Ήπειροσ
Esplorazione	Εξερεύνηση
Geografia	Γεωγραφία
Ghiaccio	Πάγοσ
Isole	Νησιά
Migrazione	Μετανάστευση
Minerali	Ορυκτά
Nuvole	Σύννεφα
Penisola	Χερσόνησο
Ricercatore	Ερευνητήσ
Roccioso	Βραχώδησ
Scientifico	Επιστημονική
Spedizione	Εκδρομή
Temperatura	Θερμοκρασία
Topografia	Τοπογραφία

Antiquariato
Αντίκες

Arte	Τέχνη
Articolo	Στοιχείο
Asta	Δημοπρασία
Autentico	Αυθεντικό
Collezionista	Συλλέκτησ
Condizione	Κατάσταση
Decorativo	Διακοσμητικό
Elegante	Κομψό
Galleria	Συλλογή
Insolito	Ασυνήθιστο
Investimento	Επένδυση
Mobilio	Έπιπλα
Monete	Κέρματα
Prezzo	Τιμή
Qualità	Ποιότητα
Restauro	Αποκατάσταση
Scultura	Γλυπτική
Secolo	Αιώνασ
Stile	Στυλ
Vecchio	Παλιό

Api
Μέλισσες

Ali	Φτερά
Alveare	Κυψέλη
Benefico	Ευεργετική
Cera	Κερί
Cibo	Τροφή
Diversità	Ποικιλία
Ecosistema	Οικοσύστημα
Fiori	Λουλούδια
Fiorire	Άνθοσ
Frutta	Φρούτο
Fumo	Καπνίζουν
Giardino	Κήποσ
Insetto	Έντομο
Miele	Μέλι
Piante	Φυτά
Polline	Γύρη
Regina	Βασίλισσα
Sciame	Σμήνοσ
Sole	Ήλιοσ

Archeologia
Αρχαιολογία

Analisi	Ανάλυση
Anni	Χρόνια
Antichità	Αρχαιότητα
Civiltà	Πολιτισμόσ
Dimenticato	Ξεχασμένο
Discendente	Απόγονοσ
Era	Εποχή
Fossile	Απολίθωμα
Frammenti	Θραύσματα
Mistero	Μυστήριο
Oggetti	Αντικείμενα
Ossa	Οστά
Professore	Καθηγητήσ
Reliquia	Λείψανο
Ricercatore	Ερευνητήσ
Sconosciuto	Άγνωστοσ
Squadra	Ομάδα
Tempio	Ναό
Tomba	Μνήμα
Valutazione	Αξιολόγηση

Arti Visive
Εικαστικές Τέχνες

Architettura	Αρχιτεκτονική
Artista	Καλλιτέχνησ
Capolavoro	Αριστούργημα
Carbone	Κάρβουνο
Cavalletto	Καβαλέτο
Cera	Κερί
Ceramica	Κεραμική
Composizione	Σύνθεση
Film	Ταινία
Fotografia	Φωτογραφία
Gesso	Κιμωλία
Matita	Μολύβι
Penna	Στυλό
Pittura	Ζωγραφική
Prospettiva	Προοπτική
Ritratto	Πορτρέτο
Scultura	Γλυπτική
Stampino	Πολυγράφο
Vernice	Βερνίκι

Astronomia
Αστρονομία

Asteroide	Αστεροειδήσ
Astronauta	Αστροναύτησ
Astronomo	Αστρονόμοσ
Cielo	Ουρανόσ
Costellazione	Αστερισμό
Equinozio	Ισημερία
Galassia	Γαλαξίασ
Gravità	Βαρύτητα
Luna	Φεγγάρι
Meteora	Μετέωρο
Nebulosa	Νεφέλωμα
Osservatorio	Παρατηρητήριο
Pianeta	Πλανήτησ
Radiazione	Ακτινοβολία
Razzo	Ρουκέτα
Supernova	Σουπερνόβα
Telescopio	Τηλεσκόπιο
Terra	Γη
Universo	Σύμπαν
Zodiaco	Ζώδιο

Attività

Δραστηριότητες

Abilità	Επιδεξιότητα
Arte	Τέχνη
Artigianato	Βιοτεχνία
Attività	Δραστηριότητα
Caccia	Κυνήγι
Campeggio	Κάμπινγκ
Ceramica	Κεραμική
Cucire	Ράψιμο
Escursioni	Πεζοπορία
Fotografia	Φωτογραφία
Giardinaggio	Κηπουρική
Giochi	Παιχνίδια
Interessi	Συμφέροντα
Lettura	Ανάγνωση
Magia	Μαγεία
Pesca	Ψάρεμα
Piacere	Ευχαρίστηση
Puzzle	Παζλ
Rilassamento	Χαλάρωση
Tempo Libero	Αναψυχή

Attività Commerciale

Επιχείρηση

Carriera	Καριέρα
Costo	Κόστοσ
Datore di Lavoro	Εργοδότη
Economia	Οικονομικά
Fabbrica	Εργοστάσιο
Finanza	Χρηματοδοτώ
Investimento	Επένδυση
Manager	Μάνατζερ
Merce	Εμπορεύματα
Negozio	Κατάστημα
Profitto	Κέρδοσ
Reddito	Εισόδημα
Sconto	Έκπτωση
Società	Εταιρεία
Soldi	Χρήμα
Tasse	Φόροι
Transazione	Συναλλαγή
Ufficio	Γραφείο
Valuta	Νόμισμα
Vendita	Πώληση

Attività e Tempo Libero

Δραστηριότητες και Αναψυχή

Arte	Τέχνη
Baseball	Μπέιζμπολ
Basket	Μπάσκετ
Boxe	Μποξ
Calcio	Ποδόσφαιρο
Campeggio	Κάμπινγκ
Escursioni	Πεζοπορία
Giardinaggio	Κηπουρική
Golf	Γκολφ
Hobby	Χόμπι
Immersione	Καταδύσεισ
Nuoto	Κολύμβηση
Pallavolo	Βόλεϊ
Pesca	Ψάρεμα
Pittura	Ζωγραφική
Rilassante	Χαλαρωτικό
Surf	Σέρφινγκ
Tennis	Τένισ
Viaggio	Ταξίδι

Avventura

Περιπέτεια

Amici	Φίλοι
Attività	Δραστηριότητα
Bellezza	Ομορφιά
Caso	Ευκαιρία
Coraggio	Γενναιότητα
Destinazione	Προορισμόσ
Difficoltà	Δυσκολία
Entusiasmo	Ενθουσιασμόσ
Escursione	Εκδρομή
Gioia	Χαρά
Insolito	Ασυνήθιστο
Itinerario	Δρομολόγιο
Natura	Φύση
Navigazione	Πλοήγηση
Nuovo	Νέα
Pericoloso	Επικίνδυνο
Preparazione	Παρασκευή
Sicurezza	Ασφάλεια
Viaggi	Ταξίδι

Balletto

Μπαλέτο

Abilità	Επιδεξιότητα
Applauso	Χειροκρότημα
Artistico	Καλλιτεχνική
Assolo	Σόλο
Ballerina	Μπαλαρίνα
Ballerini	Χορευτεσ
Compositore	Συνθέτη
Coreografia	Χορογραφία
Espressivo	Εκφραστική
Gesto	Χειρονομία
Intensità	Ένταση
Musica	Μουσική
Orchestra	Ορχήστρα
Pratica	Άσκηση
Prova	Πρόβα
Pubblico	Ακροατήριο
Ritmo	Ρυθμού
Stile	Στυλ
Tecnica	Τεχνική

Barbecue

Μπάρμπεκιου

Caldo	Ζεστό
Cena	Δείπνο
Cibo	Τροφή
Cipolle	Κρεμμύδια
Coltelli	Μαχαίρια
Estate	Καλοκαίρι
Fame	Πείνα
Famiglia	Οικογένεια
Frutta	Φρούτο
Giochi	Παιχνίδια
Griglia	Σχάρα
Insalate	Σαλάτα
Invito	Πρόσκληση
Musica	Μουσική
Pepe	Πιπέρι
Pollo	Κοτόπουλο
Pomodori	Ντομάτα
Pranzo	Γεύμα
Sale	Αλάτι
Salsa	Σάλτσα

Bellezza
Ομορφιά

Colore	Χρώμα
Cosmetici	Καλλυντικά
Elegante	Κομψό
Eleganza	Κομψότητα
Fascino	Γοητεία
Forbici	Ψαλίδι
Fotogenico	Φωτογενησ
Fragranza	Άρωμα
Grazia	Χάρη
Liscio	Ομαλή
Mascara	Μάσκαρα
Oli	Έλαια
Pelle	Δέρμα
Prodotti	Προϊόν
Riccioli	Μπούκλεσ
Rossetto	Κραγιόν
Servizi	Υπηρεσία
Shampoo	Σαμπουάν
Specchio	Καθρεφτησ
Stilista	Στυλίστασ

Biologia
Βιολογία

Anatomia	Ανατομία
Batteri	Βακτήρια
Cellula	Κελί
Collagene	Κολλαγόνο
Cromosoma	Χρωμόσωμα
Embrione	Έμβρυο
Enzima	Ένζυμο
Evoluzione	Εξέλιξη
Fotosintesi	Φωτοσύνθεση
Mammifero	Θηλαστικό
Mutazione	Μετάλλαξη
Naturale	Φυσική
Nervo	Νεύρο
Neurone	Νευρώνα
Ormone	Ορμόνη
Osmosi	Όσμωση
Proteina	Πρωτεΐνη
Rettile	Ερπετό
Simbiosi	Συμβίωση
Sinapsi	Σύναψη

Boxe
Πυγμαχία

Abilità	Επιδεξιότητα
Angolo	Γωνία
Arbitro	Διαιτητήσ
Avversario	Αντίπαλοσ
Calcio	Κλωτσώ
Campana	Κουδούνι
Combattente	Μαχητήσ
Corde	Σχοινιά
Corpo	Σώμα
Esaurito	Εξαντληθεί
Forza	Δύναμη
Fuoco	Εστίαση
Gomito	Αγκώνα
Guanti	Γάντια
Mento	Πηγούνι
Pugno	Γροθιά
Punti	Σημεία
Recupero	Ανάκτηση

Caffè
Καφές

Acido	Όξινο
Acqua	Νερό
Amaro	Πικρή
Aroma	Άρωμα
Bevanda	Ποτό
Caffeina	Καφεΐνη
Crema	Κρέμα
Filtro	Φίλτρο
Gusto	Γεύση
Latte	Γάλα
Liquido	Υγρό
Macinare	Αλέθω
Mattina	Πρωί
Nero	Μαύρο
Origine	Προέλευση
Prezzo	Τιμή
Tazza	Κύπελλο
Varietà	Ποικιλία
Zucchero	Ζάχαρη

Campeggio
Κατασκήνωση

Alberi	Δέντρα
Amaca	Αιώρα
Animali	Ζώα
Avventura	Περιπέτεια
Bussola	Πυξίδα
Cabina	Καμπίνα
Caccia	Κυνήγι
Canoa	Κανό
Cappello	Καπέλο
Corda	Σχοινί
Divertimento	Διασκέδαση
Foresta	Δασοσ
Fuoco	Φωτιά
Insetto	Έντομο
Lago	Λίμνη
Luna	Φεγγάρι
Mappa	Χάρτη
Montagna	Βουνό
Natura	Φύση
Tenda	Σκηνή

Casa
Σπίτι

Attico	Σοφίτα
Biblioteca	Βιβλιοθήκη
Camera	Δωμάτιο
Camino	Τζάκι
Cucina	Κουζίνα
Doccia	Ντουσ
Finestra	Παράθυρο
Garage	Γκαράζ
Giardino	Κήποσ
Lampada	Λάμπα
Parete	Τοίχοσ
Pavimento	Πάτωμα
Porta	Πόρτα
Recinto	Φρακτησ
Rubinetto	Βρύση
Scopa	Σκούπα
Soffitto	Ταβάνι
Specchio	Καθρεφτησ
Tappeto	Χαλί
Tetto	Στέγη

Chimica
Χημεία

Acido	Οξύ
Alcalino	Αλκαλικό
Atomico	Ατομικό
Calore	Θερμότητα
Carbonio	Άνθρακασ
Catalizzatore	Καταλύτη
Cloro	Χλώριο
Elettrone	Ηλεκτρόνιο
Enzima	Ένζυμο
Gas	Αέριο
Idrogeno	Υδρογόνο
Ione	Ιόν
Liquido	Υγρό
Molecola	Μόριο
Nucleare	Πυρηνική
Organico	Βιολογική
Ossigeno	Οξυγόνο
Peso	Ζυγίζω
Sale	Αλάτι
Temperatura	Θερμοκρασία

Cibo #1
Τρόφιμα #1

Aglio	Σκόρδο
Basilico	Βασιλικού
Cannella	Κανέλα
Carne	Κρέασ
Carota	Καρότο
Cipolla	Κρεμμύδι
Fragola	Φράουλα
Insalata	Σαλάτα
Latte	Γάλα
Limone	Λεμόνι
Menta	Μέντα
Orzo	Κριθάρι
Pera	Αχλάδι
Rapa	Γογγύλι
Sale	Αλάτι
Spinaci	Σπανάκι
Succo	Χυμόσ
Tonno	Τόνοσ
Torta	Κέικ
Zucchero	Ζάχαρη

Cibo #2
Τρόφιμα #2

Banana	Μπανάνα
Broccolo	Μπρόκολο
Ciliegia	Κεράσι
Cioccolato	Σοκολάτα
Formaggio	Τυρί
Fungo	Μανιτάρι
Grano	Σιτάρι
Kiwi	Ακτινίδιο
Mela	Μήλο
Melanzana	Μελιτζάνα
Pane	Ψωμί
Pesce	Ψάρι
Pollo	Κοτόπουλο
Pomodoro	Ντομάτα
Prosciutto	Ζαμπόν
Riso	Ρύζι
Sedano	Σέλινο
Uovo	Αυγό
Uva	Σταφύλι
Yogurt	Γιαούρτι

Cioccolato
Σοκολάτα

Amaro	Πικρή
Arachidi	Φιστίκια
Aroma	Άρωμα
Artigianale	Βιοτεχνική
Cacao	Κακάο
Calorie	Θερμιδεσ
Caramello	Καραμέλα
Delizioso	Νόστιμο
Dolce	Γλυκό
Esotico	Εξωτικό
Gusto	Γεύση
Ingrediente	Συστατικό
Noce di Cocco	Καρύδα
Polvere	Σκόνη
Preferito	Αγαπημένοσ
Qualità	Ποιότητα
Ricetta	Συνταγή
Zucchero	Ζάχαρη

Città
Πόλη

Aeroporto	Αεροδρόμιο
Banca	Τράπεζα
Biblioteca	Βιβλιοθήκη
Clinica	Κλινική
Farmacia	Φαρμακείο
Fiorista	Ανθοπωλείο
Galleria	Συλλογή
Hotel	Ξενοδοχείο
Libreria	Βιβλιοπωλείο
Mercato	Αγορά
Museo	Μουσείο
Negozio	Αποθηκεύω
Panetteria	Αρτοποιείο
Ristorante	Εστιατόριο
Scuola	Σχολείο
Stadio	Στάδιο
Supermercato	Μάρκετ
Teatro	Θέατρο
Università	Πανεπιστήμιο
Zoo	Ζωολογικό

Corpo Umano
Ανθρώπινο Σώμα

Bocca	Στόμα
Caviglia	Αστράγαλοσ
Cervello	Μυαλό
Collo	Λαιμόσ
Cuore	Καρδιά
Dito	Δάχτυλο
Faccia	Πρόσωπο
Gamba	Πόδι
Ginocchio	Γόνατο
Gomito	Αγκώνα
Mano	Χέρι
Mento	Πηγούνι
Naso	Μύτη
Occhio	Μάτι
Orecchio	Αυτί
Pelle	Δέρμα
Sangue	Αίμα
Spalla	Ώμοσ
Stomaco	Στομάχι
Testa	Κεφάλι

Creatività
Δημιουργικότητα

Abilità	Επιδεξιότητα
Artistico	Καλλιτεχνική
Autenticità	Αυθεντικότητα
Chiarezza	Σαφήνεια
Drammatico	Δραματική
Emozioni	Συναισθήματα
Espressione	Έκφραση
Fluidità	Ρευστότητα
Idee	Ιδέα
Immaginazione	Φαντασία
Immagine	Εικόνα
Impressione	Εντύπωση
Intensità	Ένταση
Intuizione	Διαίσθηση
Inventivo	Εφευρετική
Ispirazione	Έμπνευση
Sensazione	Αίσθηση
Spontaneo	Αυθόρμητη
Visioni	Οράματα
Vitalità	Ζωτικότητα

Danza
Χορός

Accademia	Ακαδημία
Arte	Τέχνη
Classico	Κλασική
Compagno	Παρτενέρ
Coreografia	Χορογραφία
Corpo	Σώμα
Cultura	Πολιτισμόσ
Culturale	Πολιτιστική
Emozione	Συγκίνηση
Espressivo	Εκφραστική
Gioioso	Χαρούμενο
Grazia	Χάρη
Movimento	Κίνηση
Musica	Μουσική
Postura	Στάση
Prova	Πρόβα
Ritmo	Ρυθμού
Tradizionale	Παραδοσιακή
Visivo	Οπτική

Diplomazia
Διπλωματία

Ambasciata	Πρεσβεία
Ambasciatore	Πρέσβησ
Civico	Πολίτη
Comunità	Κοινότητα
Conflitto	Σύγκρουση
Consigliere	Σύμβουλοσ
Cooperazione	Συνεργασία
Diplomatico	Διπλωματικό
Discussione	Συζήτηση
Etica	Ηθική
Giustizia	Δικαιοσύνη
Governo	Κυβέρνηση
Integrità	Ακεραιότητα
Lingue	Γλώσσα
Politica	Πολιτική
Risoluzione	Ανάλυση
Sicurezza	Ασφάλεια
Soluzione	Λύση
Trattato	Συνθήκη
Umanitario	Ανθρωπιστική

Discipline Scientifiche
Επιστημονικοί Κλάδοι

Anatomia	Ανατομία
Archeologia	Αρχαιολογία
Astronomia	Αστρονομία
Biochimica	Βιοχημεία
Biologia	Βιολογία
Botanica	Βοτανική
Chimica	Χημεία
Ecologia	Οικολογία
Fisiologia	Φυσιολογία
Geologia	Γεωλογία
Immunologia	Ανοσολογία
Linguistica	Γλωσσολογία
Meccanica	Μηχανική
Meteorologia	Μετεωρολογία
Mineralogia	Ορυκτολογία
Neurologia	Νευρολογία
Psicologia	Ψυχολογία
Sociologia	Κοινωνιολογία
Termodinamica	Θερμοδυναμική
Zoologia	Ζωολογία

Ecologia
Οικολογία

Clima	Κλίμα
Comunità	Κοινότητα
Diversità	Ποικιλία
Fauna	Πανίδα
Flora	Χλωρίδα
Globale	Παγκόσμια
Marino	Θαλάσσιο
Montagne	Βουνά
Natura	Φύση
Naturale	Φυσική
Piante	Φυτά
Risorse	Πόρων
Siccità	Ξηρασία
Sopravvivenza	Επιβίωση
Sostenibile	Βιώσιμη
Specie	Είδοσ
Vegetazione	Βλάστηση
Volontari	Εθελοντέσ

Edifici
Κτίρια

Ambasciata	Πρεσβεία
Appartamento	Διαμέρισμα
Cabina	Καμπίνα
Castello	Κάστρο
Fabbrica	Εργοστάσιο
Fattoria	Αγρόκτημα
Fienile	Αχυρώνα
Hotel	Ξενοδοχείο
Laboratorio	Εργαστήριο
Museo	Μουσείο
Ospedale	Νοσοκομείο
Osservatorio	Παρατηρητήριο
Ostello	Ξενώνασ
Scuola	Σχολείο
Stadio	Στάδιο
Supermercato	Μάρκετ
Teatro	Θέατρο
Tenda	Σκηνή
Torre	Πύργοσ
Università	Πανεπιστήμιο

Elettricità
Ηλεκτρική Ενέργεια

Attrezzatura	Εξοπλισμόσ
Batteria	Μπαταρία
Cavo	Καλώδιο
Conservazione	Αποθήκευση
Elettricista	Ηλεκτρολόγοσ
Elettrico	Ηλεκτρική
Fili	Καλώδια
Generatore	Γεννήτρια
Lampada	Λάμπα
Lampadina	Βολβόσ
Laser	Λέιζερ
Magnete	Μαγνήτησ
Negativo	Αρνητικό
Oggetti	Αντικείμενα
Positivo	Θετική
Presa	Πρίζα
Quantità	Ποσότητα
Rete	Δίκτυο
Telefono	Τηλέφωνο
Televisione	Τηλεόραση

Emozioni
Συναισθήματα

Amore	Αγάπη
Beatitudine	Ευδαιμονία
Calma	Ηρεμία
Contenuto	Περιεχόμενο
Gentilezza	Καλοσύνη
Gioia	Χαρά
Grato	Ευγνώμων
Noia	Πλήξη
Pace	Ειρήνη
Paura	Φόβοσ
Rabbia	Θυμόσ
Rilassato	Χαλαρή
Rilievo	Ανακούφιση
Simpatia	Συμπόνια
Soddisfatto	Ικανοποίησα
Sorpresa	Έκπληξη
Tenerezza	Τρυφερότητα
Tristezza	Θλίψη

Energia
Ενέργεια

Ambiente	Περιβάλλον
Batteria	Μπαταρία
Benzina	Βενζίνη
Calore	Θερμότητα
Carbonio	Άνθρακασ
Carburante	Καύσιμο
Diesel	Ντίζελ
Elettrico	Ηλεκτρική
Elettrone	Ηλεκτρόνιο
Entropia	Εντροπία
Fotone	Φωτόνιο
Idrogeno	Υδρογόνο
Industria	Βιομηχανία
Inquinamento	Ρύπανση
Motore	Μηχανή
Nucleare	Πυρηνική
Rinnovabile	Ανανεώσιμη
Turbina	Στροβίλων
Vapore	Ατμού
Vento	Άνεμοσ

Erboristeria
Βοτανολογία

Aglio	Σκόρδο
Aneto	Άνηθο
Aromatico	Αρωματικό
Basilico	Βασιλικού
Culinario	Μαγειρική
Dragoncello	Εστραγκόν
Finocchio	Μάραθο
Fiore	Λουλούδι
Giardino	Κήποσ
Ingrediente	Συστατικό
Lavanda	Λεβάντα
Maggiorana	Μαντζουράνα
Menta	Μέντα
Origano	Ρίγανη
Prezzemolo	Μαϊντανόσ
Qualità	Ποιότητα
Rosmarino	Δενδρολίβανο
Timo	Θυμάρι
Verde	Πράσινο
Zafferano	Κροκοσ

Escursionismo
Πεζοπορία

Acqua	Νερό
Animali	Ζώα
Campeggio	Κάμπινγκ
Clima	Κλίμα
Guide	Οδηγοί
Mappa	Χάρτη
Meteo	Καιρόσ
Montagna	Βουνό
Natura	Φύση
Parchi	Πάρκα
Pesante	Βαριά
Pietre	Πέτρα
Preparazione	Παρασκευή
Scogliera	Βράχο
Selvaggio	Άγριο
Sole	Ήλιοσ
Stanco	Κουρασμένοσ
Stivali	Μπότεσ
Vertice	Κορυφή
Zanzare	Κουνούπια

Etica
Ηθική

Altruismo	Αλτρουισμόσ
Compassione	Συμπόνια
Cooperazione	Συνεργασία
Dignità	Αξιοπρέπεια
Diplomatico	Διπλωματικό
Filosofia	Φιλοσοφία
Gentilezza	Καλοσύνη
Individualismo	Ατομικισμόσ
Integrità	Ακεραιότητα
Onestà	Ειλικρίνεια
Ottimismo	Αισιοδοξία
Pazienza	Υπομονή
Ragionevole	Εύλογο
Razionalità	Λογικότητα
Realismo	Ρεαλισμοσ
Saggezza	Σοφία
Tolleranza	Ανεκτικότητα
Umanità	Ανθρωπότητα
Valori	Αξιεσ

Famiglia
Οικογένεια

Antenato	Πρόγονοσ
Bambino	Παιδί
Cugino	Ξαδέρφη
Figlia	Κόρη
Fratello	Αδελφοσ
Gemelli	Δίδυμα
Madre	Μητέρα
Marito	Σύζυγοσ
Materno	Μητρική
Moglie	Γυναίκα
Nipote	Ανιψιά
Nonna	Γιαγιά
Nonno	Παππούσ
Padre	Πατέρασ
Paterno	Πατρική
Sorella	Αδελφή
Zia	Θεία
Zio	Θείοσ

Fantascienza
Επιστημονική Φαντασία

Atomico	Ατομικό
Distopia	Δυστοπία
Esplosione	Έκρηξη
Estremo	Άκρο
Fuoco	Φωτιά
Futuristico	Φουτουριστικό
Galassia	Γαλαξίασ
Illusione	Ψευδαίσθηση
Immaginario	Φανταστικό
Libri	Βιβλια
Misterioso	Μυστηριώδησ
Mondo	Κόσμο
Oracolo	Μαντείο
Pianeta	Πλανήτησ
Realistico	Ρεαλιστική
Robot	Ρομπότ
Romanzi	Μυθιστορήματα
Scenario	Σενάριο
Tecnologia	Τεχνολογία
Utopia	Ουτοπία

Fattoria #1
Αγρόκτημα #1

Acqua	Νερό
Agricoltura	Γεωργία
Ape	Μέλισσα
Asino	Γαϊδούρι
Campo	Πεδίο
Cane	Σκύλοσ
Capra	Γίδα
Cavallo	Άλογο
Fertilizzante	Λίπασμα
Fieno	Σανό
Gatto	Γάτα
Gregge	Κοπάδι
Maiale	Γουρούνι
Miele	Μέλι
Mucca	Αγελάδα
Pollo	Κοτόπουλο
Recinto	Φρακτησ
Riso	Ρύζι
Semi	Σπόροι
Vitello	Μοσχάρι

Fattoria #2
Αγρόκτημα #2

Agnello	Αρνί
Agricoltore	Αγροτησ
Alveare	Κυψέλη
Anatra	Πάπια
Animali	Ζώα
Cibo	Τροφή
Fienile	Αχυρώνα
Frutta	Φρούτο
Frutteto	Περιβόλι
Grano	Σιτάρι
Irrigazione	Άρδευση
Lama	Λάμα
Latte	Γάλα
Mais	Καλαμπόκι
Oche	Χήνεσ
Orzo	Κριθάρι
Pastore	Βοσκόσ
Pecora	Πρόβατο
Prato	Λιβάδι
Trattore	Τρακτέρ

Fiori
Λουλούδια

Calendula	Καλέντουλα
Dente di Leone	Πικραλίδα
Gardenia	Γαρδένια
Gelsomino	Γιασεμί
Giglio	Κρίνοσ
Girasole	Ηλιοτρόπιο
Ibisco	Ιβίσκοσ
Lavanda	Λεβάντα
Lilla	Πασχαλιά
Magnolia	Μανόλια
Margherita	Μαργαρίτα
Mazzo	Μπουκέτο
Orchidea	Ορχιδέα
Papavero	Παπαρούνα
Passiflora	Πασσιφλόρα
Peonia	Παιωνία
Petalo	Πέταλο
Rosa	Τριαντάφυλλο
Trifoglio	Τριφύλλι
Tulipano	Τουλίπα

Fisica
Φυσική

Accelerazione	Επιτάχυνση
Atomo	Άτομο
Caos	Χάοσ
Chimico	Χημική
Densità	Πυκνότητα
Elettrone	Ηλεκτρόνιο
Espansione	Επέκταση
Formula	Τύποσ
Frequenza	Συχνότητα
Gas	Αέριο
Gravità	Βαρύτητα
Magnetismo	Μαγνητισμόσ
Meccanica	Μηχανική
Molecola	Μόριο
Motore	Μηχανή
Nucleare	Πυρηνική
Particella	Σωματίδιο
Relatività	Σχετικότητα
Universale	Καθολική
Velocità	Ταχύτητα

Foresta Pluviale
Τροπικό Δάσος

Anfibi	Αμφίβια
Botanico	Βοτανική
Clima	Κλίμα
Comunità	Κοινότητα
Diversità	Ποικιλία
Giungla	Ζούγκλα
Insetti	Έντομα
Mammiferi	Θηλαστικά
Muschio	Βρύα
Natura	Φύση
Nuvole	Σύννεφα
Preservazione	Διατήρηση
Prezioso	Πολύτιμα
Restauro	Αποκατάσταση
Rifugio	Καταφύγιο
Rispetto	Σέβομαι
Sopravvivenza	Επιβίωση
Specie	Είδοσ
Uccelli	Πουλιά

Forme
Σχήματα

Angolo	Γωνία
Arco	Τόξο
Bordi	Άκρη
Cerchio	Κύκλοσ
Cilindro	Κύλινδροσ
Cono	Κώνοσ
Cubo	Κύβοσ
Curva	Καμπύλη
Ellisse	Έλλειψη
Iperbole	Υπερβολή
Lato	Πλευρά
Linea	Γραμμή
Ovale	Οβάλ
Piramide	Πυραμίδα
Poligono	Πολύγωνο
Prisma	Πρίσμα
Quadrato	Πλατεία
Rettangolo	Ορθογώνιο
Sfera	Σφαίρα
Triangolo	Τριγώνου

Forza e Gravità
Δύναμη και Βαρύτητα

Asse	Άξονασ
Attrito	Τριβή
Centro	Κέντρο
Dinamico	Δυναμική
Distanza	Απόσταση
Espansione	Επέκταση
Fisica	Φυσική
Magnetismo	Μαγνητισμόσ
Meccanica	Μηχανική
Movimento	Κίνηση
Orbita	Τροχιά
Peso	Ζυγίζω
Pressione	Πίεση
Proprietà	Ιδιότητα
Scoperta	Ανακάλυψη
Slancio	Ορμή
Tempo	Ώρα
Universale	Καθολική
Velocità	Ταχύτητα

Frutta
Φρούτα

Albicocca	Βερίκοκο
Ananas	Ανανά
Arancia	Πορτοκάλι
Avocado	Αβοκάντο
Bacca	Μούρο
Banana	Μπανάνα
Ciliegia	Κεράσι
Fico	Σύκο
Kiwi	Ακτινίδιο
Lampone	Βατόμουρο
Limone	Λεμόνι
Mango	Μάνγκο
Mela	Μήλο
Melone	Πεπόνι
Nettarina	Νεκταρίνι
Papaia	Παπάγια
Pera	Αχλάδι
Pesca	Ροδάκινο
Prugna	Δαμάσκηνο
Uva	Σταφύλι

Geografia
Γεωγραφία

Altitudine	Υψόμετρο
Atlante	Άτλαντα
Città	Πόλη
Continente	Ήπειροσ
Emisfero	Ημισφαίριο
Fiume	Ποταμόσ
Isola	Νησί
Longitudine	Γεωγραφικό
Mappa	Χάρτη
Mare	Θάλασσα
Meridiano	Μεσημβρινό
Mondo	Κόσμο
Montagna	Βουνό
Nord	Βορρά
Oceano	Ωκεανόσ
Ovest	Δύση
Paese	Χώρα
Regione	Περιοχή
Sud	Νότια
Territorio	Έδαφοσ

Geologia
Γεωλογία

Acido	Οξύ
Altopiano	Οροπέδιο
Calcio	Ασβέστιο
Caverna	Σπήλαιο
Continente	Ήπειροσ
Corallo	Κοράλλι
Cristalli	Κρύσταλλα
Erosione	Διάβρωση
Fossile	Απολίθωμα
Lava	Λάβα
Minerali	Ορυκτά
Pietra	Πέτρα
Quarzo	Χαλαζία
Sale	Αλάτι
Stalagmiti	Σταλαγμιτεσ
Stalattite	Σταλακτίτησ
Strato	Στρώμα
Terremoto	Σεισμόσ
Vulcano	Ηφαίστειο
Zona	Ζώνη

Geometria
Γεωμετρία

Altezza	Υψοσ
Angolo	Γωνία
Calcolo	Υπολογισμόσ
Cerchio	Κύκλοσ
Curva	Καμπύλη
Diametro	Διάμετροσ
Dimensione	Διάσταση
Equazione	Εξίσωση
Logica	Λογική
Mediano	Μέση
Numero	Αριθμόσ
Orizzontale	Οριζόντια
Parallelo	Παράλληλη
Proporzione	Ποσοστό
Segmento	Τμήμα
Simmetria	Συμμετρία
Superficie	Επιφάνεια
Teoria	Θεωρία
Triangolo	Τριγώνου
Verticale	Κάθετη

Giardinaggio
Κηπουρική

Acqua	Νερό
Botanico	Βοτανική
Clima	Κλίμα
Commestibile	Βρώσιμα
Compost	Κοπρόχωμα
Contenitore	Δοχείο
Esotico	Εξωτικό
Fiorire	Άνθοσ
Floreale	Λουλουδιών
Foglia	Φύλλο
Fogliame	Φύλλωμα
Frutteto	Περιβόλι
Mazzo	Μπουκέτο
Semi	Σπόροι
Specie	Είδοσ
Sporco	Βρωμιά
Stagionale	Εποχιακή
Tubo	Σωλήνα
Umidità	Υγρασία

Giardino
Κήπος

Albero	Δέντρο
Amaca	Αιώρα
Erba	Γρασίδι
Erbacce	Ζιζάνια
Fiore	Λουλούδι
Frutteto	Περιβόλι
Garage	Γκαράζ
Giardino	Κήποσ
Pala	Φτυάρι
Panca	Παγκάκι
Prato	Γκαζόν
Rastrello	Τσουγκράνα
Recinto	Φρακτησ
Stagno	Λίμνη
Terrazza	Βεράντα
Trampolino	Τραμπολίνο
Tubo	Σωλήνα
Vite	Αμπέλι

Giorni e Mesi
Ημέρες και Μήνες

Agosto	Αυγούστου
Anno	Ετοσ
Aprile	Απριλίου
Calendario	Ημερολόγιο
Dicembre	Δεκεμβρίου
Domenica	Κυριακή
Febbraio	Φεβρουαρίου
Gennaio	Ιανουαρίου
Giugno	Ιουνίου
Luglio	Ιουλίου
Lunedì	Δευτέρα
Martedì	Τρίτη
Mercoledì	Τετάρτη
Mese	Μήνασ
Novembre	Νοεμβρίου
Ottobre	Οκτωβρίου
Sabato	Σάββατο
Settembre	Σεπτεμβρίου
Settimana	Εβδομάδα
Venerdì	Παρασκευή

Governo
Κυβέρνηση

Cittadinanza	Ιθαγένεια
Civile	Δημόσια
Costituzione	Σύνταγμα
Democrazia	Δημοκρατία
Diritti	Δικαιώματα
Discorso	Ομιλία
Discussione	Συζήτηση
Dissenso	Διαφωνία
Giudiziario	Δικαστική
Giustizia	Δικαιοσύνη
Indipendenza	Ανεξαρτησία
Legge	Δίκαιο
Libertà	Ελευθερία
Monumento	Μνημείο
Nazione	Έθνοσ
Politica	Πολιτική
Quartiere	Περιοχή
Simbolo	Σύμβολο
Stato	Κατάσταση
Uguaglianza	Ισότητα

Guida
Οδήγηση

Auto	Αυτοκίνητο
Autobus	Λεωφορείο
Carburante	Καύσιμο
Freni	Φρένα
Garage	Γκαράζ
Gas	Αέριο
Incidente	Ατύχημα
Licenza	Άδεια
Mappa	Χάρτη
Moto	Μοτοσυκλέτα
Motore	Μοτέρ
Pedonale	Πεζόσ
Pericolo	Κινδύνου
Polizia	Αστυνομία
Sicurezza	Ασφάλεια
Strada	Δρόμοσ
Traffico	Κυκλοφορία
Trasporto	Μεταφορά
Tunnel	Σήραγγα
Velocità	Ταχύτητα

Imbarcazioni
Σκάφη

Albero	Κατάρτι
Ancora	Άγκυρα
Barca a Vela	Ιστιοφόρο
Boa	Σημαδούρα
Canoa	Κανό
Corda	Σχοινί
Equipaggio	Πλήρωμα
Fiume	Ποταμόσ
Kayak	Καγιάκ
Lago	Λίμνη
Mare	Θάλασσα
Marea	Παλίρροια
Marinaio	Ναύτησ
Motore	Μηχανή
Nautico	Ναυτικό
Oceano	Ωκεανόσ
Onde	Κύματα
Traghetto	Πορθμείο
Yacht	Γιοτ
Zattera	Σχεδία

Ingegneria
Μηχανική

Angolo	Γωνία
Asse	Άξονασ
Calcolo	Υπολογισμόσ
Costruzione	Κατασκευή
Diagramma	Διάγραμμα
Diametro	Διάμετροσ
Diesel	Ντίζελ
Distribuzione	Διανομή
Energia	Ενέργεια
Forza	Δύναμη
Ingranaggi	Γρανάζια
Liquido	Υγρό
Macchina	Μηχανή
Misurazione	Μέτρηση
Movimento	Κίνηση
Profondità	Βάθοσ
Propulsione	Ώθηση
Rotazione	Περιστροφή
Stabilità	Σταθερότητα
Struttura	Δομή

Jazz
Τζαζ

Album	Άλμπουμ
Applauso	Χειροκρότημα
Artista	Καλλιτέχνησ
Batteria	Τύμπανα
Canzone	Τραγούδι
Compositore	Συνθέτη
Composizione	Σύνθεση
Concerto	Συναυλία
Enfasi	Έμφαση
Famoso	Διάσημη
Genere	Είδοσ
Musica	Μουσική
Nuovo	Νέα
Orchestra	Ορχήστρα
Preferiti	Αγαπημένα
Ritmo	Ρυθμού
Stile	Στυλ
Talento	Ταλέντο
Tecnica	Τεχνική
Vecchio	Παλιό

Letteratura
Λογοτεχνία

Analisi	Ανάλυση
Analogia	Αναλογία
Aneddoto	Ανέκδοτο
Autore	Συγγραφέασ
Biografia	Βιογραφία
Conclusione	Συμπέρασμα
Confronto	Σύγκριση
Critica	Κριτική
Descrizione	Περιγραφή
Dialogo	Διάλογοσ
Genere	Είδοσ
Metafora	Μεταφορά
Opinione	Γνώμη
Poesia	Ποίημα
Poetico	Ποιητική
Ritmo	Ρυθμού
Romanzo	Μυθιστόρημα
Stile	Στυλ
Tema	Θέμα
Tragedia	Τραγωδία

Libri
Βιβλία

Autore	Συγγραφέασ
Avventura	Περιπέτεια
Collezione	Συλλογή
Contesto	Πλαίσιο
Dualità	Δυαδικότητα
Epico	Επική
Inventivo	Εφευρετική
Letterario	Λογοτεχνική
Lettore	Αναγνώστησ
Narratore	Αφηγητήσ
Pagina	Σελίδα
Poesia	Ποίηση
Rilevante	Σχετική
Romanzo	Μυθιστόρημα
Scritto	Γραπτή
Serie	Σειρά
Storia	Ιστορία
Storico	Ιστορικό
Tragico	Τραγική
Umoristico	Χιουμοριστικό

Malattia
Ασθένεια

Addominale	Κοιλιακή
Allergie	Αλλεργία
Benessere	Ευεξία
Contagioso	Μεταδοτικό
Corpo	Σώμα
Cronico	Χρόνιοσ
Cuore	Καρδιά
Ereditario	Κληρονομική
Genetico	Γενετική
Immunità	Ασυλία
Infiammazione	Φλεγμονή
Lombare	Οσφυϊκή
Neuropatia	Νευροπάθεια
Ossa	Οστά
Patogeni	Παθογόνα
Polmonare	Πνευμονική
Respiratorio	Αναπνευστική
Salute	Υγεία
Sindrome	Σύνδρομο
Terapia	Θεραπεία

Mammiferi
Θηλαστικά

Balena	Φάλαινα
Cane	Σκύλοσ
Canguro	Καγκουρό
Cavallo	Άλογο
Cervo	Ελάφι
Coniglio	Κουνέλι
Coyote	Κογιότ
Delfino	Δελφίνι
Elefante	Ελέφαντασ
Gatto	Γάτα
Giraffa	Καμηλοπάρδαλη
Gorilla	Γορίλασ
Leone	Λιοντάρι
Lupo	Λύκοσ
Orso	Αρκούδα
Pecora	Πρόβατο
Scimmia	Μαϊμού
Toro	Ταύροσ
Volpe	Αλεπού
Zebra	Ζέβρα

Matematica
Μαθηματικά

Angoli	Γωνία
Aritmetica	Αριθμητική
Circonferenza	Περιφέρεια
Decimale	Δεκαδικό
Diametro	Διάμετροσ
Divisione	Διαίρεση
Equazione	Εξίσωση
Esponente	Εκθέτη
Frazione	Κλάσμα
Geometria	Γεωμετρία
Parallelo	Παράλληλη
Perimetro	Περίμετρο
Poligono	Πολύγωνο
Quadrato	Πλατεία
Raggio	Ακτίνα
Rettangolo	Ορθογώνιο
Simmetria	Συμμετρία
Somma	Άθροισμα
Triangolo	Τριγώνου
Volume	Ένταση

Meditazione
Διαλογισμός

Accettazione	Αποδοχή
Attenzione	Προσοχή
Calma	Ηρεμία
Chiarezza	Σαφήνεια
Compassione	Συμπόνια
Emozioni	Συναισθήματα
Gentilezza	Καλοσύνη
Gratitudine	Ευγνωμοσύνη
Mentale	Ψυχική
Mente	Μυαλό
Movimento	Κίνηση
Musica	Μουσική
Natura	Φύση
Osservazione	Παρατήρηση
Pace	Ειρήνη
Pensieri	Σκέψη
Postura	Στάση
Prospettiva	Προοπτική
Respirazione	Αναπνοή
Silenzio	Σιωπή

Meteo
Καιρός

Arcobaleno	Ουράνιο Τόξο
Asciutto	Ξηρό
Atmosfera	Ατμόσφαιρα
Brezza	Αεράκι
Calma	Ηρεμία
Cielo	Ουρανόσ
Clima	Κλίμα
Fulmine	Αστραπή
Ghiaccio	Πάγοσ
Monsone	Μουσώνασ
Nebbia	Ομίχλη
Nube	Σύννεφο
Polare	Πολική
Siccità	Ξηρασία
Temperatura	Θερμοκρασία
Tempesta	Καταιγίδα
Tropicale	Τροπική
Tuono	Βροντή
Uragano	Χιουρικανασ
Vento	Άνεμοσ

Misurazioni
Μετρήσεις

Altezza	Υψοσ
Byte	Ψηφιολεξη
Centimetro	Εκατοστό
Chilogrammo	Χιλιόγραμμο
Chilometro	Χιλιόμετρο
Decimale	Δεκαδικό
Grado	Βαθμόσ
Grammo	Γραμμάριο
Larghezza	Πλάτοσ
Litro	Λίτρο
Lunghezza	Μήκοσ
Massa	Μάζα
Metro	Μέτρο
Minuto	Λεπτό
Oncia	Ουγγιά
Peso	Ζυγίζω
Pollice	Ίντσα
Profondità	Βάθοσ
Tonnellata	Τόνοσ
Volume	Ένταση

Mitologia
Μυθολογία

Archetipo	Αρχέτυπο
Comportamento	Συμπεριφορά
Creatura	Πλάσμα
Creazione	Δημιουργία
Credenze	Πεποιθήσεισ
Cultura	Πολιτισμόσ
Disastro	Καταστροφή
Eroe	Ήρωασ
Forza	Δύναμη
Fulmine	Αστραπή
Gelosia	Ζήλια
Guerriero	Πολεμιστήσ
Immortalità	Αθανασία
Labirinto	Λαβύρινθοσ
Leggenda	Θρύλοσ
Magico	Μαγικό
Mortale	Θνητόσ
Mostro	Τέρασ
Tuono	Βροντή
Vendetta	Εκδίκηση

Moda
Μόδα

Boutique	Μπουτίκ
Caro	Ακριβά
Confortevole	Άνετο
Elegante	Κομψό
Minimalista	Μινιμαλιστικό
Modello	Μοτίβο
Moderno	Μοντέρνο
Modesto	Μέτριο
Originale	Αρχική
Pizzo	Δαντέλα
Pratico	Πρακτική
Pulsanti	Κουμπιά
Ricamo	Κέντημα
Semplice	Απλόσ
Stile	Στυλ
Tendenza	Τάση
Tessuto	Ύφασμα
Trama	Υφή

Musica
Μουσική

Album	Άλμπουμ
Armonia	Αρμονία
Armonico	Αρμονική
Ballata	Μπαλάντα
Cantante	Τραγουδιστήσ
Cantare	Τραγουδώ
Classico	Κλασική
Coro	Χορωδία
Lirico	Λυρική
Melodia	Μελωδία
Microfono	Μικρόφωνο
Musicale	Μουσική
Musicista	Μουσικόσ
Opera	Όπερα
Poetico	Ποιητική
Registrazione	Εγγραφή
Ritmico	Ρυθμική
Ritmo	Ρυθμού
Strumento	Όργανο
Vocale	Φωνητικό

Natura
Φύση

Animali	Ζώα
Api	Μέλισσεσ
Artico	Αρκτική
Bellezza	Ομορφιά
Deserto	Ερήμου
Dinamico	Δυναμική
Erosione	Διάβρωση
Fiume	Ποταμόσ
Fogliame	Φύλλωμα
Foresta	Δασοσ
Ghiacciaio	Παγετώνασ
Montagne	Βουνά
Nebbia	Ομίχλη
Nuvole	Σύννεφα
Rifugio	Καταφύγιο
Santuario	Ιερό
Selvaggio	Άγριο
Sereno	Γαλήνιο
Tropicale	Τροπική
Vitale	Ζωτική

Numeri
Αριθμοί

Cinque	Πέντε
Decimale	Δεκαδικό
Diciannove	Δεκαεννέα
Diciassette	Δεκαεπτά
Diciotto	Δεκαοκτώ
Dieci	Δέκα
Dodici	Δώδεκα
Due	Δύο
Nove	Εννέα
Otto	Οκτώ
Quattordici	Δεκατέσσερα
Quattro	Τέσσερα
Quindici	Δεκαπέντε
Sedici	Δεκαέξι
Sei	Έξι
Sette	Επτά
Tre	Τρία
Tredici	Δεκατρία
Venti	Είκοσι
Zero	Μηδέν

Nutrizione
Διατροφή

Amaro	Πικρή
Appetito	Όρεξη
Bilanciato	Ισορροπημένη
Calorie	Θερμίδεσ
Commestibile	Βρώσιμα
Dieta	Διατροφή
Digestione	Πέψη
Fermentazione	Ζύμωση
Gusto	Γεύση
Liquidi	Υγρά
Nutriente	Θρεπτική
Peso	Ζυγίζω
Proteine	Πρωτεϊνεσ
Qualità	Ποιότητα
Salsa	Σάλτσα
Salute	Υγεία
Sano	Υγιή
Spezie	Μπαχαρικό
Tossina	Τοξίνη
Vitamina	Βιταμίνη

Oceano
Ωκεανός

Anguilla	Χέλι
Balena	Φάλαινα
Barca	Βάρκα
Corallo	Κοράλλι
Delfino	Δελφίνι
Gamberetto	Γαρίδα
Granchio	Καβούρι
Maree	Παλίρροια
Medusa	Μέδουσεσ
Onde	Κύματα
Ostrica	Στρείδι
Pesce	Ψάρι
Polpo	Χταπόδι
Sale	Αλάτι
Scogliera	Ξέρα
Spugna	Σφουγγάρι
Squalo	Καρχαρίασ
Tartaruga	Χελώνα
Tempesta	Καταιγίδα
Tonno	Τόνοσ

Paesaggi
Τοπία

Cascata	Καταρράκτη
Collina	Λόφο
Deserto	Ερήμου
Fiume	Ποταμόσ
Ghiacciaio	Παγετώνασ
Golfo	Κόλποσ
Grotta	Σπήλαιο
Iceberg	Παγόβουνο
Isola	Νησί
Lago	Λίμνη
Mare	Θάλασσα
Montagna	Βουνό
Oasi	Όαση
Oceano	Ωκεανόσ
Palude	Βάλτοσ
Penisola	Χερσόνησο
Spiaggia	Παραλία
Tundra	Τούνδρα
Valle	Κοιλάδα
Vulcano	Ηφαίστειο

Paesi #1
Χώρες #1

Brasile	Βραζιλία
Cambogia	Καμπότζη
Canada	Καναδά
Egitto	Αίγυπτοσ
Finlandia	Φινλανδία
Germania	Γερμανία
India	Ινδία
Iraq	Ιράκ
Israele	Ισραήλ
Libia	Λιβύη
Mali	Μάλι
Marocco	Μαρόκο
Norvegia	Νορβηγία
Panama	Παναμά
Polonia	Πολωνία
Romania	Ρουμανία
Senegal	Σενεγάλη
Spagna	Ισπανία
Venezuela	Βενεζουέλα
Vietnam	Βιετνάμ

Paesi #2
Χώρες #2

Albania	Αλβανία
Danimarca	Δανία
Etiopia	Αιθιοπία
Giamaica	Τζαμάικα
Giappone	Ιαπωνία
Grecia	Ελλάδα
Haiti	Αϊτή
Indonesia	Ινδονησία
Irlanda	Ιρλανδία
Laos	Λάοσ
Liberia	Λιβερία
Messico	Μεξικό
Nepal	Νεπάλ
Nigeria	Νιγηρία
Pakistan	Πακιστάν
Russia	Ρωσία
Siria	Συρία
Sudan	Σουδάν
Ucraina	Ουκρανία
Uganda	Ουγκάντα

Pesca
Ψάρεμα

Acqua	Νερό
Attrezzatura	Εξοπλισμόσ
Barca	Βάρκα
Branchie	Βράγχια
Cesto	Καλάθι
Esagerazione	Υπερβολή
Esca	Δόλωμα
Filo	Σύρμα
Fiume	Ποταμόσ
Gancio	Άγκιστρο
Lago	Λίμνη
Mascella	Σαγόνι
Oceano	Ωκεανόσ
Pazienza	Υπομονή
Peso	Ζυγίζω
Pinne	Πτερύγια
Spiaggia	Παραλία
Stagione	Εποχή

Piante
Φυτά

Albero	Δέντρο
Bacca	Μούρο
Bambù	Μπαμπού
Botanica	Βοτανική
Cactus	Κάκτοσ
Crescere	Αυξάνω
Edera	Κισσόσ
Erba	Βότανο
Fagiolo	Φασόλι
Fertilizzante	Λίπασμα
Fiore	Λουλούδι
Flora	Χλωρίδα
Foglia	Φύλλο
Fogliame	Φύλλωμα
Foresta	Δασοσ
Giardino	Κήποσ
Muschio	Βρύα
Petalo	Πέταλο
Radice	Ρίζα
Vegetazione	Βλάστηση

Professioni #1
Επαγγέλματα #1

Allenatore	Προπονητήσ
Ambasciatore	Πρέσβησ
Artista	Καλλιτέχνησ
Astronomo	Αστρονόμοσ
Avvocato	Δικηγόροσ
Ballerino	Χορευτήσ
Banchiere	Τραπεζίτησ
Cacciatore	Κυνηγόσ
Cartografo	Χαρτογράφοσ
Editore	Επεξεργασία
Farmacista	Φαρμακοποιόσ
Geologo	Γεωλόγοσ
Idraulico	Υδραυλικόσ
Infermiera	Νοσοκόμα
Marinaio	Ναύτησ
Musicista	Μουσικόσ
Pianista	Πιανίστασ
Psicologo	Ψυχολόγοσ
Scienziato	Επιστήμονασ
Veterinario	Κτηνίατροσ

Professioni #2
Επαγγέλματα #2

Agricoltore	Αγροτησ
Astronauta	Αστροναύτησ
Biologo	Βιολόγοσ
Chirurgo	Χειρουργόσ
Dentista	Οδοντίατροσ
Detective	Ντετέκτιβ
Filosofo	Φιλόσοφοσ
Fotografo	Φωτογράφοσ
Giardiniere	Κηπουρόσ
Giornalista	Δημοσιογράφοσ
Illustratore	Εικονογράφοσ
Ingegnere	Μηχανικόσ
Insegnante	Δάσκαλοσ
Inventore	Εφευρέτησ
Linguista	Γλωσσολόγοσ
Medico	Ιατροσ
Pilota	Πιλοτική
Pittore	Ζωγράφοσ
Ricercatore	Ερευνητήσ
Zoologo	Ζωολόγοσ

Riscaldamento Globale
Υπερθέρμανση του Πλανήτη

Artico	Αρκτική
Attenzione	Προσοχή
Clima	Κλίμα
Conseguenze	Συνέπειεσ
Crisi	Κρίση
Dati	Δεδομένα
Energia	Ενέργεια
Futuro	Μέλλον
Gas	Αέριο
Generazioni	Γενιά
Governo	Κυβέρνηση
Industria	Βιομηχανία
Internazionale	Διεθνεσ
Legislazione	Νομοθεσία
Ora	Τώρα
Scienziato	Επιστήμονασ
Sviluppo	Ανάπτυξη
Temperature	Θερμοκρασία

Ristorante #2
Εστιατόριο #2

Acqua	Νερό
Aperitivo	Ορεκτικό
Bevanda	Ποτό
Cameriere	Σερβιτόροσ
Cena	Δείπνο
Cucchiaio	Κουτάλι
Delizioso	Νόστιμο
Forchetta	Πιρούνι
Frutta	Φρούτο
Ghiaccio	Πάγοσ
Insalata	Σαλάτα
Minestra	Σούπα
Pesce	Ψάρι
Pranzo	Γεύμα
Sale	Αλάτι
Sedia	Καρέκλα
Spezie	Μπαχαρικό
Torta	Κέικ
Uova	Αυγα
Verdure	Λαχανικά

Salute e Benessere #1
Υγεία και Ευεξία #1

Abitudine	Συνήθεια
Altezza	Υψοσ
Attivo	Ενεργή
Batteri	Βακτήρια
Clinica	Κλινική
Fame	Πείνα
Farmacia	Φαρμακείο
Frattura	Κάταγμα
Lesione	Τραυματισμό
Medicina	Ιατρική
Medico	Διδάκτωρ
Nervi	Νεύρα
Ormoni	Ορμόνη
Ossa	Οστά
Pelle	Δέρμα
Postura	Στάση
Rilassamento	Χαλάρωση
Supplementi	Συμπληρώματα
Terapia	Θεραπεία
Virus	Ιόσ

Salute e Benessere #2
Υγεία και Ευεξία #2

Allergia	Αλλεργία
Anatomia	Ανατομία
Appetito	Όρεξη
Caloria	Θερμίδα
Corpo	Σώμα
Dieta	Διατροφή
Digestione	Πέψη
Disidratazione	Αφυδάτωση
Energia	Ενέργεια
Genetica	Γενετική
Igiene	Υγιεινή
Infezione	Μόλυνση
Malattia	Αρρώστια
Massaggio	Μασάζ
Ospedale	Νοσοκομείο
Peso	Ζυγίζω
Recupero	Ανάκτηση
Sangue	Αίμα
Sano	Υγιή
Vitamina	Βιταμίνη

Scienza
Επιστήμη

Atomo	Άτομο
Chimico	Χημική
Clima	Κλίμα
Dati	Δεδομένα
Esperimento	Πείραμα
Evoluzione	Εξέλιξη
Fatto	Γεγονόσ
Fisica	Φυσική
Fossile	Απολίθωμα
Gravità	Βαρύτητα
Ipotesi	Υπόθεση
Laboratorio	Εργαστήριο
Metodo	Μέθοδοσ
Minerali	Ορυκτά
Molecole	Μόρια
Natura	Φύση
Organismo	Οργανισμόσ
Osservazione	Παρατήρηση
Particelle	Σωματίδια
Scienziato	Επιστήμονασ

Spezie
Μπαχαρικά

Aglio	Σκόρδο
Amaro	Πικρή
Anice	Γλυκάνισο
Cannella	Κανέλα
Cardamomo	Κάρδαμο
Cipolla	Κρεμμύδι
Cumino	Κύμινο
Curcuma	Κουρκούμη
Curry	Κάρυ
Dolce	Γλυκό
Finocchio	Μάραθο
Gusto	Γεύση
Liquirizia	Γλυκόριζα
Noce Moscata	Μοσχοκάρυδο
Paprika	Πάπρικα
Pepe	Πιπέρι
Sale	Αλάτι
Vaniglia	Βανίλια
Zafferano	Κροκοσ
Zenzero	Τζίντζερ

Strumenti Musicali
Μουσικά Όργανα

Armonica	Φυσαρμόνικα
Arpa	Άρπα
Banjo	Μπάντζο
Chitarra	Κιθάρα
Clarinetto	Κλαρινέτο
Fagotto	Φαγκότο
Flauto	Φλάουτο
Gong	Γκονγκ
Mandolino	Μαντολίνο
Marimba	Μαρίμπα
Oboe	Όμποε
Percussione	Κρούση
Pianoforte	Πιάνο
Sassofono	Σαξόφωνο
Tamburello	Ντέφι
Tamburo	Τύμπανο
Tromba	Τρομπέτα
Trombone	Τρομπόνι
Violino	Βιολί
Violoncello	Βιολοντσέλο

Tempo
Χρόνος

Anno	Ετοσ
Annuale	Ετήσια
Calendario	Ημερολόγιο
Decennio	Δεκαετία
Dopo	Μετά
Futuro	Μέλλον
Giorno	Μέρα
Ieri	Χθεσ
Mattina	Πρωί
Mese	Μήνασ
Mezzogiorno	Μεσημέρι
Minuto	Λεπτό
Notte	Νύχτα
Oggi	Σήμερα
Ora	Ώρα
Orologio	Ρολόι
Presto	Σύντομα
Prima	Πριν
Secolo	Αιώνασ
Settimana	Εβδομάδα

Tipi di Capelli
Τύποι Μαλλιών

Argento	Ασημένιο
Asciutto	Ξηρό
Bianco	Λευκό
Biondo	Ξανθά
Breve	Κοντό
Calvo	Φαλακρόσ
Grigio	Γκρι
Intrecciato	Πλεγμένο
Liscio	Ομαλή
Lucido	Λαμπερά
Lungo	Μακρύ
Marrone	Καφέ
Morbido	Μαλακό
Nero	Μαύρο
Riccio	Σγουρά
Riccioli	Μπούκλεσ
Sano	Υγιή
Sottile	Λεπτή
Spessore	Παχύ
Trecce	Πλεξούδεσ

Uccelli
Πουλιά

Airone	Ερωδιοσ
Anatra	Πάπια
Aquila	Αετόσ
Cicogna	Πελαργόσ
Cigno	Κύκνοσ
Cuculo	Κούκοσ
Falco	Γεράκι
Fenicottero	Φλαμίνγκο
Gabbiano	Γλάροσ
Gufo	Κουκουβάγια
Oca	Χήνα
Pappagallo	Παπαγάλοσ
Passero	Σπουργίτι
Pavone	Παγώνι
Pellicano	Πελεκαν
Piccione	Περιστέρι
Pinguino	Πιγκουίνοσ
Pollo	Κοτόπουλο
Tucano	Τουκάν
Uovo	Αυγό

Universo
Σύμπαν

Asteroide	Αστεροειδήσ
Astronomia	Αστρονομία
Astronomo	Αστρονόμοσ
Atmosfera	Ατμόσφαιρα
Buio	Σκοτάδι
Celeste	Ουράνιο
Cielo	Ουρανόσ
Cosmico	Κοσμική
Emisfero	Ημισφαίριο
Equatore	Ισημερινόσ
Galassia	Γαλαξίασ
Longitudine	Γεωγραφικό
Luna	Φεγγάρι
Orbita	Τροχιά
Orizzonte	Ορίζοντα
Solare	Ηλιακή
Solstizio	Ηλιοστάσιο
Telescopio	Τηλεσκόπιο
Visibile	Ορατή
Zodiaco	Ζώδιο

Vacanze #2
Διακοπές #2

Aeroporto	Αεροδρόμιο
Campeggio	Κάμπινγκ
Destinazione	Προορισμόσ
Hotel	Ξενοδοχείο
Isola	Νησί
Mappa	Χάρτη
Mare	Θάλασσα
Montagne	Βουνά
Passaporto	Διαβατήριο
Ristorante	Εστιατόριο
Spiaggia	Παραλία
Straniero	Ξένο
Taxi	Ταξί
Tempo Libero	Αναψυχή
Tenda	Σκηνή
Trasporto	Μεταφορά
Treno	Τρένο
Viaggio	Ταξίδι
Visto	Βίζα

Veicoli
Οχήματα

Aereo	Αεροπλάνο
Ambulanza	Ασθενοφόρο
Auto	Αυτοκίνητο
Autobus	Λεωφορείο
Barca	Βάρκα
Bicicletta	Ποδήλατο
Camion	Φορτηγό
Caravan	Τροχόσπιτο
Elicottero	Ελικόπτερο
Metropolitana	Μετρό
Motore	Μηχανή
Pneumatici	Λάστιχα
Razzo	Ρουκέτα
Scooter	Σκούτερ
Sottomarino	Υποβρύχιο
Taxi	Ταξί
Traghetto	Πορθμείο
Trattore	Τρακτέρ
Treno	Τρένο
Zattera	Σχεδία

Verdure
Λαχανικά

Aglio	Σκόρδο
Broccolo	Μπρόκολο
Carciofo	Αγκινάρα
Carota	Καρότο
Cetriolo	Αγγούρι
Cipolla	Κρεμμύδι
Fungo	Μανιτάρι
Insalata	Σαλάτα
Melanzana	Μελιτζάνα
Patata	Πατάτα
Pisello	Μπιζέλι
Pomodoro	Ντομάτα
Prezzemolo	Μαϊντανόσ
Rapa	Γογγύλι
Ravanello	Ραπανάκι
Scalogno	Εσκαλωνίδα
Sedano	Σέλινο
Spinaci	Σπανάκι
Zenzero	Τζίντζερ
Zucca	Κολοκύθα

Vestiti
Ρούχα

Abito	Φόρεμα
Braccialetto	Βραχιόλι
Camicetta	Μπλούζα
Camicia	Πουκάμισο
Cappello	Καπέλο
Cappotto	Παλτό
Cintura	Ζώνη
Collana	Κολιέ
Giacca	Σακάκι
Gonna	Φούστα
Grembiule	Ποδιά
Guanti	Γάντια
Jeans	Τζιν
Maglione	Πουλόβερ
Moda	Μόδα
Pantaloni	Παντελόνι
Pigiama	Πιτζάμα
Sandali	Σανδάλια
Scarpa	Παπούτσι
Sciarpa	Κασκόλ

Congratulazioni

Ce l'hai fatta!

Speriamo che questo libro vi sia piaciuto tanto quanto a noi è piaciuto concepirlo. Ci sforziamo di creare libri della più alta qualità possibile.
Questa edizione è progettata per fornire un apprendimento intelligente, di qualità e divertente!

Le è piaciuto questo libro?

Una Semplice Richiesta

Questi libri esistono grazie alle recensioni che pubblicate.

Puoi aiutarci lasciando una recensione
ora a questo link ?

BestBooksActivity.com/Recensioni50

SFIDA FINALE!

Sfida n°1

Sei pronto per il tuo gioco gratuito? Li usiamo sempre, ma non sono così facili da trovare - ecco i Sinonimi!
Scrivi 5 parole che hai trovato nei puzzle (n° 21, n° 36, n° 76) e prova a trovare 2 sinonimi per ogni parola.

Scrivi 5 parole del ***Puzzle 21***

Parole	Sinonimo 1	Sinonimo 2

Scrivi 5 parole del ***Puzzle 36***

Parole	Sinonimo 1	Sinonimo 2

Scrivi 5 parole del ***Puzzle 76***

Parole	Sinonimo 1	Sinonimo 2

Sfida n°2

Ora che ti sei riscaldato, scrivi 5 parole che hai trovato nei puzzle n° 9, n° 17 e n° 25 e cerca di trovare 2 contrari per ogni parola. Quanti ne puoi trovare in 20 minuti?

Scrivi 5 parole del ***Puzzle 9***

Parole	Antonimo 1	Antonimo 2

Scrivi 5 parole del ***Puzzle 17***

Parole	Antonimo 1	Antonimo 2

Scrivi 5 parole del ***Puzzle 25***

Parole	Antonimo 1	Antonimo 2

Sfida n°3

Grande! Questa sfida  non è niente per te!

Pronto per la sfida finale? Scegli 10 parole che hai scoperto nei diversi puzzle e scrivile qui sotto.

1.	6.
2.	7.
3.	8.
4.	9.
5.	10.

Ora scrivi un testo pensando a una persona, un animale o un luogo che ti piace.

Puoi usare l'ultima pagina di questo libro come bozza.

La tua composizione:

TACCUINO:

A PRESTO!

Tutta la Squadra

www.ingramcontent.com/pod-product-compliance
Lightning Source LLC
Chambersburg PA
CBHW082046120626
46553CB00011B/3304
* 9 7 9 8 8 9 6 7 0 5 6 2 8 *